“十二五”职业教育国家规划教材
经全国职业教育教材审定委员会审定
21世纪高职高专会计类专业课程改革规划教材

政府单位会计实务

第四版

主　编◎李启明　李　迎
参　编◎童　莹　李君梅　刘金鹿　王曼娟

中国人民大学出版社
·北京·

前言

为了积极贯彻落实党的十八届三中全会精神和《国务院关于批转财政部权责发生制政府综合财务报告制度改革方案的通知》(国发〔2014〕63号)(以下简称《改革方案》)的要求，构建统一、科学、规范的政府会计核算标准体系，夯实政府财务报告的编制基础，2015年以来财政部相继发布了《政府会计准则——基本准则》(以下简称《基本准则》)和存货、投资、固定资产、无形资产、公共基础设施、政府储备物资、会计调整、负债、财务报表编制和列报等政府会计具体准则，以及固定资产准则应用指南，政府会计准则体系框架基本形成。为了加快建立健全政府会计核算标准体系，规范行政事业单位的会计核算，保证会计信息质量，根据《中华人民共和国会计法》《中华人民共和国预算法》《政府会计准则——基本准则》等法律法规，财政部于2017年10月24日印发了《政府会计制度——行政事业单位会计科目和报表》(财会〔2017〕25号)(以下简称《政府单位会计制度》)，自2019年1月1日起施行。为了进一步健全和完善政府会计准则制度，确保政府会计准则制度有效实施，根据《基本准则》，财政部于2019年7月16日印发了《政府会计准则制度解释第1号》。

政府会计准则制度继承了我国行政事业单位会计改革的有益经验，反映了当前政府会计改革发展的内在需要和发展方向，重构了政府会计核算模式，统一了现行各项单位会计制度，强化了财务会计功能，扩大了政府资产负债核算范围，改进了预算会计功能，整合了基建会计核算，完善了报表体系和结构，增强了制度的可操作性，相对于现行制度有重大变化与创新。为了满足广大行政事业单位财务人员学习政府会计准则制度的需要，以及适应职业院校财务会计类专业政府会计(行政事业单位会计)课程教学的需要，我们根据财政部印发的政府会计准则、制度及其解释，并结合政府收支分类体系、国库集中收付制度、行政事业单位内部控制规范对政府单位财务管理和会计核算提出的要求，组织编写了本教材。在本书的编写过程中，编者将新时代的育人主线贯穿始终，坚持以学生为本，按需培养人才。内容立足政府单位会计工作岗位的实际需要，解决政府单位财务管理和会计核算工作中的具体问题，符合职业教育发展规律。本书特点如下：

密切跟随制度变革步伐，及时更新修订教材——本次修订是在《基本准则》及其具体准则体系基本形成之后，《政府单位会计制度》正式实施之际，行政事业单位内部控制体系建设逐步深入推进的背景下组织修订的，既满足了广大行政事业单位财会人员学习最新财会知识、提高财务管理水平和会计核算能力的需要，又满足了职业院校财会类专业“政府会计”课程教材更新的需要。

突出财会岗位技能需要，科学构建教材体例——本次修订契合行政事业单位财会工作岗位业务素质的要求，充分体现了会计职业教育的基本规律，兼顾行政事业单位财会人员财务管理知识需求，突出常见经济业务或事项会计核算的操作方法。教材体例构建以行政事业单位会计主要科目为基本单元，结合行政事业单位常见经济业务介绍了会计科目的基本使用方法和注意事项。

遵循职业教育发展规律，强调知识技能培养并重——坚持职教特色，贯彻现代职业教育思想“做中学，做中教”的教学理念，注重专业精神、职业精神和工匠精神。本书内容一方面，为学生展现政府单位会计发展的历史沿革，让学生知过去、明未来、会思考；另一方面，以行政事业单位的实际经济业务为基础，将理论知识与技能实训进行融合，以“实际、实用、实践”为原则，培养学生解决实际问题的能力。

深化“互联网+职业教育”，合理完善教材形态——教材编写过程中强调以学生为中心，以会计核算、财务管理任务为载体，借助信息化手段，探索新的课程建设方案，以小组合作、自主探究的方式引导学生学习新知识。开展线上线下混合式教学，构建了新形态一体化教材。

聚焦财会岗位真实业务，落实校企双元开发——教材由教学一线资深教师及企业挂职锻炼教师共同开发，教材中的大量经济业务、案例是在实际工作中搜集整理而来的，教材的编写力求体现真实性、实践性、前沿性。本书在编写过程中得到了行业指导，深化了企业参与。

善于采用图表形象描述，达到事半功倍功效——本次修订在上一版本的基础上加大了形象图表的使用量，编者将教学和研究过程中积累的图表恰当地融入各项目任务内容中，形象直观地分析、描述行政事业单位财务管理和会计核算过程中有关内容之间的相互联系及区别，达到事半功倍的效果。

同时，为了满足职业教育财会类专业“政府会计”课程实践教学的需要，给学生提供更多的练习机会，配套编写了《政府单位会计单元实训手册》。

本书由陕西财经职业技术学院李启明、李迎主编，李君梅、童莹、刘金鹿、王曼娟参加编写，其中：李启明负责拟定大纲、编写第一篇和第二篇财务会计各要素基础知识、绘制全书图形示意与总纂，李迎负责编写第二篇预算会计各要素基础知识与第三篇，李君梅负责编写预算会计要素核算举例，童莹负责编写资产要素核算举例，刘金鹿负责编写负债、净资产要素核算举例，王曼娟协助编写第二篇净资产要素基础知识。

本书在编写过程中参考了有关资料和观点，在此向有关专家和学者表示感谢。由于编者水平有限，书中难免存在不妥之处，敬请读者批评指正。

编者

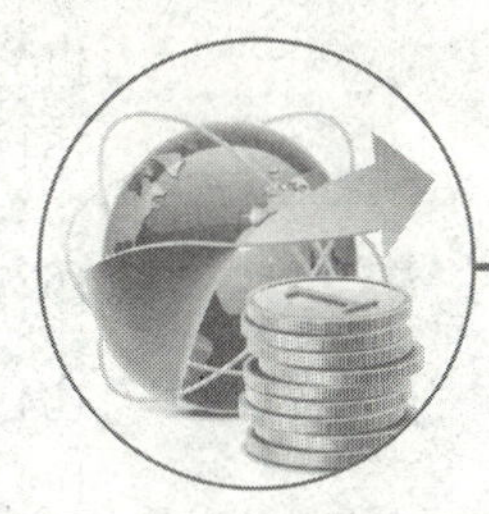

目　录

第一篇　政府会计与财政基础知识

第二篇　基本核算业务

第三篇　报　　表

第一篇
政府会计与财政基础知识

项目一 政府会计基础知识

任务一 政府会计准则体系

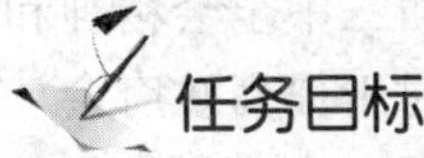

任务目标

◇ 了解政府会计准则体系的构成及各层次间的关系。
◇ 熟悉政府单位会计制度的沿革及制定的原则。
◇ 掌握政府单位会计的会计核算模式及核算的双重目标。

一、政府会计准则体系的构成

财政部制定的《权责发生制政府综合财务报告制度改革方案》(国发〔2014〕63 号)(以下简称《改革方案》)提出，权责发生制政府综合财务报告制度改革是基于政府会计规则的重大改革，其前提和基础就是要构建统一、科学、规范的政府会计准则体系，包括制定政府会计基本准则、具体准则及应用指南和健全完善政府会计制度。

在政府会计准则体系中，基本准则属于“概念框架”，统驭政府会计具体准则和政府会计制度的制定；具体准则主要规定政府发生的经济业务或事项的会计处理原则，应用指南主要对具体准则的实际应用做出操作性规定；会计制度主要规定政府会计科目及其使用说明、报表格式及其编制说明等。会计准则和会计制度相互补充，共同规范政府会计主体的会计核算，保证会计信息质量。按照《改革方案》确定的目标，财政部计划将在 2020 年之前建立起具有中国特色的政府会计标准体系。

2015 年以来，财政部按照《改革方案》的要求，在继 2015 年 10 月 23 日发布《政府会计准则——基本准则》(中华人民共和国财政部令第 78 号)(以下简称《基本准则》)后，先后于 2016 年 7 月 6 日制定印发了《政府会计准则第 1 号——存货》《政府会计准则第 2 号——投资》《政府会计准则第 3 号——固定资产》《政府会计准则第 4 号——无形资产》。财政部于 2017 年 2 月 21 日制定印发了《〈政府会计准则第 3 号——固定资产〉应用指南》，于 2017 年 4 月 17 日制定印发了《政府会计准则第 5 号——公共基础设施》，于 2017 年 7 月 28 日制定印发了《政府会计准则第 6 号——政府储备物资》。政府会计准则第 5、6 号的制定印发标志着政府会计准则体系的框架已基本形成。

二、政府单位会计的定义

为了加快建立健全政府会计核算标准体系，经反复研究和论证，财政部以统一现行各类行政事业单位会计标准、夯实部门和单位编制权责发生制财务报告以及全面反映运行成本并同时反映预算执行情况的核算基础为目标，于 2017 年 10 月 24 日印发了《政府会计制度——行政事业单位会计科目和报表》（财会〔2017〕25 号）（以下简称《政府单位会计制度》），统一适用于各级各类行政单位和事业单位①（以下统称单位，特别说明的除外），自 2019 年 1 月 1 日起施行。其中：行政单位②是指进行国家行政管理、组织经济建设和文化建设、维护社会公共秩序的单位，主要包括国家权力机关、行政机关、司法机关、检察机关以及实行预算管理的其他机关、政党组织等；事业单位是指国家为了社会公益目的，由国家机关举办或者其他组织利用国有资产举办的，从事教育、科技、文化、卫生等活动的社会服务组织。政府单位会计就是以政府所属（或主办）的各级各类行政事业单位实际发生的各项经济业务或事项为对象，核算、反映和监督行政事业单位年度财务收支计划和预算收支计划执行过程及结果的一门专业会计。

制定出台《政府单位会计制度》，是财政部全面贯彻落实党的十八届三中全会精神和《改革方案》的重要成果，是服务全面深化财税体制改革的重要举措，对于提高政府会计信息质量、提升行政事业单位财务和预算管理水平、全面实施绩效管理、建立现代财政制度具有重要的政策支撑作用，同时在我国政府会计发展进程中具有划时代的重要意义。

政府会计准则体系，如图 1-1 所示。

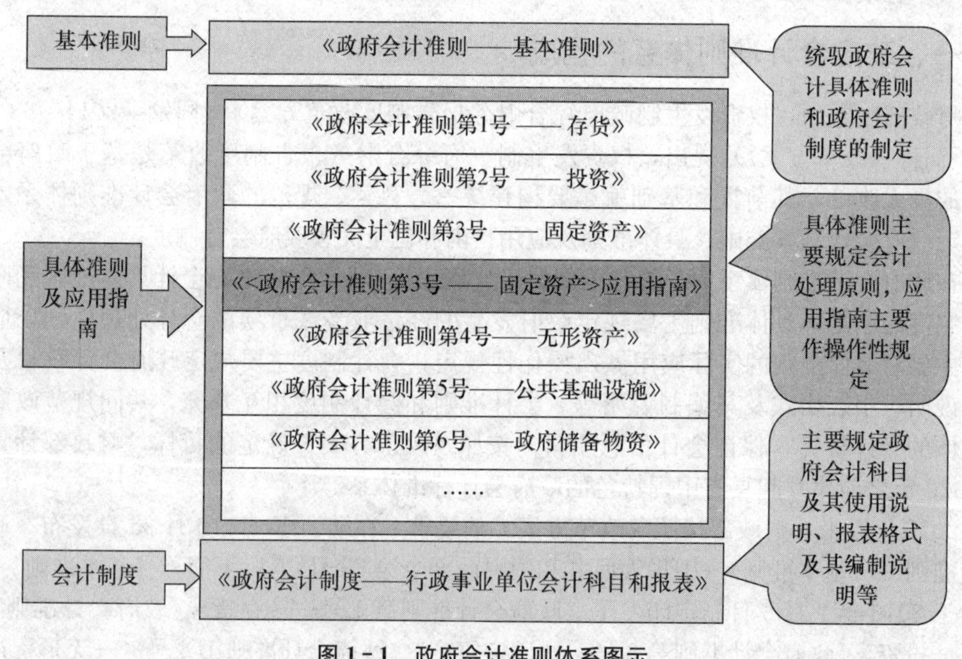

图 1-1 政府会计准则体系图示

① 纳入企业财务管理体系执行企业会计准则或小企业会计准则的单位，不执行《政府单位会计制度》；《政府单位会计制度》尚未规范的有关行业事业单位的特殊经济业务或事项的会计处理，由财政部另行规定。

② 行政单位是财政上的概念，区别于行政机关。行政机关是指依宪法和有关组织法的规定设置的，行使国家行政职权，负责对国家各项行政事务进行组织、管理、监督和指挥的国家机关。

《政府会计准则》与《政府会计制度》（“准则+制度”模式）功能差异比较如图 1-2 所示。

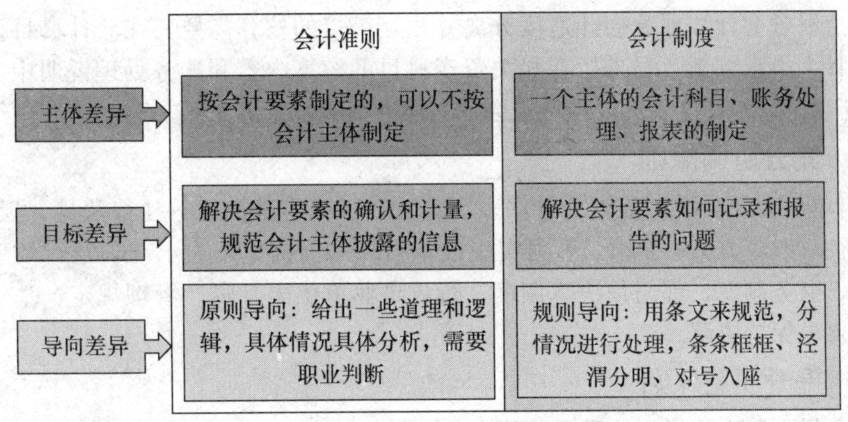

图 1-2 “准则+制度”模式功能差异比较图

三、政府单位会计的沿革

我国现行政府会计核算标准体系基本形成于 1998 年前后，主要涵盖财政总预算会计、行政单位会计与事业单位会计，包括《财政总预算会计制度》《行政单位会计制度》《事业单位会计准则》《事业单位会计制度》，以及医院、基层医疗卫生机构、高等学校、中小学校、科学单位、彩票机构等行业单位会计制度和国有建设单位会计制度等有关制度。2010 年以来，财政部为适应公共财政管理的需要，先后对上述部分会计标准进行了修订，基本满足了现行部门预算管理的需要。

党的十八届三中全会提出了“建立权责发生制政府综合财务报告制度”的重大改革举措，2014 年新修订的《中华人民共和国预算法》对各级政府提出按年度编制以权责发生制为基础的政府综合财务报告的新要求。由于现行政府会计标准体系一般采用收付实现制，主要以提供反映预算收支执行情况的决算报告为目的，无法准确、完整地反映政府资产负债“家底”，以及政府的运行成本等情况，难以满足编制权责发生制政府综合财务报告的信息需求。另外，因现行政府会计领域多项制度并存，体系繁杂、内容交叉、核算口径不一，造成不同部门、单位的会计信息可比性不高，通过汇总、调整编制的政府财务报告信息质量较低。因此，在新的形势下，必须对现行政府会计标准体系进行改革。

四、政府单位会计制度制定的原则

为适应政府会计标准体系改革的需要，《政府单位会计制度》在制定中遵循了以下原则。

（一）归并统一原则

从行政事业单位通用或共性业务会计处理，以及单位财务报告信息和决算报告信息的可比性出发，归并统一现行行政单位、事业单位和各项行业事业单位会计制度。

（二）继承创新原则

立足当前行政事业单位核算现状，充分继承现行制度中合理的、共性的内容。同时，为满足政府财务会计和预算会计适度分离并相互衔接的核算需要，在会计科目设置和报表体系设计上力求创新。另外，在相关资产科目的核算内容和账务处理说明中，充分吸收 2016 年以来财政部印发的 6 项政府会计具体准则的创新与变化。

（三）充分协调原则

《政府单位会计制度》依据会计法、预算法和《基本准则》等法律法规、规章制定，在严格贯彻《改革方案》要求、着力实现改革目标的前提下，力求与现行行政事业单位财务规则、财务制度、部门预决算制度、行政事业单位国有资产管理规定、基本建设财务规则等要求保持协调。

（四）提升质量原则

从财务报告和决算报告的目标以及信息使用者的需要出发，全面提升会计信息质量。在会计核算内容和范围上着力提高会计信息的可靠性、全面性；在财务会计中全面引入权责发生制，着力提高会计信息的相关性；在会计科目设置、账务处理说明上力求内在一致，着力提高会计信息的可比性，在报表设计及填表说明、附注披露中着力提高会计信息的可理解性。

（五）务实简化原则

考虑行政事业单位会计工作基础、会计人员接受程度和当前改革所处的阶段，以及核算系统中引入财务会计内容带来的复杂性，在会计科目设置、核算口径和方法、计量标准、账务处理设计、报表设计和填制等方面，力求做到贴近实务、方便操作、简便易行。

（六）适当借鉴原则

在充分考虑我国政府财政财务管理特点的基础上，适当吸收我国企业会计准则改革的成功经验，适当借鉴国际公共部门会计准则的最新成果以及国外有关国家政府会计改革的先进经验和做法。

五、政府单位会计核算模式

《政府单位会计制度》按照《改革方案》和《基本准则》的要求，构建了“财务会计和预算会计适度分离并相互衔接”的会计核算模式。

（一）适度分离

所谓“适度分离”，是指适度分离政府预算会计和财务会计功能、决算报告和财务报告功能，全面反映政府会计主体的预算执行信息和财务信息。主要体现在以下几个方面：

一是“双功能”，在同一会计核算系统中实现财务会计和预算会计双重功能，通过资产、负债、净资产、收入、费用五个要素进行财务会计核算，通过预算收入、预算支出和预算结余三个要素进行预算会计核算。

二是“双基础”，财务会计采用权责发生制，预算会计采用收付实现制，国务院另有规定的，依照其规定。

三是“双报告”，通过财务会计核算形成财务报告，通过预算会计核算形成决算报告。

（二）相互衔接

所谓“相互衔接”，是指在同一会计核算系统中政府预算会计要素和相关财务会计要素相互协调，决算报告和财务报告相互补充，共同反映政府会计主体的预算执行信息和财务信息。主要体现在以下几个方面：

一是对纳入部门预算管理的现金收支进行“平行记账”。对于纳入部门预算管理的现金收支业务，在进行财务会计核算的同时也应当进行预算会计核算。对于其他业务，仅需要进行财务会计核算。

二是财务报表与预算会计报表之间存在钩稽关系。通过编制“本期预算结余与本期盈余差异调节表”并在附注中进行披露，反映单位财务会计和预算会计因核算基础和核算范围不同所产生的本年盈余数（即本期收入与费用之间的差额）与本年预算结余数（本年预算收入与预算支出的差额）之间的差异，从而揭示财务会计和预算会计的内在联系。

这种会计核算模式兼顾了现行部门决算报告制度的需要，又能满足部门编制权责发生制财务报告的要求，对于规范政府会计行为，夯实政府会计主体预算和财务管理基础，强化政府绩效管理具有深远的影响。

政府单位会计核算模式，如图 1-3 所示。

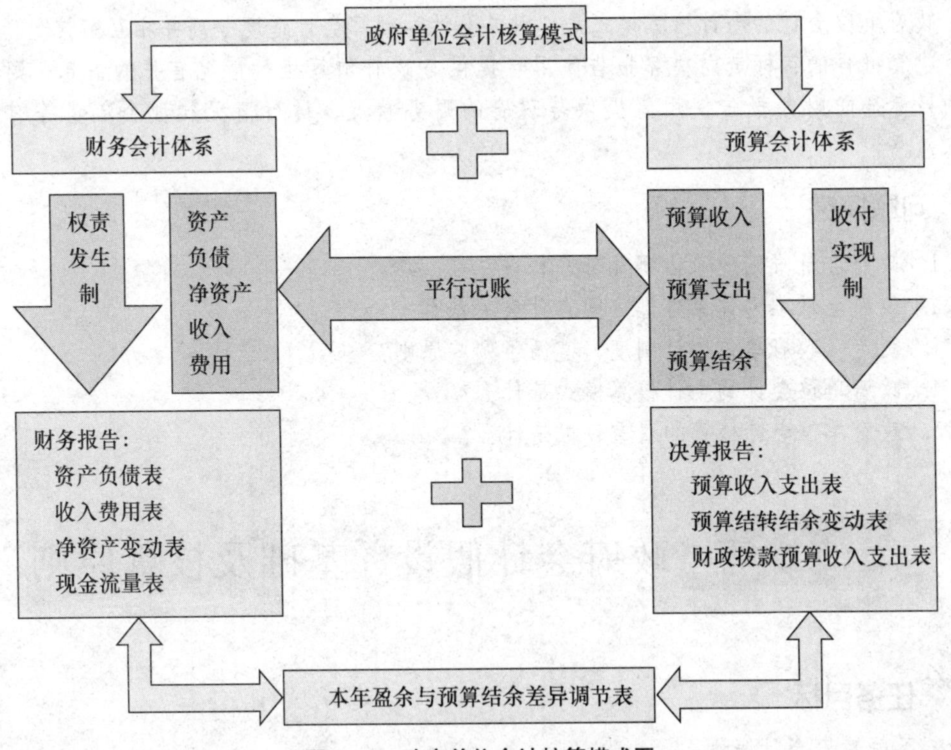

图 1-3　政府单位会计核算模式图

六、政府单位会计核算的目标

政府单位会计核算的目标是向会计信息使用者提供与单位财务状况、预算执行情况及成果等有关的会计信息，反映单位受托责任的履行情况，有助于会计信息使用者进行管理、监督和决策。按照《基本准则》的规定，政府会计主体应当编制决算报告和财务报告。

决算报告的目标是向决算报告使用者提供与政府预算执行情况有关的信息，综合反映政府会计主体预算收支的年度执行结果，有助于决算报告使用者进行监督和管理，并为编制后续年度预算提供参考和依据。政府决算报告使用者包括各级人民代表大会及其常务委员会、各级政府及其有关部门、政府会计主体自身、社会公众和其他利益相关者。

财务报告的目标是向财务报告使用者提供与政府的财务状况、运行情况和现金流量等有关信息，反映政府会计主体公共受托责任履行情况，有助于财务报告使用者作出决策或者进行监督和管理。政府财务报告使用者包括各级人民代表大会常务委员会、债权人、各级政府及其有关部门、政府会计主体自身和其他利益相关者。

知识归纳

政府会计准则体系包括政府会计基本准则、具体准则及应用指南和政府会计制度。

制定《政府单位会计制度》遵循了归并统一、继承创新、充分协调、提升质量、务实简化和适当借鉴等原则。

政府单位会计的会计核算模式是“财务会计和预算会计适度分离并相互衔接”。

决算报告的目标是向决算报告使用者提供与政府预算执行情况有关的信息；财务报告的目标是向财务报告使用者提供与政府的财务状况、运行情况和现金流量等有关的信息。

问题探究

1. 政府会计准则体系由哪几部分构成？
2. 政府会计准则体系各部分间有什么关系？
3. 制定《政府单位会计制度》遵循了哪些原则？
4. 政府单位会计的会计核算模式是什么？
5. 政府单位会计核算的双重目标是什么？

任务二 政府会计假设、基础及核算原则

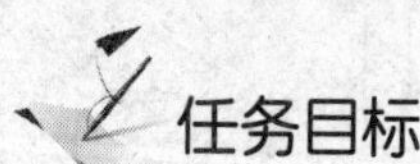

任务目标

◇ 了解政府会计假设。

◇ 熟悉政府会计基础。

◇ 掌握政府会计核算原则。

一、政府会计假设

（一）会计主体假设

政府会计主体应当根据政府会计准则（包括基本准则和具体准则）规定的原则和政府单位会计制度的要求，对其发生的各项经济业务或事项进行会计核算。

另外，政府会计主体对基本建设投资应当按照政府单位会计制度规定统一进行会计核算，不再单独建账，但是应当按项目单独核算，并保证项目资料完整。

（二）持续经营假设

政府会计核算应当以政府单位会计主体持续运行为前提。

（三）会计分期假设

政府会计核算应当划分会计期间，分期结算账目，按规定编制决算报告和财务报告。

会计期间至少分为年度和月度。会计年度、月度等会计期间的起讫日期采用公历日期。

（四）货币计量假设

政府会计核算应当以人民币作为记账本位币。发生外币业务时，应当将有关外币金额折算为人民币金额计量，同时登记外币金额。

二、政府会计基础

政府单位会计核算具备财务会计与预算会计双重功能，财务会计与预算会计适度分离并相互衔接。为全面、清晰地反映单位财务信息和预算执行信息，财务会计核算实行权责发生制，预算会计核算实行收付实现制[①]。

另外，单位对于纳入部门预算管理的现金收支业务，在采用财务会计核算的同时应当进行预算会计核算；对于其他业务，仅需进行财务会计核算。

三、政府会计核算原则

（一）可靠性

政府会计主体应当以实际发生的经济业务或者事项为依据进行会计核算，如实反映各项会计要素的情况和结果，保证会计信息真实可靠。

可靠性原则是对会计核算工作和会计信息的基本质量要求，它要求在会计核算的各个阶段，如审核原始凭证、填制记账凭证、登账、结账、编制报表等环节都必须保证会计信息真实可靠。在确认会计事项时也必须依据真实可靠的经济活动或事项，会计的计量、记录不得伪造，财务会计报告必须如实地反映情况，不得弄虚作假、以偏概全和掩饰真相。

（二）全面性

政府会计主体应当将发生的各项经济业务或者事项统一纳入会计核算，确保会计信

---

① 国务院另有规定的，依照其规定。

息能够全面反映政府会计主体预算执行情况和财务状况、运行情况、现金流量等。

全面性原则要求凡是能够用货币计量的经济业务或者事项，会计核算都应反映，以保证会计信息的全面性。为了全面完整地反映单位经济业务或事项的相关信息，并且能使单位会计信息的使用者易于理解，就要求对会计信息进行充分揭示。如果某项会计信息被忽略或遗漏，会引起信息使用者的误解或误导其决策，则该信息也应予以揭示。

（三）相关性

政府会计主体提供的会计信息，应当与反映政府会计主体公共受托责任履行情况以及报告使用者决策或者监督、管理的需要相关，有助于报告使用者对政府会计主体过去、现在或者未来的情况做出评价或预测。

相关性原则要求单位会计在收集、处理、传递会计信息的过程中要充分考虑国家、各部门、各单位和各级政府之间的经济利益关系以及它们对会计信息需要的不同特点，确保会计信息使用者对会计信息的不同需求。

（四）及时性

政府会计主体对已经发生的经济业务或者事项，应当及时进行会计核算，不得提前或者延后。

按照持续经营和会计分期假设，单位的经济业务或者事项不会终止，而财务报告和决算报告又要求定期报送。为了保证会计信息与所反映的对象在时间上保持一致，避免会计信息失去时效性，必须遵循及时性原则。及时性原则要求在会计确认、计量和报告过程中要及时收集会计信息，即在经济业务或事项发生后，及时收集整理各种原始单据；及时处理会计信息，即按照会计制度的规定，及时对经济业务进行确认或者计量，并编制财务报告和决算报告；及时传递会计信息，即按照国家规定的有关时限，及时地将编制的财务报告和决算报告传递给报告使用者，便于其及时使用和决策。

（五）可比性

政府会计主体提供的会计信息应当具有可比性。

同一政府会计主体不同时期发生的相同或者相似的经济业务或者事项，应当采用一致的会计政策，不得随意变更。确需变更的，应当将变更的内容、理由及影响在附注中予以说明。

不同政府会计主体发生的相同或者相似的经济业务或者事项，应当采用一致的会计政策，确保政府会计信息口径一致，相互可比。

（六）可理解性

政府会计主体提供的会计信息应当清晰明了，便于报告使用者理解和使用。

在会计核算中坚持可理解性原则，有利于会计信息使用者准确、完整地把握会计信息所要说明的内容，从而更好地加以利用。

可理解性原则要求对于重要的、复杂的经济业务应使用规范的文字加以单独反映；对预算收支项目和会计科目的分类，要科学合理、有条不紊、内容清晰明了。

（七）实质重于形式

政府会计主体应当按照经济业务或者事项的经济实质进行会计核算，不限于以经济业务或者事项的法律形式为依据。

知识归纳

政府会计假设包括会计主体假设、持续经营假设、会计分期假设、货币计量假设。

为全面、清晰地反映单位财务信息和预算执行信息，财务会计核算实行权责发生制，预算会计核算实行收付实现制。

政府会计核算原则有可靠性、全面性、相关性、及时性、可比性、可理解性、实质重于形式。

问题探究

1. 政府会计假设有哪些?
2. 政府会计基础是怎样规定的?
3. 政府会计核算应遵循哪些原则?

任务三　政府会计要素

任务目标

◇ 了解政府会计要素的定义。

◇ 熟悉政府预算会计要素和财务会计要素的定义。

◇ 熟悉政府预算会计要素和财务会计要素的种类及要素间关系。

一、政府会计要素的定义

会计核算对象的内容多种多样，为了对有关核算内容进行确认、计量、记录和报告，就需要对会计对象进行基本的分类，把会计对象分解成若干基本的要素，就形成了会计要素。会计要素又称财务报表要素，是会计对象的构成要素，是对会计对象的基本分类，是构成财务报表的基础。科学地确定会计要素，有助于设置会计科目和设计报表。

二、政府会计要素的种类

政府会计要素包括财务会计要素和预算会计要素。

（一）预算会计要素

预算会计要素是用来反映单位预算执行情况及成果的会计要素，包括预算收入、预算支出和预算结余。

（1）预算收入是指政府会计主体在预算年度内依法取得的并纳入预算管理的现金流入。

（2）预算支出是指政府会计主体在预算年度内依法发生并纳入预算管理的现金流出。

（3）预算结余是指政府会计主体预算年度内预算收入扣除预算支出后的资金余额，

以及历年滚存的资金余额。

（二）财务会计要素

财务会计要素包括资产、负债、净资产、收入和费用，资产、负债、净资产是用来说明单位财务状况的会计要素，收入和费用是用来反映单位财务计划执行情况及成果的会计要素。

(1) 资产是指政府会计主体过去的经济业务或者事项形成的，由政府会计主体控制的，预期能够产生服务潜力或者带来经济利益流入的经济资源。

服务潜力是指政府会计主体利用资产提供公共产品和服务以履行政府职能的潜在能力。

经济利益流入表现为现金及现金等价物的流入，或者现金及现金等价物流出的减少。

(2) 负债是指政府会计主体过去的经济业务或者事项形成的，预期会导致经济资源流出政府会计主体的现时义务。

现时义务是指政府会计主体在现行条件下已承担的义务。未来发生的经济业务或者事项形成的义务不属于现时义务，不应当确认为负债。

(3) 净资产是指政府会计主体资产扣除负债后的净额。

(4) 收入是指报告期内导致政府会计主体净资产增加的、含有服务潜力或者经济利益的经济资源的流入。

(5) 费用是指报告期内导致政府会计主体净资产减少的、含有服务潜力或者经济利益的经济资源的流出。

三、政府会计要素的关系

会计要素之间的关系通常用会计等式表示，会计等式也称会计平衡公式。会计等式表现为静态平衡和动态平衡。所谓静态平衡，是指从静态看，单位所拥有的资产与负债和净资产表现为同一资金的两个方面，即有一定数额的资产，就必然有一定数额的负债和净资产；反之，有一定数额的负债和净资产，也就必然有一定数额的资产。资产与负债和净资产是相互依存的，一个单位所拥有的资产总额与负债和净资产的总额必然是相等的。资产与负债和净资产之间的这种恒等关系称为会计等式，用公式表示为：

资产＝负债＋净资产

所谓动态平衡，是指从动态看，单位在发生经济业务或事项时，必然会取得一定数额的收入，同时必然会发生一定数额的费用。收入和费用相抵后的余额为结转结余，用公式表示为：

收入－费用＝结转结余

结转结余不属于单位的会计要素，结转结余经过年终结转或分配后形成净资产，会计平衡公式又回归到静态平衡状态。

预算收入和预算支出相抵后的余额为预算结余，用公式表示为：

预算收入－预算支出＝预算结余

会计等式是会计复式记账的理论基础，是记账凭证、会计账簿和财务报表的设计理论依据。

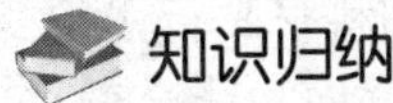

知识归纳

政府会计要素包括财务会计要素和预算会计要素。财务会计要素包括资产、负债、净资产、收入和费用；预算会计要素包括预算收入、预算支出和预算结余。

问题探究

1. 简述政府会计要素的种类。
2. 简述政府财务会计要素的构成。
3. 简述政府预算会计要素的构成。

任务四　政府会计科目

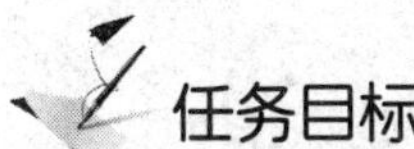

任务目标

◇ 了解政府单位会计科目的分类。

◇ 熟悉政府单位会计科目的分级。

◇ 掌握政府单位会计科目设置的依据。

一、政府单位会计科目的分类

会计科目是对会计要素按其经济内容或用途所做出的科学分类，是设置会计账户和归集、核算各项经济业务或事项的依据。科学地设置和正确地使用会计科目，是做好会计核算工作的基本前提。

政府单位会计科目按其应当具备的财务会计与预算会计双重功能分为财务会计科目与预算会计科目。财务会计科目包括资产类、负债类、净资产类、收入类和费用类科目；预算会计科目包括预算收入类、预算支出类和预算结余类科目。

二、政府单位会计科目的分级

政府单位的会计科目按核算层次分为总账科目和明细科目。总账科目也叫总分类科目（或一级科目），它是按照单位财务管理及预算管理的要求对会计要素进行总括分类的项目，是设置总账账户的依据；明细科目是按照单位财务管理及预算管理的要求，根据会计核算的重要性原则，对总账科目进一步分类后的项目，是设置明细账户的依据。

明细科目按其反映内容的详略，可分为一级明细科目和二级明细科目。一级明细科目，又称子目，是对总账科目直接分类后的项目，是设置一级明细账户的依据；二级明细科目，又称细目，是对一级明细科目进一步分类后的项目，是设置二级明细账户的依据。

总账科目是明细科目的综合，一级明细科目是二级明细科目的综合，总账科目对明细科目、一级科目对二级科目起统驭作用；明细科目是总账科目的详细分类和具体说明，对总账科目起补充和分析作用，二级明细科目是一级明细科目的详细分类和具体说明，对一级明细科目起补充和分析作用。所以，会计记账要求总账科目与明细科目平行登记。平行登记的要点是“三同四相符”，即总账科目与明细科目同时间、同方向、同金额登记，登记的结果必然是期初余额、本期借方发生额、本期贷方发生额、期末余额相符。

三、政府单位会计科目的设置

《中华人民共和国会计法》规定，国家实行统一的会计制度，国家统一的会计制度由国务院财政部门根据会计法制定并公布。单位会计的总账科目应当根据财政部制定并公布的《政府单位会计制度》设置。单位会计明细科目的设置，除《政府单位会计制度》已有规定以外，在不违反会计信息质量要求的前提下，单位可根据需要自行规定。一般情况下，单位会计明细科目的设置有以下三种情况：

（1）按照《政府收支分类科目》设置明细科目。如“财政拨款收入”“财政拨款预算收入”等科目应当按照《政府收支分类科目》中“支出功能分类”的项级科目设置明细科目；单位的“业务活动费用”“行政支出”等科目应当按照《政府收支分类科目》中“支出经济分类”的款级科目设置明细科目。

（2）按结算单位、个人名称或事项设置明细科目。如各种往来款项明细科目的设置。

（3）按财产物资的类别或品名设置明细科目。如固定资产、存货明细科目的设置。

《政府单位会计制度》规定的会计科目名称与编号，如表 1－1 所示。

表 1－1　　政府单位会计科目名称与编号

序号	编号	科目名称	序号	编号	科目名称
一、财务会计科目			54	3201	权益法调整
（一）资产类			55	3301	本期盈余
1	1001	库存现金	56	3302	本年盈余分配
2	1002	银行存款	57	3401	无偿调拨净资产
3	1011	零余额账户用款额度	58	3501	以前年度盈余调整
4	1021	其他货币资金	（四）收入类		
5	1101	短期投资	59	4001	财政拨款收入
6	1201	财政应返还额度	60	4101	事业收入
7	1211	应收票据	61	4201	上级补助收入
8	1212	应收账款	62	4301	附属单位上缴收入
9	1214	预付账款	63	4401	经营收入
10	1215	应收股利	64	4601	非同级财政拨款收入
11	1216	应收利息	65	4602	投资收益
12	1218	其他应收款	66	4603	捐赠收入
13	1219	坏账准备	67	4604	利息收入
14	1301	在途物品	68	4605	租金收入
15	1302	库存物品	69	4609	其他收入

续前表

序号	编号	科目名称	序号	编号	科目名称
16	1303	加工物品	（五）费用类		
17	1401	待摊费用	70	5001	业务活动费用
18	1501	长期股权投资	71	5101	单位管理费用
19	1502	长期债券投资	72	5201	经营费用
20	1601	固定资产	73	5301	资产处置费用
21	1602	固定资产累计折旧	74	5401	上缴上级费用
22	1611	工程物资	75	5501	对附属单位补助费用
23	1613	在建工程	76	5801	所得税费用
24	1701	无形资产	77	5901	其他费用
25	1202	无形资产累计摊销	二、预算会计科目		
26	1703	研发支出	（一）预算收入类		
27	1801	公共基础设施	1	6001	财政拨款预算收入
28	1802	公共基础设施累计折旧（摊销）	2	9101	事业预算收入
29	1811	政府储备物资	3	6201	上级补助预算收入
30	1821	文物文化资产	4	6301	附属单位上缴预算收入
31	1831	保障性住房	5	6401	经营预算收入
32	1832	保障性住房累计折旧	6	6501	债务预算收入
33	1891	受托代理资产	7	6601	非同级财政拨款预算收入
34	1901	长期待摊费用	8	6602	投资预算收益
35	1902	待处理财产损溢	9	6609	其他预算收入
（二）负债类			（二）预算支出类		
36	2001	短期借款	10	7101	行政支出
37	2101	应交增值税	11	7201	事业支出
38	2102	其他应交税费	12	7301	经营支出
39	2103	应缴财政款	13	7401	上缴上级支出
40	2201	应付职工薪酬	14	7501	对附属单位补助支出
41	2301	应付票据	15	7601	投资支出
42	2302	应付账款	16	7701	债务还本支出
43	2303	应付政府补贴款	17	7901	其他支出
44	2304	应付利息	（三）预算结余类		
45	2305	预收账款	18	8001	资金结存
46	2307	其他应付款	19	8101	财政拨款结转
47	2401	预提费用	20	8102	财政拨款结余
48	2501	长期借款	21	8201	非财政拨款结转

续前表

序号	编号	科目名称	序号	编号	科目名称
49	2502	长期应付款	22	8202	非财政拨款结余
50	2601	预计负债	23	8301	专用结余
51	2901	受托代理负债	24	8401	经营结余
（三）净资产类			25	8501	其他结余
52	3001	累计盈余	26	8701	非财政拨款结余分配
53	3101	专用基金			

四、政府单位会计科目使用的规定

单位应当按照下列规定使用会计科目：

(1) 单位应当按照《政府单位会计制度》的规定设置和使用会计科目。在不影响会计处理和编制报表的前提下，单位可以根据实际情况自行增设或减少某些会计科目。

(2) 单位应当执行《政府单位会计制度》统一规定的会计科目编号，以便于填制会计凭证、登记账簿、查阅账目，实行会计信息化管理。

(3) 单位在填制会计凭证、登记会计账簿时，应当填列会计科目的名称，或者同时填列会计科目的名称和编号，不得只填列会计科目编号、不填列会计科目名称。

(4) 单位设置明细科目或进行明细核算，除遵循本制度规定外，还应当满足权责发生制政府部门财务报告和政府综合财务报告编制的其他需要。

知识归纳

政府单位会计科目分为财务会计科目与预算会计科目。财务会计科目包括资产类、负债类、净资产类、收入类和费用类科目；预算会计科目包括预算收入类、预算支出类和预算结余类科目。

政府单位的会计科目按核算层次分为总账科目和明细科目。

单位会计的总账科目应当根据财政部制定并公布的《政府单位会计制度》设置。

单位应当按照《政府单位会计制度》的规定设置和使用会计科目。除《政府单位会计制度》已有规定以外，在不违反会计信息质量要求的前提下，单位可根据需要自行规定。

问题探究

1. 单位总账科目设置的依据是什么？
2. 单位明细科目的设置有几种情况？
3. 单位在使用会计科目时应遵循哪些规定？

项目二
财政预算基础知识

任务一 政府收支分类科目

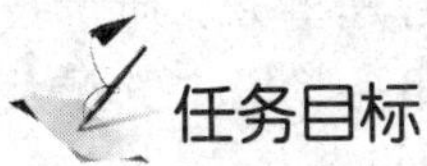

任务目标

◇ 了解政府收支分类科目的种类、支出功能分类科目的内容及政府预算经济分类科目的内容。

◇ 熟悉支出经济分类科目的种类及使用要求。

◇ 掌握部门预算经济分类科目的内容。

一、政府收支分类科目不同层次的分类

（一）政府收支分类科目的分类

政府收支分类科目是反映政府收支活动的分类体系，它是各级政府预算和部门预算编制、执行、决算的基础和重要工具，包括收入经济分类科目、支出功能分类科目和支出经济分类科目。其中：

（1）收入经济分类科目主要反映政府收入的来源性质，说明政府的钱从哪里来。

（2）支出功能分类科目主要反映政府的各项职能活动，说明政府究竟做了什么，是办了教育还是搞了国防。

（3）支出经济分类科目主要反映政府支出的具体用途，说明政府的钱究竟是怎样花出去的，是支付了人员工资还是购置了办公设备。

（二）政府支出分类两套科目的关系

将政府支出分类科目分为支出功能分类科目和支出经济分类科目，是2007年政府收支分类改革的主要成果。支出功能分类科目与支出经济分类科目从不同侧面、以不同方式反映政府支出活动。支出分类科目与部门分类编码和基本支出预算、项目支出预算相配合，在财政信息管理系统的有力支持下，可以对任何一项财政支出进行“多维”定位，清清楚楚地说明政府的钱是怎么来的，干了什么事，最终用到了什么地方，为预算管理、统计分析、宏观决策和财政监督等提供了全面、真实、准确的经济信息。

（三）支出经济分类科目的分类

支出经济分类科目是各级政府、各部门（单位）编制预决算的重要工具，按经济分类科目编制预算是细化预算编制、规范预算执行、保障预算监督、提升政府效能的重要举措，也是世界主要发达国家的通行做法。支出经济分类科目分设政府预算支出经济分类和部门预算支出经济分类两套科目。

政府预算支出经济分类科目突出政府预算管理重点，主要用于政府预算的编制、执行、决算、公开和总预算会计核算；部门预算支出经济分类科目着重体现部门预算管理要求，主要用于部门预算编制、执行、决算、公开和部门（单位）会计核算。两套科目均设置类、款两个层级，并保持一定的对应关系以利于部门预算与政府预算相衔接。

二、一般公共预算支出功能分类科目

一般公共预算支出功能分类科目的类、款两级科目设置如下：

（1）一般公共服务支出类。分设人大事务、政协事务、政府办公厅（室）及相关机构事务、发展与改革事务、统计信息事务、财政事务、税收事务、审计事务、海关事务、人力资源事务、纪检监察事务、商贸事务、知识产权事务、工商行政管理事务、质量技术监督与检验检疫事务、民族事务、宗教事务、港澳台侨事务、档案事务、民主党派及工商联事务、群众团体事务、党委办公厅（室）及相关机构事务、组织事务、统战事务、对外联络事务、其他共产党事务支出、其他一般公共服务支出等28款。

（2）外交支出类。分设外交管理事务、驻外机构、对外援助、国际组织、对外合作与交流、对外宣传、边界勘界联检、其他外交支出等8款。

（3）国防支出类。分设现役部队、国防科研事业、专项工程、国防动员、其他国防支出等5款。

（4）公共安全支出类。分设武装警察、公安、国家安全、检察、法院、司法、监狱、强制隔离戒毒、国家保密、缉私警察、海警、其他公共安全支出等12款。

（5）教育支出类。分设教育管理事务、普通教育、职业教育、成人教育、广播电视教育、留学教育、特殊教育、进修及培训、教育附加安排的支出、其他教育支出等10款。

其中：普通教育款分设学前教育、小学教育、初中教育、高等教育、化解农村义务教育债务支出、化解普通高中债务支出、其他普通教育支出等8项；职业教育款分设初等职业教育、中专教育、技校教育、高等职业教育、其他职业教育支出等6项。

（6）科学技术支出类。分设科学技术管理事务、基础研究、应用研究、技术研究与开发、科技条件与服务、社会科学、科学技术普及、科技交流与合作、科技重大项目、其他科学技术支出等10款。

（7）文化体育与传媒支出类。分设文化、文物、体育、新闻出版广播影视、其他文化体育与传媒支出等5款。

（8）社会保障和就业支出类。分设人力资源和社会保障管理事务、民政管理事务、补充全国社会保障基金、行政事业单位离退休、企业改革补助、就业补助、抚恤、退役安置、社会福利、残疾人事业、自然灾害生活救助、红十字事业、最低生活保障、临时救助、特困人员救助供养、补充道路交通事故社会救助基金、其他生活救助、财政对基本养老保险基金的补助、财政对其他社会保险基金的补助、其他社会保障和就业支出等

20款。

(9) 医疗卫生与计划生育支出类。分设医疗卫生与计划生育管理事务、公立医院、基层医疗卫生机构、公共卫生、中医药、计划生育事务、食品与药品监督管理事务、行政事业单位医疗、财政对基本医疗保险基金的补助、医疗救助、优抚对象医疗、其他医疗卫生与计划生育支出等12款。

(10) 节能环保支出类。分设环境保护管理事务、环境监测与监察、污染防治、自然生态保护、天然林保护、退耕还林、风沙荒漠治理、退牧还草、已垦草原退耕还草、能源节约利用、污染减排、可再生能源、循环经济、能源管理事务、其他节能环保支出等15款。

(11) 城乡社区支出类。分设城乡社区管理事务、城乡社区规划与管理、城乡社区公共设施、城乡社区环境卫生、建设市场管理与监督、其他城乡社区支出等6款。

(12) 农林水支出类。分设农业、林业、水利、南水北调、扶贫、农业综合开发、农村综合改革、普惠金融发展支出、目标价格补贴、其他农林水支出等10款。

(13) 交通运输支出类。分设公路水路运输、铁路运输、民用航空运输、成品油价格改革对交通运输的补贴、邮政业支出、车辆购置税支出、其他交通运输支出等7款。

(14) 资源勘探信息等支出类。分设资源勘探开发、制造业、建筑业、工业和信息产业监管、安全生产监管、国有资产监管、支持中小企业发展和管理支出、其他资源勘探信息等支出等8款。

(15) 商业服务业等支出类。分设商品流通事务、旅游业管理与服务支出、涉外发展服务支出、其他商业服务业等支出等4款。

(16) 金融支出类。分设金融部门行政支出、金融部门监管支出、金融发展支出、金融调控支出、其他金融支出等5款。

(17) 援助其他地区支出类。分设一般公共服务、教育、文化体育与传媒、医疗卫生、节能环保、农业、交通运输、住房保障、其他支出等9款。

(18) 国土海洋气象等支出类。分设国土资源事务、海洋管理事务、测绘事务、地震事务、气象事务、其他国土海洋气象等支出等6款。

(19) 社会保障支出类。分设保障性安居工程支出、住房改革支出、城乡社区住宅等3款。

(20) 粮油物资储备支出类。分设粮油事务、物资事务、能源储备、粮油储备、重要商品储备等5款。

(21) 预备费类。

(22) 其他支出类。分设年初预留、其他支出等两款。

(23) 转移性支出类。分设返还性支出、一般性转移支付、专项转移支付、上解支出、调出资金、年终结余、债务转贷支出、援助其他地区支出等8款。

(24) 债务还本支出类。分设中央政府国内债务还本支出、中央政府国外债务还本支出、地方政府一般债务还本支出等3款。

(25) 债务付息支出类。分设中央政府国内债务付息支出、中央政府国外债务付息支出、地方政府一般债务付息支出等3款。

(26) 债务发行费用支出类。分设中央政府国内债务发行费用支出、中央政府国外债务发行费用支出、地方政府一般债务发行费用支出等 3 款。

三、部门预算支出经济分类

部门预算支出经济分类体现部门预算管理要求，主要用于部门预算编制、执行、决算、公开和部门（单位）预算会计核算。按照《中华人民共和国预算法》的要求设置类、款两级，类级科目 10 个，款级科目 96 个。具体科目设置情况如下：

(1) 工资福利支出类，反映单位开支的在职职工和编制外长期聘用人员的各类劳动报酬，以及为上述人员缴纳的各项社会保险费等。下设 13 款：基本工资、津贴补贴、奖金、伙食补助费、绩效工资、机关事业单位基本养老保险缴费、职业年金缴费、职工基本医疗保险缴费、公务员医疗补助缴费、其他社会保障缴费、住房公积金、医疗费、其他工资福利支出。

(2) 商品和服务支出类，反映单位购买商品和服务的支出，不包括用于购置固定资产、战略性和应急性物资储备等资本性支出。下设 27 款：办公费、印刷费、咨询费、手续费、水费、电费、邮电费、取暖费、物业管理费、差旅费、因公出国（境）费用、维修（护）费、租赁费、会议费、培训费、公务接待费、专用材料费、被装购置费、专用燃料费、劳务费、委托业务费、工会经费、福利费、公务用车运行维护费、其他交通费用、税金及附加费用、其他商品和服务支出。

(3) 对个人和家庭的补助类，反映政府用于对个人和家庭的补助支出。下设 11 款：离休费、退休费、退职（役）费、抚恤金、生活补助、救济费、医疗费补助、助学金、奖励金、个人农业生产补贴、其他对个人和家庭的补助。

(4) 债务利息及费用支出类，反映单位的债务利息及费用支出。下设 4 款：国内债务付息、国外债务付息、国内债务发行费用、国外债务发行费用。

(5) 资本性支出（基本建设）类，反映切块由发展改革部门安排的基本建设支出，对企业补助支出不在此科目反映。下设 12 款：房屋建筑物购建、办公设备购置、专用设备购置、基础设施建设、大型修缮、信息网络及软件购置更新、物资储备、公务用车购置、其他交通工具购置、文物和陈列品购置、无形资产购置、其他基本建设支出。

(6) 资本性支出类。反映各单位安排的资本性支出，切块由发展改革部门安排的基本建设支出不在此科目反映。下设 16 款：房屋建筑物购建、办公设备购置、专用设备购置、基础设施建设、大型修缮、信息网络及软件购置更新、物资储备、土地补偿、安置补助、地上附着物和青苗补偿、拆迁补偿、公务用车购置、其他交通工具购置、文物和陈列品购置、无形资产购置、其他资本性支出。

(7) 对企业补助（基本建设）类，反映切块由发展改革部门安排的基本建设支出中对企业补助支出。下设 2 款：资本金注入、其他对企业补助。

(8) 对企业补助类，反映政府对各类企业的补助支出，切块由发展改革部门安排的基本建设支出中对企业补助支出不在此科目反映。下设 5 款：资本金注入、政府投资基金股权投资、费用补贴、利息补贴、其他对企业补助。

(9) 对社会保障基金补助类，反映政府对社会保险基金的补助以及补充全国社会保障基金的支出。下设 2 款：对社会保险基金补助、补充全国社会保障基金。

（10）其他支出类，反映不能划分到上述经济科目的其他支出。下设 4 款：赠与、国家赔偿费用支出、对民间非营利组织和群众性自治组织补贴、其他支出。

四、政府预算支出经济分类

政府预算支出经济分类体现政府预算的管理要求，主要用于政府预算的编制、执行、决算、公开和总预算会计核算。按照《中华人民共和国预算法》的要求设置类、款两级，类级科目 15 个，款级科目 60 个。具体科目设置情况如下：

（1）机关工资福利支出类，反映机关和参照公务员法管理的事业单位（简称“参公事业单位”）在职职工和编制外长期聘用人员的各类劳动报酬，以及为上述人员缴纳的各项社会保险费等。下设 4 款：工资奖金津补贴、社会保障缴费、住房公积金、其他工资福利支出。

（2）机关商品和服务支出类，反映机关和参公事业单位购买商品和服务的各类支出，不包括用于购置固定资产、战略性和应急性物资储备等资本性支出。下设 10 款：办公经费、会议费、培训费、专用材料购置费、委托业务费、公务接待费、因公出国（境）费用、公务用车运行维护费、维修（护）费、其他商品和服务支出。

（3）机关资本性支出（一）类，反映机关和参公事业单位资本性支出。切块由发展改革部门安排的基本建设支出中机关和参公事业单位资本性支出不在此科目反映。下设 7 款：房屋建筑物购建、基础设施建设、公务用车购置、土地征迁补偿和安置支出、设备购置、大型修缮、其他资本性支出。

（4）机关资本性支出（二）类，反映切块由发展改革部门安排的基本建设支出中机关和参公事业单位资本性支出。下设 6 款：房屋建筑物购建、基础设施建设、公务用车购置、设备购置、大型修缮、其他资本性支出。

（5）对事业单位经常性补助类，反映对事业单位（不含参公事业单位）的经常性补助支出。下设 3 款：工资福利支出、商品和服务支出、其他对事业单位补助。

（6）对事业单位资本性补助类，反映对事业单位（不含参公事业单位）的资本性补助支出。下设 2 款：资本性支出（一）、资本性支出（二）。

（7）对企业补助类，反映政府对各类企业的补助支出，对企业资本性支出不在此科目反映。下设 3 款：费用补贴、利息补贴、其他对企业补助。

（8）对企业资本性支出类，反映政府对各类企业的资本性支出。下设 2 款：对企业资本性支出（一）、对企业资本性支出（二）。

（9）对个人和家庭的补助类，反映政府用于对个人和家庭的补助支出。下设 5 款：社会福利和救助、助学金、个人农业生产补贴、离退休费、其他对个人和家庭补助。

（10）对社会保障基金补助类，反映政府对社会保险基金的补助以及补充全国社会保障基金的支出。下设 2 款：对社会保险基金补助、补充全国社会保障基金。

（11）债务利息及费用支出类，反映政府债务利息及费用支出。下设 4 款：国内债务付息、国外债务付息、国内债务发行费用、国外债务发行费用。

（12）债务还本支出类，反映政府债务还本支出。下设 2 款：国内债务还本、国外债务还本。

（13）转移性支出类，反映政府间和不同性质预算间的转移性支出。下设 4 款：上下级政府间转移性支出、援助其他地区支出、债务转贷、调出资金。

（14）预备费及预留类，反映预备费及预留。下设 2 款：预备费、预留。

（15）其他支出类，反映不能划分到上述经济科目的其他支出。下设 4 款：赠与、国家赔偿费用支出、对民间非营利组织和群众性自治组织补贴、其他支出。

五、两类支出经济分类科目使用的要求

按照财政部 2016 年印发的《支出经济分类科目改革试行方案》的要求，财政部门及部门（单位）在政府预算和部门预算编制、执行和决算时按以下规定使用支出经济分类科目。

（一）财政部门

1. 预算编制环节

各级政府财政部门按照政府预算经济分类科目编制本级政府预算报同级人民代表大会批准后，在原有按部门预算经济分类批复部门预算的基础上，将政府预算经济分类作为部门经费来源和申请款项的控制科目一并批复。

2. 预算执行环节

支付指令按照政府预算经济分类填写，财政总预算会计按支付系统中记录的政府预算经济分类科目记账。财政部门在批复部门（单位）调增、调减部门预算时，应一并明确相关预算资金的政府预算经济分类“类”级科目变化情况，并按调剂后的“类”级科目预算控制拨款。

3. 决算编制环节

政府决算编制使用政府预算经济分类，以财政总预算会计数据为基础生成。

（二）部门（单位）

1. 预算编制环节

部门（单位）按照部门预算经济分类科目编制部门预算，财政部门在原有按部门预算经济分类批复部门预算的基础上，将政府预算经济分类作为部门经费来源和申请款项的控制科目一并批复。

2. 预算执行环节

部门预算经财政部门批复后，执行中部门（单位）如需对政府预算经济分类“类”级科目进行调剂的，应当报本级财政部门批准，部门（单位）不得自行办理；需要对“款”级科目进行调剂的，由部门（单位）自行处理。

3. 决算编制环节

部门决算编制使用部门预算经济分类，以部门（单位）会计核算数据为基础生成。

知识归纳

政府收支分类科目是反映政府收支活动的分类体系，它是各级政府预算和部门预算编制、执行、决算的基础和重要工具，包括收入支出经济分类科目、支出功能分类科目

和支出经济分类科目。

支出经济分类科目分设政府预算经济分类和部门预算经济分类两套科目。政府预算支出经济分类突出政府预算管理重点，主要用于政府预算的编制、执行、决算、公开和总预算会计核算，按照《预算法》的要求设置类、款两级，类级科目15个，款级科目60个；部门预算支出经济分类着重体现部门预算管理要求，主要用于部门预算编制、执行、决算、公开和部门（单位）会计核算，按照《预算法》的要求设置类、款两级，类级科目10个，款级科目96个。

问题探究

1. 政府收支分类科目分为哪几类？
2. 支出经济分类科目分为哪几类？
3. 支出功能分类科目与支出经济分类科目有什么不同？
4. 政府预算支出经济分类和部门预算支出经济分类的分工有什么不同？

任务二　国库集中收付制度

任务目标

◇ 了解国库集中收付制度的定义。
◇ 熟悉国库单一账户体系的构成及各账户的功能。
◇ 掌握国库集中收付的内容、形式、方式与程序。

一、国库集中收付制度的定义

按照《财政国库管理制度改革试点方案》（财库〔2001〕24号）的规定，财政国库管理制度的基本发展要求是：建立国库单一账户体系，所有财政性资金都纳入国库单一账户体系管理，收入直接缴入国库或财政专户，支出通过国库单一账户体系支付给商品和劳务供应者或用款单位。

国库集中收付制度是指以国库单一账户体系为基础、资金缴拨以国库集中收付为主要形式的财政国库管理制度。国库集中收付制度包括财政性资金集中收缴和集中支付两个方面。

国库集中收付制度实施之前，征收机关开设收入过渡户、预算单位开设银行存款户，财政预算收入在入库之前通过收入过渡户汇缴，财政预算拨款按季分月先拨付预算单位银行存款户形成预算支出；国库集中收付制度实施之后，注销征收机关开设的收入过渡户和预算单位开设的银行存款户，财政预算收入通过国库经收处直接缴库，财政预算支出按直接支付方式和授权支付方式分别与其对应零余额账户代理银行结算，即零余额账户代理银行先垫资，后与国库清算。

国库集中收付制度实施前与实施后财政预算收入和财政预算支出形成过程通过图2-1和图2-2对照如下。

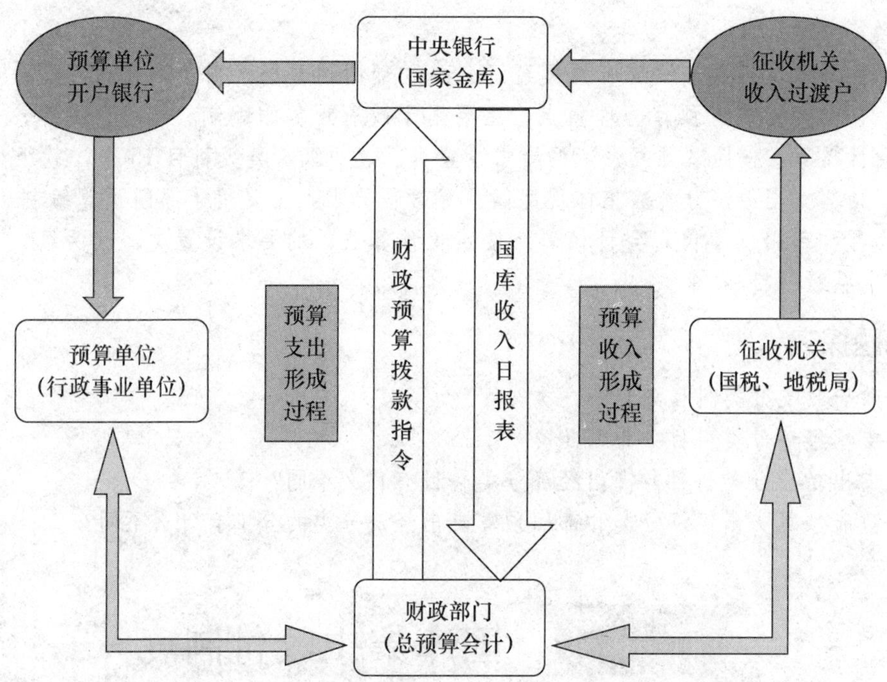

图 2-1　国库集中收付制度实施前预算收支形成过程图

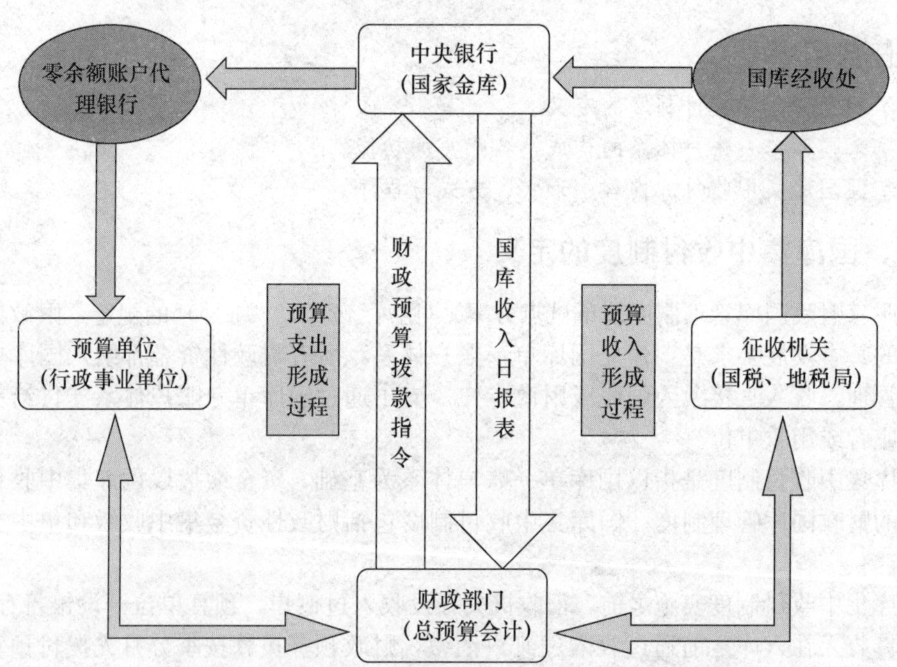

图 2-2　国库集中收付制度实施后预算收支形成过程图

二、国库单一账户体系的构成

（一）国库单一账户

国库单一账户为国库存款账户，用于记录、核算和反映纳入预算管理的财政收入和支出活动，并用于与财政部门在商业银行开设的零余额账户清算，实现支付。国库单一账户由财政部门在中国人民银行开设，并按收入和支出设置分类账，收入账按预算科目设置明细科目，支出账按资金使用性质设立分账册。

（二）财政部门零余额账户

财政部门零余额账户用于财政直接支付和与国库单一账户支出清算。财政部门零余额账户由财政部门按资金使用性质在商业银行开设。

（三）预算单位零余额账户

预算单位零余额账户用于财政授权支付和与国库单一账户支出清算。预算单位零余额账户由财政部门在商业银行为预算单位开设。

（四）预算外资金财政专户

预算外资金财政专户用于记录、核算和反映预算外资金的收入和支出活动，并用于预算外资金日常收支清算。预算外资金财政专户由财政部门在商业银行开设，并按收入和支出设置分类账。

（五）特设专户

特设专户用于记录、核算和反映预算单位的特殊专项支出活动，并用于与国库单一账户清算。特设专户经国务院和省级人民政府批准或授权财政部门开设。

上述账户和专户要与财政部门及其支付执行机构、中国人民银行国库部门和预算单位的会计核算保持一致性，以便相互核对有关账务记录。

国库单一账户体系建立后，取消各类收入过渡性账户，要求预算单位的所有财政性资金的收入和支出全部纳入国库单一账户管理，并通过各部门在商业银行的零余额账户处理日常支付和清算业务。

国库单一账户体系的构成如图 2-3 所示。

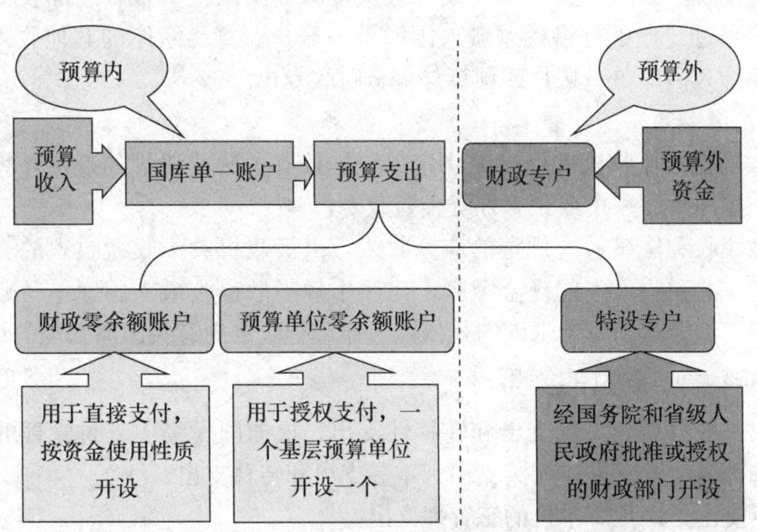

图 2-3 国库单一账户体系构成图

财政零余额账户与单位零余额账户的差别对比如图 2-4 所示。

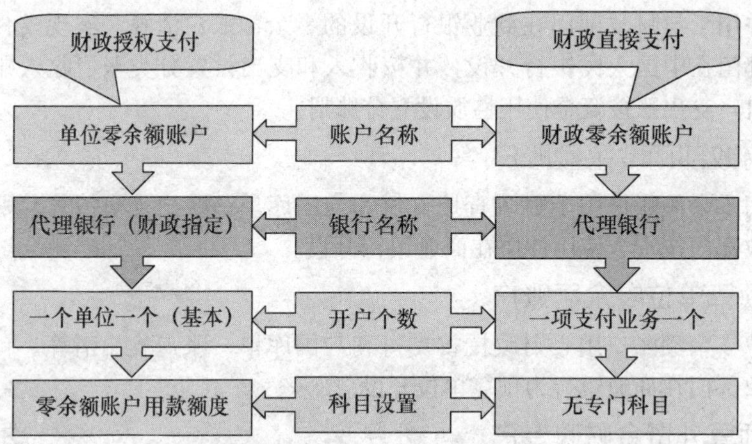

图 2－4　财政零余额账户与单位零余额账户的差别对比图

三、国库集中收付的形式

一般情况下，财政性资金都应通过国库单一账户体系存储、支付和清算。纳入国库集中收付管理的预算单位财政性资金包括：财政预算内资金；纳入财政预算管理的政府性基金；纳入财政专户管理的预算外资金；其他财政性资金。

（一）国库集中收缴的形式

纳入国库集中收缴的财政性资金的收缴分为直接缴库和集中汇缴。

1. 直接缴库

直接缴库是指由缴款单位或缴款人按有关法律法规的规定，直接将应缴收入缴入国库单一账户或预算外资金财政专户。

直接缴库的税收收入，由纳税人或税务代理人提出纳税申报，经征收机关审核无误后，由纳税人通过开户银行将税款缴入国库单一账户。直接缴库的其他收入，比照税收收入缴库程序缴入国库单一账户或预算外资金财政专户。

2. 集中汇缴

集中汇缴是指由征收机关（有关法定单位）按有关法律法规的规定，将所收的应缴收入汇总缴入国库单一账户或预算外资金财政专户。

小额零散税收和法律另有规定的应缴收入，由征收机关于收缴收入的当日汇总缴入国库单一账户。非税收入中的现金缴款，比照小额零散税收缴入国库单一账户或预算外资金财政专户。涉及从国库中退库的，依照法律、行政法规有关国库管理的规定执行。

（二）国库集中支付的类型

财政支出一般分为购买性支出和转移性支出，根据国库集中支付管理的需要将财政支出进一步细分为工资支出、购买支出、零星支出和转移支出。

（1）工资支出，即预算单位的工资性支出。

（2）购买支出，即预算单位除工资支出、零星支出之外购买服务、货物和建设工程项目等的支出。

（3）零星支出，即预算单位购买支出中的日常小额部分，指除《政府采购品目分类表》所列品目以外的支出，或列入《政府采购品目分类表》所列品目，但未达到规定数额的支出。

（4）转移支出，即拨付给预算单位或下级财政部门未指明具体用途的支出，包括拨付企业补贴和未指明具体用途的资金、中央对地方的一般性转移支付等。

（三）国库集中支付的方式

按照不同支付主体，针对不同类型的支出，财政国库资金集中支付分别实行财政直接支付和财政授权支付。

1. 财政直接支付

财政直接支付是指由财政部门开具支付令，通过国库单一账户体系，直接将财政资金支付给收款人（即商品和劳务供应者，下同）或用款单位账户。实行财政直接支付的支出包括：

（1）工资支出、购买支出以及中央对地方的专项转移支付，拨付企业大型工程项目或大型设备采购的资金等，直接支付给收款人。

（2）转移支出（中央对地方专项转移支出除外），包括中央对地方的一般性转移支付中的税收返还、原体制补助、过渡期转移支付、结算补助等支出，对企业的补贴和未指明购买内容的某些专项支出等，支付到用款单位（包括下级财政部门和预算单位，下同）。

2. 财政授权支付

财政授权支付是指预算单位根据财政授权，自行开具支付令，通过国库单一账户体系将资金支付到收款人账户。实行财政授权支付的支出包括未实行财政直接支付的购买支出和零星支出。

财政直接支付和财政授权支付的具体支出项目，由财政部门在确定部门预算或制定改革试点的具体实施办法中列出。如《陕西省省级财政国库管理制度改革试点资金支付管理暂行办法》规定：财政直接支付适用于工资支出、政府采购支出、基建支出、实行统一结算的会议和外事接待等支出；财政授权支付适用于预算单位未纳入财政直接支付方式的各项购买支出和零星支出。

财政直接支付和财政授权支付两种支付方式的异同如图 2-5 所示。

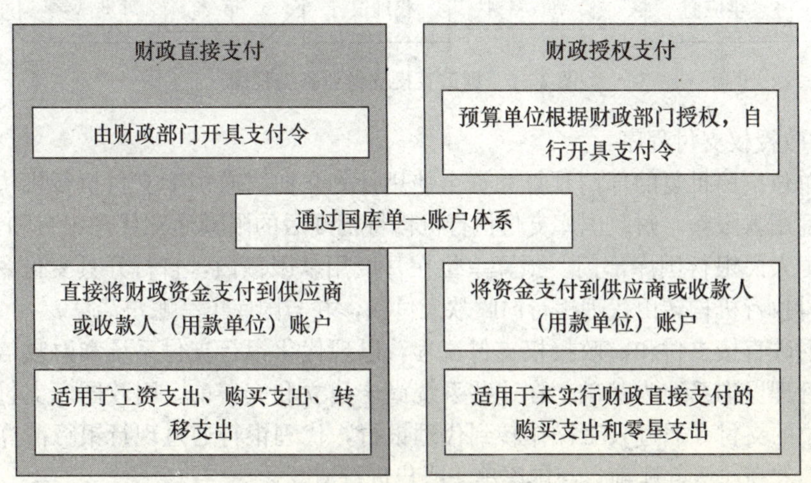

图 2-5　财政直接支付和授权支付两种支付方式异同图示

（四）国库集中支付的程序

1. 财政直接支付程序

预算单位按照批复的部门预算和资金使用计划，向财政国库支付执行机构提出支付申请，财政国库支付执行机构根据批复的部门预算和资金使用计划及相关要求对支付申请审核无误后，向代理银行发出支付令，并通知中国人民银行国库部门，通过代理银行进入全国银行清算系统进行实时清算，将财政资金从国库单一账户划拨到收款人的银行账户。

财政直接支付主要通过转账方式进行，也可以采取国库支票支付。财政国库支付执行机构根据预算单位的要求签发支票，并将签发给收款人的支票交给预算单位，由预算单位转给收款人。收款人持支票到其开户银行入账，收款人开户银行再与代理银行进行清算。每日营业终了前，由国库单一账户与代理银行进行清算。

工资性支付涉及的各预算单位人员编制、工资标准、开支数额等，分别由编制部门、人事部门和财政部门核定。

支付对象为预算单位和下级财政部门的支出，由财政部门按照预算执行进度将资金从国库单一账户直接拨付到预算单位或下级财政部门账户。

财政直接支付的业务流程如图 2-6 所示。

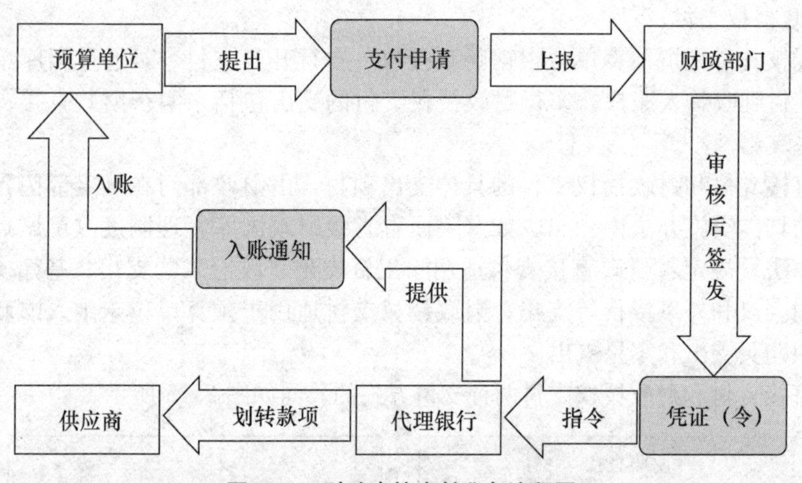

图 2-6　财政直接支付业务流程图

2. 财政授权支付程序

预算单位按照批复的部门预算和资金使用计划，向财政国库支付执行机构申请授权支付的月度用款限额，财政国库支付执行机构将批准后的限额通知代理银行和预算单位，并通知中国人民银行国库部门。预算单位在月度用款限额内，自行开具支付令，通过财政国库支付执行机构转由代理银行向收款人付款，并与国库单一账户清算。

上述财政直接支付和财政授权支付流程，以现代化银行支付系统和财政信息管理系统的国库管理操作系统为基础。在这些系统尚未建立和完善前，财政国库支付执行机构或预算单位的支付令通过人工操作转到代理银行，代理银行通过现行银行清算系统向收款人付款，并在每天轧账前，与国库单一账户进行清算。

预算外资金的支付，逐步比照上述程序实施。

财政授权支付的业务流程如图 2-7 所示。

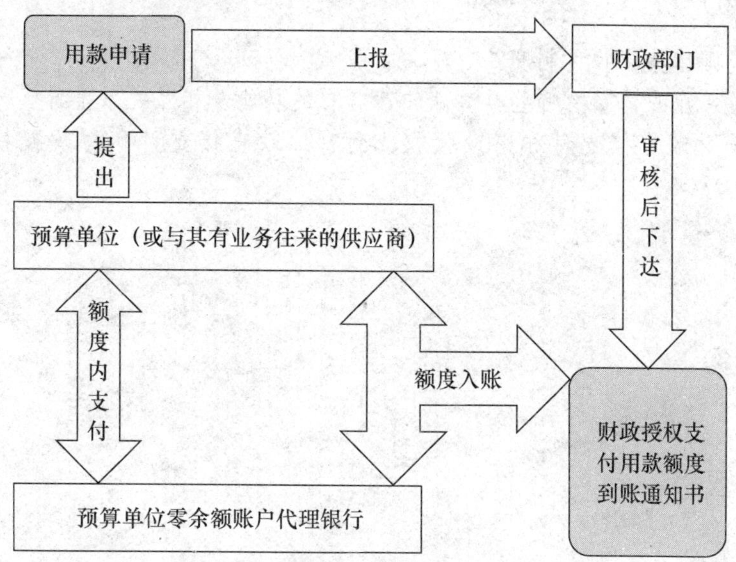

图 2-7 财政授权支付业务流程图示

四、国库集中支付业务电子化

为规范国库集中支付业务电子化管理，保障财政资金安全，提高业务办理效率，根据《中华人民共和国电子签名法》《财政国库管理制度改革试点方案》等有关规定，财政部、中国人民银行于 2013 年 9 月 5 日制定印发了《国库集中支付业务电子化管理暂行办法》(财库〔2013〕173 号)，自 2013 年 10 月 1 日起实施。

各级财政部门、中国人民银行及其分支机构、国库集中支付业务代理银行、各级预算单位等业务方，利用信息网络技术，通过有关业务处理系统制作、发送、接收和处理电子凭证，办理国库集中支付业务。

知识归纳

国库集中收付制度是指以国库单一账户体系为基础、资金缴拨以国库集中收付为主要形式的财政国库管理制度。国库集中收付制度包括财政性资金集中收缴和集中支付两个方面。

国库单一账户体系包括国库单一账户、财政部门零余额账户、预算单位零余额账户、预算外资金财政专户、特设专户。

一般情况下，财政性资金都应通过国库单一账户体系存储、支付和清算。纳入国库集中收入的财政性资金按政府收支分类标准进行分类。财政收入的收缴分为直接缴库和集中汇缴。

财政支出一般分为购买性支出和转移性支出，根据国库集中支付管理的需要将财政支出进一步细分为工资支出、购买支出、零星支出和转移支出。

财政部、中国人民银行于 2013 年 9 月 5 日制定印发了《国库集中支付业务电子化管理暂行办法》(财库〔2013〕173 号)，自 2013 年 10 月 1 日起实施。

问题探究

1. 什么是国库集中收付制度？

2. 国库单一账户体系有哪些具体账户？各自的功能及相互关系是什么？

3. 什么是财政直接支付和财政授权支付？财政直接支付和财政授权支付有什么区别？

第二篇
基本核算业务

项目三 资　产

资产基础知识

一、资产的定义及确认条件

资产是指单位过去的经济业务或者事项形成的，由单位控制的，预期能够产生服务潜力或者带来经济利益流入的经济资源。

（1）服务潜力是指单位利用资产提供公共产品和服务以履行政府职能的潜在能力。

（2）经济利益流入表现为现金及现金等价物的流入，或者现金及现金等价物流出的减少。

（3）符合资产定义的经济资源，在同时满足以下条件时，确认为资产：

1）与该经济资源相关的服务潜力很可能实现或者经济利益很可能流入单位。

2）该经济资源的成本或者价值能够可靠计量。

二、资产的分类及会计科目

单位的资产按照流动性，分为流动资产和非流动资产。

（1）流动资产是指预计在1年内（含1年）耗用或者可以变现的资产，包括货币资金、短期投资、应收及预付款项、存货等。

（2）非流动资产是指流动资产以外的资产，包括固定资产、在建工程、无形资产、长期投资、公共基础设施、政府储备资产、文物文化资产、保障性住房和自然资源资产等。

单位资产的种类及会计科目如表3－1所示。

表3－1　资产的种类及会计科目

种类	会计科目	核算内容
流动资产	库存现金	核算单位的库存现金。
	银行存款	核算单位存入银行或者其他金融机构的各种存款。
	零余额账户用款额度	核算实行国库集中支付的单位根据财政部门批复的用款计划收到和支用的零余额账户用款额度。
	其他货币资金	核算单位的外埠存款、银行本票存款、银行汇票存款、信用卡存款等各种其他货币资金。

续前表

种类	会计科目	核算内容
流动资产	短期投资	核算事业单位按照规定取得的，持有时间不超过1年（含1年）的投资。
	财政应返还额度	核算实行国库集中支付的单位应收财政返还的资金额度，包括可以使用的以前年度财政直接支付资金额度和财政应返还的财政授权支付资金额度。
	应收票据	核算事业单位因开展经营活动销售产品、提供有偿服务等而收到的商业汇票，包括银行承兑汇票和商业承兑汇票。
	应收账款	核算事业单位提供服务、销售产品等应收取的款项，以及单位因出租资产、出售物资等应收取的款项。
	预付账款	核算单位按照购货、服务合同或协议规定预付给供应单位（或个人）的款项，以及按照合同规定向承包工程的施工企业预付的备料款和工程款。
	应收股利	核算事业单位持有长期股权投资应当收取的现金股利或应当分得的利润。
	应收利息	核算事业单位长期债券投资应当收取的利息。
	其他应收款	核算单位除财政应返还额度、应收票据、应收账款、预付账款、应收股利、应收利息以外的其他各项应收及暂付款项，如职工预借的差旅费、已经偿还银行尚未报销的本单位公务卡欠款、拨付给内部有关部门的备用金、应向职工收取的各种垫付款项、支付的可以收回的订金或押金、应收的上级补助和附属单位上缴款项等。
	坏账准备	核算事业单位对收回后不需上缴财政的应收账款和其他应收款提取的坏账准备。
	在途物品	核算单位采购材料等物资时货款已付或已开出商业汇票但尚未验收入库的在途物品的采购成本。
	库存物品	核算单位在开展业务活动及其他活动中为耗用或出售而储存的各种材料、产品、包装物、低值易耗品，以及达不到固定资产标准的用具、装具、动植物等的成本。
	加工物品	核算单位自制或委托外单位加工的各种物品的实际成本。
	待摊费用	核算单位已经支付，但应当由本期和以后各期分别负担的分摊期在1年以内（含1年）的各项费用，如预付航空保险费、预付租金等。
非流动资产	长期股权投资	核算事业单位按照规定取得的，持有时间超过1年（不含1年）的股权性质的投资。
	长期债券投资	核算事业单位按照规定取得的，持有时间超过1年（不含1年）的债券投资。
	固定资产	核算单位固定资产的原值。
	固定资产累计折旧	核算单位计提的固定资产累计折旧。
	工程物资	核算单位为在建工程准备的各种物资的成本，包括工程用材料、设备等。
	在建工程	核算单位在建的建设项目工程的实际成本。
	无形资产	核算单位无形资产的原值。

续前表

种类	会计科目	核算内容
非流动资产	无形资产累计摊销	核算单位对使用年限有限的无形资产计提的累计摊销。
	研发支出	核算单位自行研究开发项目研究阶段和开发阶段发生的各项支出。
	公共基础设施	核算单位控制的公共基础设施的原值。
	公共基础设施累计折旧（摊销）	核算单位计提的公共基础设施累计折旧和累计摊销。
	政府储备物资	核算单位控制的政府储备物资的成本。
	文物文化资产	核算单位为满足社会公共需求而控制的文物文化资产的成本。
	保障性住房	核算单位为满足社会公共需求而控制的保障性住房的原值。
	保障性住房累计折旧	核算单位计提的保障性住房的累计折旧。
	受托代理资产	核算单位接受委托方委托管理的各项资产，包括受托指定转赠的物资、受托存储保管的物资等的成本。
	长期待摊费用	核算单位已经支出，但应由本期和以后各期负担的分摊期限在1年以上（不含1年）的各项费用，如以经营租赁方式租入的固定资产发生的改良支出等。
	待处理财产损溢	核算单位在资产清查过程中查明的各种资产盘盈、盘亏和报废、毁损的价值。

三、资产的计量属性

资产的计量属性主要包括历史成本、重置成本、现值、公允价值和名义金额。

（1）在历史成本计量下，资产按照取得时支付的现金金额或者支付对价的公允价值计量。

（2）在重置成本计量下，资产按照现在购买相同或者相似资产所需支付的现金金额计量。

（3）在现值计量下，资产按照预计从其持续使用和最终处置中所产生的未来净现金流入量的折现金额计量。

（4）在公允价值计量下，资产按照市场参与者在计量日发生的有序交易中，出售资产所能收到的价格计量。

（5）无法采用上述计量属性的，采用名义金额（即人民币1元）计量。

政府会计主体在对资产进行计量时，一般应当采用历史成本。采用重置成本、现值、公允价值计量的，应当保证所确定的资产金额能够持续、可靠计量。

符合资产定义和资产确认条件的项目，应当列入资产负债表。

任务一　货币资金

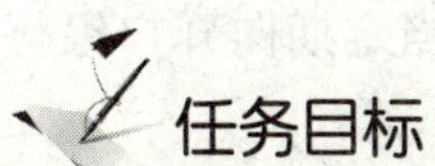

任务目标

◇ 了解单位库存现金管理的原则、银行结算账户的种类及用途。

◇ 熟悉单位库存现金收付业务办理的流程、零余额账户管理的要求。
◇ 掌握单位库存现金清查盘点的要点、零余额账户的定义与性质。
◇ 学会单位库存现金、银行存款、零余额账户用款额度、其他货币资金核算的方法。

一、库存现金

（一）库存现金管理原则

库存现金是指单位存放在财会部门并由出纳人员保管的纸币和铸币。库存现金是单位流动性最强的流动资产，它不受任何契约的限制，使用方便，但不能随保留时间的推移而增值。因此，单位的库存现金应以满足日常零星开支为限，并切实加强管理。

1. 设置专人经管库存现金的出纳工作

按照《中华人民共和国会计法》的规定，单位会计机构内部应当建立稽核制度，出纳人员不得兼任稽核、会计档案保管和收入、支出、费用、债权债务账目的登记工作。单位的现金收付业务，应由专职或兼职的出纳人员办理，出纳、会计分开，钱账分管，责任分明。

2. 严格遵守库存现金限额规定

为了便于单位支付日常零星开支，开户银行要对单位核定一个库存现金限额。核定时，一般以单位 3～5 天的日常零星开支所需的现金量为依据。边远地区和交通不便地区的单位库存现金限额，可以多于 5 天，但不得超过 15 天的日常零星开支。超过库存现金限额的现金应于当日业务终了前送存开户银行。如果需要增加或者减少库存现金限额，应当向开户银行提出申请，由开户银行核定。

3. 严格遵守库存现金使用范围

根据国务院发布的《现金管理暂行条例》的规定，单位可以在下列范围内使用现金：职工工资、津贴；个人劳务报酬；根据国家规定颁发给个人的科学技术、文化艺术、体育等各种奖金；各种劳保、福利费用以及国家规定的对个人的其他支出；向个人收购农副产品和其他物资的价款；出差人员必须随身携带的差旅费；结算起点以下的零星支出；中国人民银行确定需要支付现金的其他支出。凡不属于上述现金结算范围的款项支付，一律通过银行办理转账结算。

4. 严格库存现金收付手续

出纳人员在工作中要坚持原则、一丝不苟，严格以经过审核无误的合法凭证为依据，办理现金收付业务。支付现金后，应在原始凭证上加盖“现金付讫”戳记，以防止利用凭证重复报销。不能以借据抵顶现金。凡属于现金收入业务的，应给对方开出正式合法的收据，严密手续，防止漏洞。

5. 不准坐支现金

单位支付现金，应从单位库存现金限额内支付或者从开户银行提取，不得从本单位的现金收入中直接支付，即坐支。因特殊情况需要坐支的，应当事先报经开户银行审查批准，由开户银行核定坐支范围和限额。单位经批准坐支现金时，应当定期向开户银行报送坐支的金额和使用情况。

6. 做到日清月结，保证账款相符

现金收付要及时入账，每日清点库存；主管会计人员应定期或不定期地对库存实际结存，以及对有关部门的备用金进行核对与检查，做到日清月结，账款相符。任何有现金收支的部门都不得以借据或白条抵顶现金。

（二）现金收付业务办理的流程

1. 设置并登记现金日记账

单位应当设置现金日记账，由出纳人员根据稽核过的收付款凭证，按照业务发生顺序逐笔登记。单位有外币现金的，应当分别按照人民币、各种外币设置现金日记账，进行明细核算。

2. 每日核对收付数并编制库存现金日报表

每日业务终了，应计算出当日现金收入合计数、现金付出合计数和结余数，并将结余数与实际库存数核对相符后，编制库存现金日报表。

3. 登记总账

由记账人员根据出纳人员传递的库存现金日报表连同会计凭证登记总账。

单位现金收付业务办理的基本流程如图 3-1 所示。

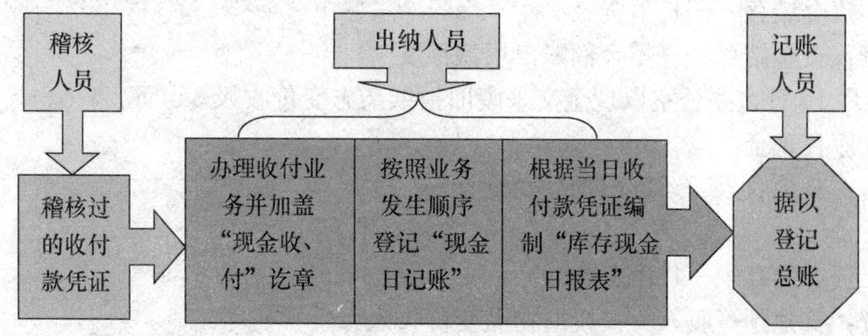

图 3-1 办理现金收付业务的基本流程图

另外，现金收入业务较多、单独设有收款部门的单位，收款部门的收款员应当将每天所收现金连同收款凭据等一并交财务部门核收记账；或者将每天所收现金直接送存开户银行后，将收款凭据及向银行送存现金的凭证等一并交财务部门核收记账。

单位现金收入业务较多、单独设有收款部门的现金收款业务办理流程如图 3-2 所示。

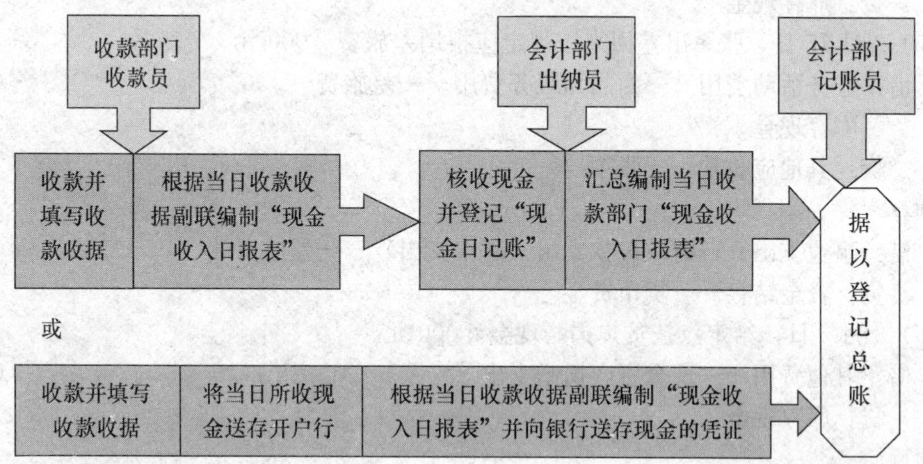

图 3-2 现金收入业务较多、单独设有收款部门的收款业务流程图

（三）现金的核算

单位为核算其库存现金，应设置“库存现金”（资产类）科目。其借方登记库存现金的增加数，贷方登记库存现金的减少数，期末借方余额反映单位实际持有的库存现金。

“库存现金”科目应当设置“受托代理资产”明细科目，核算单位受托代理、代管的现金。

单位有外币现金的，应当分别按照人民币、外币种类设置“库存现金日记账”进行明细核算。

【核算举例】 某事业单位2019年发生下列有关库存现金业务，请根据有关凭证编制会计分录。

（1）1月10日，开出现金支票从单位零余额账户代理银行提现4 000元备用。

借：库存现金 4 000

　贷：零余额账户用款额度 4 000

预算

借：资金结存——货币资金 4 000

　贷：资金结存——零余额账户用款额度 4 000

（2）1月10日，办公室以现金交来废旧报纸杂志变价收入350元。

借：库存现金 350

　贷：其他收入——废旧物品变价收入 350

预算

借：资金结存——货币资金 350

　贷：其他预算收入——废旧物品变价收入 350

（3）2月2日，将超出库存现金限额的2 000元现金存入银行。

借：银行存款 2 000

　贷：库存现金 2 000

（4）2月5日，张军因公出差预借差旅费2 300元。

借：其他应收款——张军 2 300

　贷：库存现金 2 300

（5）2月15日，张军出差回来按规定应报销差旅费2 000元。

借：业务活动费用——商品和服务费用——差旅费 2 000

　　库存现金 300

　贷：其他应收款——张军 2 300

预算

借：事业支出——财政拨款支出（基本支出）——差旅费 2 000

　贷：资金结存——货币资金 2 000

（6）3月5日，给定点扶贫户捐赠现金5 000元。

借：其他费用——现金资产捐赠支出 5 000

　贷：库存现金 5 000

预算

借：其他支出——对外捐赠现金支出 5 000

贷：资金结存——货币资金 5 000

（7）3 月 10 日，收到某单位受托代理捐赠现金 8 000 元。

借：库存现金——受托代理资产 8 000

贷：受托代理负债——受赠人 8 000

（8）3 月 21 日，按照上述某单位受托代理捐赠的要求将 8 000 元支付给受托对象。

借：受托代理负债——受赠人 8 000

贷：库存现金——受托代理资产 8 000

（四）现金的清查

为了加强对现金出纳工作的监督，防止盗窃和营私舞弊，保护现金安全完整，必须建立现金清查盘点制度。库存现金的清查盘点包括出纳人员每日的清查盘点和清查小组定期或不定期的清查盘点，清查的主要手段是实地盘点。

每日账款核对中发现现金溢余或短缺的，应当及时进行处理。清查小组清查盘点现金时，出纳人员必须在场，盘点后将实存数与账存数核对，并编制库存现金盘点报告表，列明实存、账存和溢余或短缺金额。如有溢余或短缺，应查明原因，并及时报请领导审批。

每日账款核对中发现有待查明原因的现金短缺或溢余的，应当通过“待处理财产损溢”科目核算。现金溢余和现金短缺的核算举例见“待处理财产损溢”。

二、银行存款

（一）银行结算账户的种类

银行结算账户，即人民币银行结算账户，是指银行为存款人开立的办理资金收付结算的人民币活期存款账户。存款人以单位名称开立的银行结算账户为单位银行结算账户。按照《人民币银行结算账户管理办法》的规定，单位银行结算账户按用途分为基本存款账户、一般存款账户、专用存款账户和临时存款账户。

1. 基本存款账户

基本存款账户是存款人因办理日常转账结算和现金收付业务需要开立的银行结算账户。单位银行结算账户的存款人只能在银行开立一个基本存款账户。基本存款账户是存款人的主办账户。存款人日常经营活动的资金收付及工资、奖金和现金的支取，应通过该账户办理。

2. 一般存款账户

一般存款账户是存款人因借款或其他结算需要，在基本存款账户开户银行以外的银行营业机构开立的银行结算账户。一般存款账户用于办理存款人借款转存、借款归还和其他结算的资金收付。该账户可以办理现金缴存业务，但不得办理现金支取业务。

3. 专用存款账户

专用存款账户是存款人按照法律、行政法规和规章，对其特定用途的资金进行专项管理和使用而开立的银行结算账户。存款人的财政预算外资金、信托基金、政策性房地产开发资金、单位银行卡备用金、住房基金、社会保障基金等资金的管理与使用可以申请开立专用存款账户。专用存款账户用于办理各项专用资金的收付业务。单位银行卡账户的资金必须由其基本存款账户转账存入。该账户不得办理现金收付业务。

4. 临时存款账户

临时存款账户是存款人因临时需要并在规定期限内使用而开立的银行结算账户。存款人设立临时机构、进行异地临时经营活动、注册验资等业务可以申请开立临时存款账户。临时存款账户用于办理临时机构以及存款人临时经营活动发生的资金收付业务。临时存款账户应根据有关开户证明文件确定的期限或存款人的需要确定其有效期限。存款人在账户的使用中需要延长期限的，应在有效期限内向开户银行提出申请，并由开户银行报中国人民银行当地分支行核准后办理展期。临时存款账户的有效期最长不得超过2年。

（二）银行结算账户的开立

一般情况下，存款人应在注册地或住所地开立银行结算账户。存款人开立基本存款账户、临时存款账户和预算单位开立专用存款账户实行核准制度，经中国人民银行核准后由开户银行核发开户登记证。存款人可以自主选择银行开立银行结算账户。银行结算账户的开立和使用应当遵守法律、行政法规的规定，不得利用银行结算账户进行偷逃税款、逃废债务、套取现金及其他违法犯罪活动。银行应依法为存款人的银行结算账户信息保密。对单位银行结算账户的存款和有关资料，除国家法律、行政法规另有规定外，银行有权拒绝任何单位或个人查询。对个人银行结算账户的存款和有关资料，除国家法律另有规定外，银行有权拒绝任何单位或个人查询。

（三）银行存款的核算（本币业务）

银行存款是指单位存入银行或其他金融机构的各种存款。单位为了核算其存入银行或其他金融机构的各种存款，应设置“银行存款”科目（资产类）。其借方登记款项的存入及转入数等，贷方登记款项的支出、提取、转出及汇出数等。期末借方余额，反映单位实际存放在银行或其他金融机构的款项。

“银行存款”科目应当设置“受托代理资产”明细科目，核算单位受托代理、代管的银行存款。

【核算举例】 某事业单位2019年2月发生下列有关银行存款本币业务，请根据有关凭证编制会计分录。

（1）10日，将现金5 000元存入开户银行。

借：银行存款 5 000

　贷：库存现金 5 000

（2）12日，开出现金支票从开户银行提取现金4 000元备用。

借：库存现金 4 000

　贷：银行存款 4 000

（3）14日，以银行存款支付后勤管理部门的办公用品费3 000元。

借：单位管理费用——商品和服务费用——办公费 3 000

　贷：银行存款 3 000

预算

借：事业支出——财政拨款支出（基本支出）——办公费 3 000

贷：资金结存——货币资金 3 000

（4）15 日，收到银行存款账户的活期利息 1 000 元。

借：银行存款 1 000

贷：利息收入 1 000

预算

借：资金结存——货币资金 1 000

贷：其他预算收入——利息预算收入 1 000

（5）16 日，办理银行承兑业务，开户银行从单位银行存款账户中扣收手续费 500 元。

借：单位管理费用——商品和服务费用——手续费 500

贷：银行存款 500

预算

借：事业支出——财政拨款支出（基本支出）——手续费 500

贷：资金结存——货币资金 500

（6）18 日，通过银行转账收到某单位委托代管资金 10 000 元。

借：银行存款——受托代理资产 10 000

贷：受托代理负债——某单位 10 000

（7）承上例，28 日，按照某单位委托通过银行给指定单位转账支付上述款项。

借：受托代理负债——某单位 10 000

贷：银行存款——受托代理资产 10 000

（四）银行存款的核算（外币业务）

单位发生外币业务的，应当按照业务发生当日的即期汇率，将外币金额折算为人民币金额记账，并登记外币金额和汇率。期末，各种外币账户的期末余额，应当按照期末的即期汇率折算为人民币，作为外币账户期末人民币余额。调整后的各种外币账户人民币余额与原账面余额的差额，作为汇兑损益计入当期费用。

（1）以外币购买物资、设备等，应按照购入当日的即期汇率将支付的外币或应支付的外币折算为人民币金额。

（2）销售物品、提供服务以外币收取相关款项等，应按照收入确认当日的即期汇率将收取的外币或应收取的外币折算为人民币金额。

（3）期末，应根据各外币银行存款账户按照期末汇率调整后的人民币余额与原账面人民币余额的差额，作为汇兑损益。

【核算举例】 某事业单位 2019 年 2 月份发生下列有关银行存款外币业务，请根据有关凭证编制会计分录。

（1）20 日，以美元购买一批办公用品，支付 7 000 美元，当日即期汇率为 6.326 9，折合为人民币 44 288.30 元。

借：库存物品 44 288.30

贷：银行存款——外币账户——美元 44 288.30

预算

借：事业支出——财政拨款支出（基本支出）——办公费 44 288.30

贷：资金结存——货币资金 44 288.30

(2) 22 日，收到某公司通过银行转账交来的业务咨询费 500 000 日元，当日即期汇率为 0.059 0，折合为人民币 29 500 元。

借：银行存款——外币账户——日元　　29 500

　贷：事业收入　　29 500

预算

借：资金结存——货币资金　　29 500

　贷：事业预算收入　　29 500

(3) 28 日，当日美元即期汇率为 6.313 9，日元即期汇率为 0.059 2，调整差额。（假定：2 月 1 日美元账户余额 14 000 美元，汇率为 6.325 0；日元账户余额为 0，汇率为 0.058 8）

美元产生的汇兑损益＝(14 000－7 000)×6.313 9

－(14 000×6.325 0－7 000×6.326 9)

＝44 197.30－44 261.70

＝－64.40(元)

日元产生的汇兑损益＝500 000×0.0592－500 000×0.0590

＝100.00(元)

借：银行存款——外币账户——日元　　100

　贷：业务活动费用——商品和服务费用——汇兑收益　　35.60

　　　银行存款——外币账户——美元　　64.40

预算

借：资金结存——货币资金　　35.60

　贷：事业支出——汇兑收益　　35.60

（五）银行存款日记账的设置

单位应当按照开户银行或其他金融机构、存款种类及币种等，分别设置“银行存款日记账”，由出纳人员根据收付款凭证，按照业务的发生顺序逐笔登记，每日终了应结出余额。

（六）银行对账

“银行存款日记账”应定期与“银行对账单”核对，至少每月核对一次。月度终了，单位银行存款日记账账面余额与银行对账单余额之间如有差额，应当逐笔查明原因并进行处理，按月编制“银行存款余额调节表”，调节相符。

【核算举例】 2019 年 1 月底，某事业单位银行存款日记账的账面余额为 19 600 元，银行对账单上单位存款余额为 18 800 元，经过逐笔核对，发现有下列未达账项：

(1) 单位委托银行收款 600 元，银行已办理收款入账手续，单位尚未收到收款单据。

(2) 银行代单位支付邮电费 400 元，单位尚未收到邮电费结算凭证，因而尚未记账。

(3) 单位向银行送存转账支票一张，金额为 3 000 元，单位已入账，银行尚未入账。

(4) 单位签发支票一张，金额为 2 000 元，付款入账，持票人尚未到银行办理转账手续。

根据以上资料编制银行存款余额调节表，如表 3－2 所示。

表 3-2 银行存款余额调节表

2019 年 1 月 31 日 单位：元

项目	余额	项目	余额
单位银行存款余额	19 600	银行对账单月末余额	18 800
加：单位未收、银行已收	600	加：银行未收、单位已收	3 000
减：单位未付、银行已付	400	减：银行未付、单位已付	2 000
调节后余额	19 800	调节后余额	19 800

三、零余额账户用款额度

（一）零余额账户的种类与性质

零余额账户是指财政部门或预算单位经财政部门批准，在国库集中支付代理银行和非税收入收缴代理银行开立的，用于办理国库集中收付业务的银行结算账户。主要包括财政部门零余额账户、预算单位零余额账户和财政汇缴零余额账户（即财政汇缴专户）。

其中：财政部门零余额账户和财政汇缴零余额账户的性质为专用存款账户；预算单位零余额账户的性质为基本存款账户或专用存款账户①。

（二）预算单位零余额账户的开立

预算单位使用纳入同级财政授权支付范围内的财政性资金，应当按照同级财政国库管理制度及资金支付管理办法规定的程序和要求，向同级财政提出设立预算单位零余额账户的申请，并向同级财政国库管理机构和国库支付执行机构办理预留印鉴手续。

（三）零余额账户的管理

零余额账户需由同级财政部门批准开立，并出具证明文件，由开户银行报经中国人民银行核准后核发开户许可证。

（1）财政部门和预算单位已经开立零余额账户的，财政部门应当按规定规范和明确账户性质；预算单位新开立零余额账户的，财政部门在批准开户时，应按规定在相关证明文件中明确账户性质。零余额账户的变更、合并与撤销须经同级财政部门批准，并按照财政国库管理制度规定的程序和要求执行。

（2）财政部门原则上只能为预算单位开立一个预算单位零余额账户，为执收单位开立一个财政汇缴零余额账户。确因特殊管理需要②，需要开立一个以上账户的，应当由主管部门向同级财政部门提出申请，经同级财政部门批准后开立。财政部门在同一家代理银行原则上只能开立一个财政部门零余额账户。

（3）财政部门零余额账户和预算单位零余额账户的用款额度具有与人民币存款相同的支付结算功能。财政部门零余额账户可以办理转账等支付结算业务，但不得提取现金。预算单位零余额账户可办理转账、汇兑、委托收款和提取现金等支付结算业务。

（4）代理银行应当严格按照财政部门下达的用款额度办理支付结算业务，在有相应

① 预算单位未开立基本存款账户，或原基本存款账户在国库集中支付改革后已经按财政部门要求撤销的，经同级财政部门批准，预算单位零余额账户作为基本存款账户。除上述情况外，预算单位零余额账户作为专用存款账户。

② 如存在异址办公并独立核算的非法人机构等情形。

科目用款额度的情况下，不得违反规定拒绝办理规定的各类支付结算业务。代理银行应当将零余额账户的开立、变更、撤销等基本情况报同级人民银行国库部门备案。对于代理银行无故拒付或者不按规定进行零余额账户报备的，人民银行将会同财政部门责成代理银行立即纠正，并按照有关规定及委托代理协议等进行处理。情节严重的，由财政部门取消银行的代理资格。

“零余额账户用款额度”与“银行存款”的差别对比如图 3－3 所示。

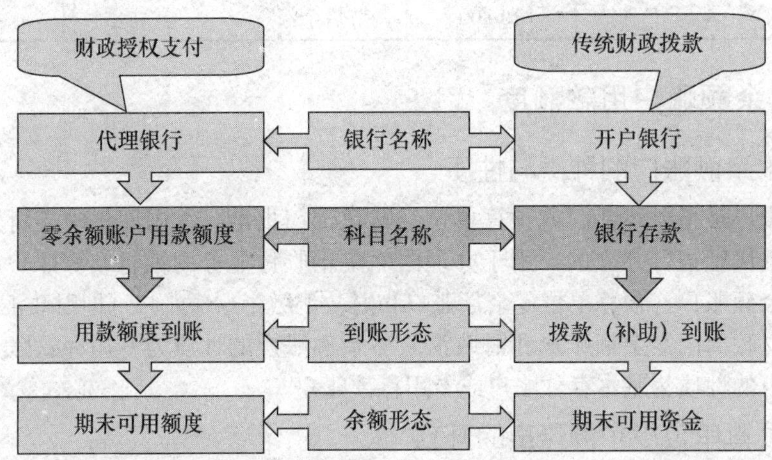

图 3－3 “零余额账户用款额度”与“银行存款”的差别对比图

（四）零余额账户用款额度的核算

零余额账户用款额度是指实行国库集中支付的单位根据财政部门批复的用款计划收到和支用的用款额度。单位为了核算其在财政授权支付方式下收到的用款额度的增减及结存情况，应设置“零余额账户用款额度”（资产类）科目。其借方登记收到的用款额度数，贷方登记在用款额度内的支用数及注销数。期末借方余额，反映单位尚未支用的零余额账户用款额度。年末注销单位零余额账户用款额度后，应无余额。

零余额账户用款额度三个时点（期）上的核算如图 3－4 所示。

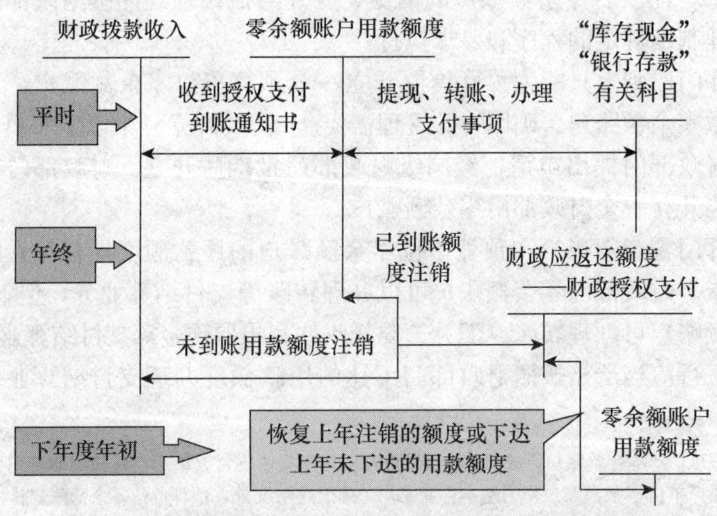

图 3－4 “零余额账户用款额度”三个时点（期）核算图示

【核算举例】 某事业单位 2019 年 12 月份发生以下有关授权支付业务，请根据有关凭证编制会计分录。

(1) 1 日，收到代理银行盖章转来的《财政授权支付到账通知书》，列明本月零余额账户用款额度 30 000 元到账。

借：零余额账户用款额度 30 000
　贷：财政拨款收入 30 000

预算

借：资金结存——零余额账户用款额度 30 000
　贷：财政拨款预算收入 30 000

(2) 2 日，通过零余额账户转账支付本季度电费 5 500 元。

借：单位管理费用——商品和服务费用——水电费 5 500
　贷：零余额账户用款额度 5 500

预算

借：事业支出——财政拨款支出（基本支出）——水电费 5 500
　贷：资金结存——零余额账户用款额度 5 500

(3) 5 日，开出转账支票从零余额账户支付购买打印纸货款 6 000 元。

借：库存物品 6 000
　贷：零余额账户用款额度 6 000

预算

借：事业支出——财政拨款支出（基本支出）——专用材料费 6 000
　贷：资金结存——零余额账户用款额度 6 000

(4) 6 日，从零余额账户提现 5 000 元备用。

借：库存现金 5 000
　贷：零余额账户用款额度 5 000

预算

借：资金结存——货币资金 5 000
　贷：资金结存——零余额账户用款额度 5 000

(5) 7 日，多余现金 1 000 元退回零余额账户。

借：零余额账户用款额度 1 000
　贷：库存现金 1 000

预算

借：资金结存——零余额账户用款额度 1 000
　贷：资金结存——货币资金 1 000

(6) 承 (3)，10 日，若上述通过零余额账户转账支付的打印纸款项由于技术差错多付 500 元，经核实已退回。

借：零余额账户用款额度 500
　贷：库存物品 500

预算

借：资金结存——零余额账户用款额度　500
　贷：事业支出——财政拨款支出（基本支出）——专用材料费　500

若上述购买打印纸业务属往年发生的业务，当年收到退回款 500 元。

借：零余额账户用款额度　500
　贷：库存物品　500

预算

借：资金结存——零余额账户用款额度　500
　贷：财政拨款结转——年初余额调整　500

（7）31 日，零余额账户当年累计下达授权支付用款额度 100 000 元，当年实际支出 80 000 元，年终应注销用款额度 20 000 元。

借：财政应返还额度——财政授权支付　20 000
　贷：零余额账户用款额度　20 000

预算

借：资金结存——财政应返还额度　20 000
　贷：资金结存——零余额账户用款额度　20 000

承上，若下年年初收到代理银行通知，恢复上年已注销的用款额度 20 000 元。

借：零余额账户用款额度　20 000
　贷：财政应返还额度——财政授权支付　20 000

预算

借：资金结存——零余额账户用款额度　20 000
　贷：资金结存——财政应返还额度　20 000

（8）31 日，当年年初财政部门下达的授权支付预算指标为 150 000 元，零余额账户当年累计下达授权支付用款额度 100 000 元，年终应注销未到账预算指标 50 000 元。

借：财政应返还额度——财政授权支付　50 000
　贷：财政拨款收入　50 000

预算

借：资金结存——财政应返还额度　50 000
　贷：财政拨款预算收入　50 000

若下年年初收到财政下达的上年未下达的用款额度 50 000 元。

借：零余额账户用款额度　50 000
　贷：财政应返还额度——财政授权支付　50 000

预算

借：资金结存——零余额账户用款额度　50 000
　贷：资金结存——财政应返还额度　50 000

四、其他货币资金

（一）其他货币资金的定义与种类

其他货币资金是指单位除现金、银行存款、零余额账户用款额度以外的其他各种货币资金，即存放地点和用途均与现金、银行存款、零余额账户用款额度不同的货币资金。

包括外埠存款、银行汇票存款、银行本票存款、信用卡存款等。

(1) 外埠存款是单位到外地进行临时零星采购时，汇往采购地银行开立采购专户的款项。

(2) 银行汇票存款是单位为取得银行汇票按照规定存入银行的款项。

(3) 银行本票存款是单位为取得银行本票按照规定存入银行的款项。

(4) 信用卡存款是单位为取得信用卡按照规定存入银行的款项。

(二)“其他货币资金”科目

单位为了核算其各种其他货币资金，应设置“其他货币资金”(资产类) 科目。其借方登记其他货币资金的增加数，贷方登记其他货币资金的减少数。期末借方余额，反映单位实际持有的其他货币资金。

“其他货币资金”科目应当设置“外埠存款”“银行本票存款”“银行汇票存款”“信用卡存款”等明细科目，进行明细核算。

【核算举例】 某事业单位 2019 年 3 月份发生下列有关其他货币资金的增减业务，请根据有关凭证编制会计分录。

(1) 1 日，向开户银行申请签发面值为 50 000 元的银行本票一张。

借：其他货币资金——银行本票存款 50 000

贷：银行存款 50 000

(2) 5 日，从 A 公司购买某种专用材料一批，价值 46 000 元，用上述银行本票支付，专用材料已验收入库。

借：库存物品——某专用材料 46 000

贷：其他货币资金——银行本票存款 46 000

预算

借：事业支出——财政拨款支出（基本支出）——专用材料费 46 000

贷：资金结存——货币资金 46 000

(3) 10 日，收到开户银行通知，上述银行本票余款 4 000 元退回。

借：银行存款 4 000

贷：其他货币资金——银行本票存款 4 000

知识归纳

库存现金是指单位存放在财会部门并由出纳人员保管的纸币和铸币。单位的库存现金应以满足日常零星开支为限，并切实加强管理。为了加强对现金出纳工作的监督，防止盗窃和营私舞弊，保护现金安全完整，必须建立现金清查盘点制度。

银行结算账户，即人民币银行结算账户，是指银行为存款人开立的办理资金收付结算的人民币活期存款账户。单位银行结算账户按用途分为基本存款账户、一般存款账户、专用存款账户和临时存款账户。

零余额账户是指财政部门或预算单位经财政部门批准，在国库集中支付代理银行和非税收入收缴代理银行开立的，用于办理国库集中收付业务的银行结算账户。主要包括财政部门零余额账户、预算单位零余额账户和财政汇缴零余额账户（即财政汇缴专户）。

零余额账户需由同级财政部门批准开立，并出具证明文件，由开户银行报经中国人民银行核准后核发开户许可证。

其他货币资金是指单位除现金、银行存款、零余额账户用款额度以外的其他各种货币资金，即存放地点和用途均与现金、银行存款、零余额账户用款额度不同的货币资金。包括外埠存款、银行汇票存款、银行本票存款、信用卡存款等。

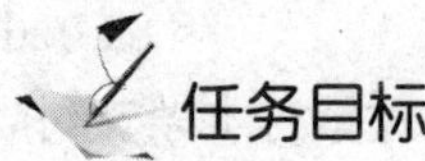

1. 单位现金管理应遵循哪些原则？
2. 单位现金盘点过程中对出现的溢余或短缺应如何处理？
3. 单位可以开设的银行结算账户有哪些？
4. 什么是零余额账户？零余额账户包括哪些账户？
5. 零余额账户的管理要求有哪些？

任务二 应收及预付款项

任务目标

◇ 了解财政应返还额度、应收票据、应收账款、预付账款、其他应收款、待摊费用、长期待摊费用等的定义。

◇ 熟悉财政应返还额度、应收票据、应收账款、预付账款、其他应收款、待摊费用、长期待摊费用等的相关管理要求。

◇ 掌握应收票据贴现息的计算方法、坏账准备计提与核算的方法。

◇ 学会财政应返还额度、应收票据、应收账款、预付账款、其他应收款、坏账准备、待摊费用、长期待摊费用等科目的核算方法。

一、财政应返还额度

（一）财政应返还额度的定义与内容

财政应返还额度，亦称年终预算结余资金（简称“结余资金”），是指纳入国库管理制度改革试点的预算单位在预算年度内，按照本级财政部门批复的部门预算，当年尚未支用并按规定应留归预算单位继续使用的资金。即实行国库集中支付制度后，单位年度实际支出数小于年度预算额度的部分，具体表现为已经申请的、到年底还没有使用的额度和到年底还没有申请的用款额度，具体包括：

（1）单位经费结余。

（2）政府采购资金结余。

（3）留归预算单位使用的项目经费结余。

（4）基本建设项目竣工结余和投资包干结余。

（5）财政财务规章、制度规定的其他结余资金。

（二）年终结余用款计划额度的注销

年度终了，财政部门将单位年终结余用款计划额度注销，同时代理银行向基层预算单位提供对账单后，将各基层预算单位零余额账户额度余额注销。

（三）年终结余用款计划额度使用的规定

下一年度1月至6月，财政部门原则上每个月将未下达的结余用款计划额度的20%重新下达给各部门，于6月份将未下达的结余用款计划额度全部下达完毕，同时向代理银行下达财政授权支付额度。各预算单位在下达的用款计划及授权支付额度内使用资金。

财政部门按比例下达的结余用款计划额度不能满足预算单位特殊需要的，由一级预算单位提出申请，财政部门根据用款情况可以进行适当调整。

如预算单位本年度未按部门预算数全额编报用款计划，应当在下一年度1月10日前补报当年12月份用款计划。

（四）年终结余资金申报的规定

一级预算单位按照有关规定，在规定时间内报送《年终预算结余资金申报核定表》，财政部门根据部门预算和相关财政财务管理的规定，在规定时间内将上年度结余资金以正式文件通知预算单位。

财政部门核定的结余资金数额如小于已恢复的上年度财政授权支付额度与未支用财政直接支付用款计划数额之和，预算单位应当报送负数用款计划冲抵差额；不足以冲抵的，抵减当年预算。

（五）财政应返还额度的核算

单位为了核算其实行国库集中支付制度后应收财政返还的资金额度，应设置“财政应返还额度”科目（资产类）。

在财政直接支付方式下，对年终结余资金进行账务处理时，“财政应返还额度”科目的借方登记单位本年度财政直接支付预算指标数与财政直接支付实际支出数的差额，贷方登记下年度在恢复的财政直接支付额度内的实际支出数。

在财政授权支付方式下，对年终结余资金进行账务处理时，“财政应返还额度”科目的借方登记单位零余额账户注销的申请已到账的和因未申请未到账的额度数，贷方登记下年度代理银行通知的恢复额度数和财政部门批复的上年末未下达的零余额账户用款额度数。

期末，“财政应返还额度”科目借方余额反映单位应收财政返还的资金额度。

“财政应返还额度”科目下应当设置“财政直接支付”“财政授权支付”两个明细科目。

注意：年终结余资金及其分配的账务处理按照财政部门的财务管理相关规定执行。若正式批复后的结余资金数小于已恢复的额度数，则进行调减结余资金和已提取基金的账务处理。

两种支付方式下年终额度注销与下年返还的核算如图3-5所示。

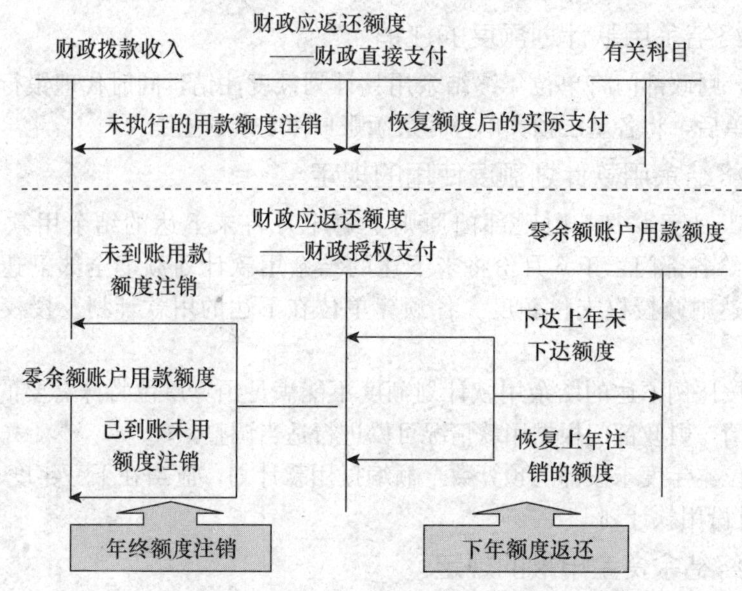

图 3-5 两种支付方式下年终额度注销与下年返还的核算

【核算举例】 某事业单位 2019 年年底及 2020 年年初发生下列有关财政应返还额度业务，请根据有关凭证编制会计分录。

（1）2019 年财政部门批复的当年财政直接支付预算指标为 400 000 元，当年财政直接支付预算指标实际执行数为 350 000 元，12 月 31 日应注销的预算指标为 50 000 元。

借：财政应返还额度——财政直接支付　　50 000
　贷：财政拨款收入　　50 000

预算

借：资金结存——财政应返还额度　　50 000
　贷：财政拨款预算收入　　50 000

（2）2020 年 2 月 20 日收到财政直接支付到账通知书，用上年结转直接支付预算指标 50 000 元为单位集中采购某种专用材料。

借：库存物品——某专用材料　　50 000
　贷：财政应返还额度——财政直接支付　　50 000

预算

借：事业支出——财政拨款支出（基本支出）——专用材料费　　50 000
　贷：资金结存——财政应返还额度　　50 000

（3）2019 年零余额账户累计下达用款额度 100 000 元，当年零余额账户实际支出 80 000 元，12 月 31 日应注销的用款额度为 20 000 元。

借：财政应返还额度——财政授权支付　　20 000
　贷：零余额账户用款额度　　20 000

预算

借：资金结存——财政应返还额度　　20 000
　贷：资金结存——零余额账户用款额度　　20 000

（4）2019 年财政部门批复的当年财政授权支付预算指标为 150 000 元，当年零余额账户累计下达用款额度 100 000 元，12 月 31 日应注销的预算指标为 50 000 元。

借：财政应返还额度——财政授权支付 50 000

贷：财政拨款收入 50 000

预算

借：资金结存——财政应返还额度 50 000

贷：财政拨款预算收入 50 000

(5) 承 (3)，2020 年 1 月 1 日收到代理银行通知，恢复用款额度 20 000 元。

借：零余额账户用款额度 20 000

贷：财政应返还额度——财政授权支付 20 000

预算

借：资金结存——零余额账户用款额度 20 000

贷：资金结存——财政应返还额度 20 000

(6) 承 (4)，2020 年 2 月 10 日收到代理银行通知，用上年结转的授权支付预算指标下达用款额度 50 000 元。

借：零余额账户用款额度 50 000

贷：财政应返还额度——财政授权支付 50 000

预算

借：资金结存——零余额账户用款额度 50 000

贷：资金结存——财政应返还额度 50 000

国库集中支付两种方式下三个时点的核算要点如图 3-6 所示。

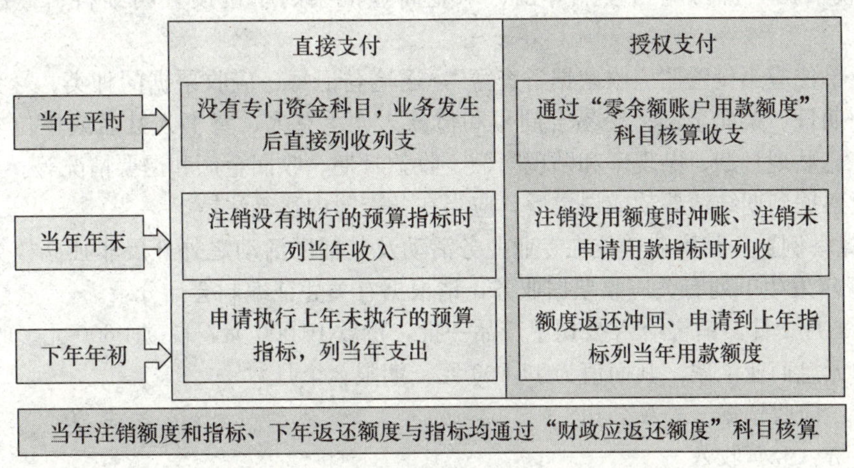

图 3-6 国库集中支付两种方式下三个时点的核算要点图

二、应收票据

(一) 应收票据的定义与种类

应收票据是指事业单位因开展经营活动销售产品、提供有偿服务等而应收的商业汇票，包括银行承兑汇票和商业承兑汇票两种。商业承兑汇票是付款人签发并承兑，或由收款人签发交由付款人承兑的汇票；银行承兑汇票是由在承兑银行开立存款账户的存款人出票，由承兑银行承兑的票据。

应收票据按是否计息，可分为带息票据和不带息票据。带息票据是指注明利率及付息日期的票据；不带息票据是指到期只按面额支付，无须支付利息的票据。

（二）应收票据贴现的定义与计算

应收票据贴现是指票据持有人将未到期的票据在背书后送交银行，银行受理后从票据到期值中扣除按银行贴现率计算确定的贴息，然后将余款付给持票人，作为银行对单位的短期贷款。在应收票据到期前，如果单位出现资金短缺，可以持未到期的银行承兑汇票向其开户银行申请贴现，以便获得所需的资金。

应收票据贴现时，要计算贴现息和贴现净额，银行贴现折扣的利息称为银行贴息，银行贴现时所用利率称为贴现率。票据价值就是票据的到期价值，不带息票据的到期值为票据的面值，带息票据的到期值为票据到期时的本金加利息。计算公式如下：

贴现息＝票据到期值×贴现率×贴现期

贴现净额＝票据到期值－贴现息

（三）应收票据的核算

事业单位为了核算其因开展经营活动销售产品、提供有偿服务等而收到的商业汇票，应设置“应收票据”科目（资产类）。其借方登记收到的商业汇票，贷方登记到期收回、贴现、转让及转出的商业汇票。期末借方余额，反映事业单位持有的商业汇票票面金额。

“应收票据”科目应当按照开出、承兑商业汇票的单位设置明细科目，进行明细核算。

事业单位应当设置“应收票据备查簿”，逐笔登记每一应收票据的种类、号数、出票日期、到期日、票面金额、交易合同号和付款人、承兑人、背书人姓名或单位名称、背书转让日、贴现日期、贴现率和贴现净额、收款日期、收回金额和退票情况等。

应收票据到期结清票款或退票后，应当在备查簿内逐笔注销。

【核算举例】 某事业单位在专业业务活动及其辅助活动之外开展非独立核算经营活动，2019 年发生下列有关应收票据业务，请根据有关凭证编制会计分录。

（1）4 月 1 日，销售给 A 公司甲产品一批，价款 10 000 元，税款 1 600 元。收到 A 公司承兑的无息商业汇票，其面值为 11 600 元，期限 3 个月。

借：应收票据——A 公司　　11 600

　贷：经营收入　　10 000

　　　应交增值税——应交税金（销项税额）　　1 600

（2）4 月 30 日，持上述汇票到银行进行不附追索权的贴现，票据贴现率为 12%，通过网银收到贴现款 11 466 元。

票据到期日为 7 月 1 日，贴现期为两个月，即 5 月 1 日至 7 月 1 日。

贴现息＝11 600×12%×2÷12＝232(元)

贴现净额＝11 600－232＝11 368(元)

借：银行存款　　11 368

经营费用——利息支出（贴现利息） 232
贷：应收票据——A 公司 11 600

预算

借：资金结存——货币资金 11 368
贷：经营预算收入 11 368

（3）若其他条件不变，上述票据贴现进行的是附追索权的贴现。

借：银行存款 11 368
经营费用——利息支出（贴现利息） 232
贷：短期借款——A 公司 11 600

预算

借：资金结存——货币资金 11 368
贷：经营预算收入 11 368

（4）7 月 1 日，上述附追索权的票据未发生追索事项。

借：短期借款——A 公司 11 600
贷：应收票据——A 公司 11 600

（5）承（1），5 月 1 日，将持有 A 公司的商业汇票背书转让给 B 公司，用以支付从 B 公司购买专用材料的货款 12 000 元，另通过网银转账支付差额 400 元。

借：库存物品——专用材料 12 000
贷：应收票据——A 公司 11 600
银行存款 400

预算

借：经营支出 400
贷：资金结存——货币资金 400

（6）承（1），7 月 1 日，上述为期 3 个月的商业汇票到期，通过网银收到票款 11 600 元。

借：银行存款 11 600
贷：应收票据——A 公司 11 600

预算

借：资金结存——货币资金 11 600
贷：经营预算收入 11 600

（7）承（1），7 月 1 日，上述为期 3 个月的商业汇票到期，A 公司无力兑付票款。

借：应收账款——A 公司 11 600
贷：应收票据——A 公司 11 600

三、应收账款

（一）应收账款的定义

应收账款是指事业单位提供服务、销售产品等应收取的款项，以及单位因出租资产、出售物资等应收取的款项。

应收账款是伴随单位的销售行为发生而形成的一项债权。因此，应收账款的确认与收入的确认密切相关。通常在确认收入的同时，确认应收账款。

（二）应收账款的管理

应收账款表示单位在销售过程中被购买单位所占用的资金。单位应及时收回应收账款以弥补单位在经营活动中的各种耗费，保证单位持续经营；对于被拖欠的应收账款应采取措施，组织催收；对于确实无法收回的应收账款，凡符合坏账条件的，应在取得有关证明并按规定程序报批后，作坏账损失处理。

事业单位应当于每年年末，对收回后不需上缴财政的应收账款进行全面检查，如发生不能收回的迹象，应当计提坏账准备。对于账龄超过规定年限、确认无法收回的应收账款，按照规定报经批准后予以核销。核销的应收账款应在备查簿中保留登记。已核销的应收账款在以后期间又收回的，按照实际收回金额处理有关账务记录。

单位应当于每年年末，对收回后应当上缴财政的应收账款进行全面检查。对于账龄超过规定年限、确认无法收回的应收账款，按照规定报经批准后予以核销。核销的应收账款应当在备查簿中保留登记。已核销的应收账款在以后期间又收回的，按照实际收回金额计入应缴财政款。

（三）应收账款的核算

事业单位为了核算其应收账款的增减变动情况，应设置“应收账款”科目（资产类）。其借方登记单位发生的应收账款数，贷方登记单位应收账款的收回数及核销数。期末借方余额，反映单位尚未收回的应收账款数。

“应收账款”科目应当按照债务单位（或个人）设置明细账，进行明细核算。

【核算举例】 某事业单位在专业业务活动及其辅助活动之外开展非独立核算经营活动，2019 年 5 月份发生以下有关应收账款业务，请根据有关凭证编制会计分录。

（1）1 日，销售给 B 公司乙产品一批，价款 20 000 元，税款 3 200 元，货款尚未收到（按财政部门管理规定，该货款留归单位不需上缴）。

借：应收账款——B 公司　　23 200
　贷：经营收入　　20 000
　　　应交增值税——应交税金（销项税额）　　3 200

若财政部门管理规定，该货款应上缴财政，则：

借：应收账款——B 公司　　23 200
　贷：应缴财政款　　20 000
　　　应交增值税——应交税金（销项税额）　　3 200

（2）10 日，B 公司通过网银转来上述货款 23 200 元（按财政部门管理规定，该货款留归单位不需上缴）。

借：银行存款　　23 200
　贷：应收账款——B 公司　　23 200

预算

借：资金结存——货币资金　　23 200
　贷：经营预算收入　　23 200

若财政部门管理规定，该货款需上缴财政，则：

借：银行存款　　23 200

贷：应收账款——B公司 23 200

（3）20日，C公司所欠货款11 600元，已逾期三年，按程序报批后予以核销（该货款按规定不需上缴财政）。

借：坏账准备 11 600

贷：应收账款——C公司 11 600

（4）5月25日，通过网银转账收到已经核销的D公司所欠货款35 100元（按财政部门管理规定，该货款留归单位不需上缴）。

借：应收账款——D公司 35 100

贷：坏账准备 35 100

借：银行存款 35 100

贷：应收账款——D公司 35 100

预算

借：资金结存——货币资金 35 100

贷：非财政拨款结余 35 100

若财政部门管理规定，该货款需上缴财政，则：

借：银行存款 35 100

贷：应缴财政款 35 100

四、预付账款

（一）预付账款的定义

预付账款是指单位按照购货、服务合同或协议规定预付给供应单位（或个人）的款项，以及按照合同规定向承包工程的施工企业预付的备料款和工程款。

（二）预付账款的管理

单位应当于每年年末，对预付账款进行全面检查。如果有确凿证据表明预付账款不再符合预付款项性质，或者因供应单位破产、撤销等原因可能无法收到所购货物、服务的，应当先将其转入其他应收款，再按照规定进行处理。

（三）预付账款的核算

单位为了核算其预付账款的增减变动情况，应设置“预付账款”（资产类）科目。其借方登记单位发生的预付款项数，贷方登记预付账款的冲减数。期末借方余额，反映单位实际预付但尚未结算的款项。

“预付账款”科目应当按照供应单位（或个人）及具体项目设置明细科目，进行明细核算；对于基本建设项目发生的预付账款，还应当在其所属基建项目明细科目下设置“预付备料款”“预付工程款”“其他预付款”等明细科目，进行明细核算。

【核算举例】 某事业单位在专业业务活动及其辅助活动之外开展非独立核算经营活动，2019年5月份发生下列有关预付账款业务，请根据有关凭证编制会计分录。

（1）1日，通过网银转账预付购买C公司专用材料款30 000元。

借：预付账款——C公司 30 000

贷：银行存款 30 000

预算

借：事业支出——财政拨款支出（基本支出）——专用材料费 30 000

贷：资金结存——货币资金 30 000

（2）10 日，收到 C 公司材料及相关票据，材料价款共计 35 000 元，材料已验收入库，通过网银转账补付 5 000 元货款。

借：库存物品 35 000

贷：预付账款——C 公司 30 000

银行存款 5 000

预算

借：事业支出——财政拨款支出（基本支出）——专用材料费 5 000

贷：资金结存——货币资金 5 000

（3）承（1），15 日，上述 C 公司因故无法履行供货合同，经协商通过网银退回预付货款 30 000 元。

借：银行存款 30 000

贷：预付账款——C 公司 30 000

预算

借：资金结存——货币资金 30 000

贷：事业支出——财政拨款支出（基本支出）——专用材料费 30 000

若上述预付货款跨年度退回，则：

借：银行存款 30 000

贷：预付账款——C 公司 30 000

预算

借：资金结存——货币资金 30 000

贷：财政拨款结余——年初余额调整 30 000

若上述预付货款逾期，在三年内确实无法收回，则：

借：其他应收款——C 公司 30 000

贷：预付账款——C 公司 30 000

五、其他应收款

（一）其他应收款的定义

其他应收款是指单位除财政应返还额度、应收票据、应收账款、预付账款、应收股利、应收利息以外的其他各项应收及暂付款项，如职工预借的差旅费、已经偿还银行尚未报销的本单位公务卡欠款、拨付给内部有关部门的备用金、应向职工收取的各种垫付款项、支付的可以收回的订金或押金、应收的上级补助和附属单位上缴款项等。

（二）其他应收款的管理

单位应当对其他应收款严格控制、健全手续、及时清理。严格控制，即按照少量、短期、必需、安全的原则，严格审查，预防坏账发生；健全手续，即建立责任制，规范审批程序，完善审批手续，确保其合法性；及时清理，即经常检查其回收情况，督促经办人员及时结算清理，不得长期挂账。

事业单位应当于每年年末，对其他应收款进行全面检查，如发生不能收回的迹象，应当计提坏账准备。对于账龄超过规定年限、确认无法收回的其他应收款，按照规定报经批准后予以核销。核销的其他应收款应当在备查簿中保留登记。已核销的其他应收款在以后期间又收回的，按照实际收回金额处理有关账务记录。

（三）定额备用金的核定

单位为了使频繁的日常小额零星支出摆脱常规的逐级审批及逐项签发支票的烦琐手续，可根据内部有关部门零星开支、零星采购及小额差旅费用的现金需求，给其核定一定额度的定额备用金。

定额备用金由单位财务部门根据内部有关业务部门的业务需求情况核定，在规定期间内预借一定数额的现金，并限定使用范围，指定专人经管。

定额备用金经管人员应妥善保存预借备用金的收据、使用备用金的发票以及各种报销凭证，并设置备用金登记簿，记录各项零星支出，并按规定的间隔日期或在备用金不够周转时凭有关凭证报销，财务部门补足其规定的备用金额度。

（四）其他应收款的核算

单位为了核算其他应收款项的增减变动情况和结算情况，应设置“其他应收款”（资产类）科目。其借方登记单位发生的各种其他应收款数额，贷方登记单位收回或核销的各种其他应收款数额。期末借方余额，反映单位尚未收回的其他应收款。

“其他应收款”科目应当按照其他应收款的类别以及债务单位（或个人）设置明细科目，进行明细核算。

【核算举例】　某事业单位2019年发生以下其他应收款业务，请根据有关凭证编制会计分录。

（1）4月1日，办公室王斌出差期间，用公务卡支付各种费用5 600元，取得发票。

借：其他应收款——王斌　5 600

　贷：银行存款　5 600

（2）4月10日，王斌出差回来，按规定应报销差旅费5 400元，刷卡支付的200元应自行负担不予报销。

借：单位管理费用——差旅费　5 400

　贷：其他应收款——王斌　5 400

预算

借：事业支出——财政拨款支出（基本支出）——差旅费　5 400

　贷：资金结存——货币资金　5 400

（3）4月11日，王斌退回应由个人负担的200元。

借：银行存款　200

　贷：其他应收款——王斌　200

（4）4月11日，经商定附属独立核算某单位本期按规定应上缴其收入额200 000元。

借：其他应收款——某单位　200 000

　贷：附属单位上缴收入　200 000

(5) 4 月 12 日，附属独立核算某单位通过网银转账缴来上述款项 200 000 元。

借：银行存款 200 000

贷：其他应收款——某单位 200 000

预算

借：资金结存——货币资金 200 000

贷：附属单位上缴预算收入 200 000

(6) 4 月 20 日，按单位定额备用金管理规定，以现金支付人事处零星业务定额备用金 15 000 元。

借：其他应收款——人事处某同志 15 000

贷：库存现金 15 000

(7) 12 月 31 日，人事处报销零星业务费用 20 000 元，补以现金 5 000 元，收回定额备用金。

借：单位管理费用——有关明细 20 000

贷：其他应收款——人事处某同志 15 000

库存现金 5 000

预算

借：事业支出——财政拨款支出（基本支出）——有关明细 20 000

贷：资金结存——货币资金 20 000

(8) 12 月 31 日，按单位财务制度规定，单位退休职工李华借款 1 000 元，经领导批准予以核销。

借：坏账准备——其他应收款 1 000

贷：其他应收款——李华 1 000

(9) 以后年度上述核销的退休职工李华的借款 1 000 元又通过银行转账收回。

借：其他应收款——李华 1 000

贷：坏账准备——其他应收款 1 000

借：银行存款 1 000

贷：其他应收款——李华 1 000

预算

借：资金结存——货币资金 1 000

贷：其他预算收入 1 000

六、坏账准备

（一）坏账及坏账准备的定义

一般来讲，坏账是指经济主体无法收回或收回的可能性极小的应收款项，坏账损失是由于实际发生坏账而产生的损失，坏账准备是经济主体对预计可能无法收回的应收票据、应收账款、预付账款、其他应收款、长期应收款等应收预付款项所提取的坏账准备金。

事业单位应当于每年年末，对收回后不需上缴财政的应收账款和其他应收款进行全面检查，分析其可收回性，对预计可能产生的坏账损失计提坏账准备、确认坏账损失。

（二）坏账损失的核算方法

坏账损失的核算方法一般分为直接转销法和备抵法。直接转销法是指在坏账损失实际发生时，直接计入当期费用并转销应收账款。直接转销法不需要设置“坏账准备”科目；备抵法是指采用一定的方法按期估计坏账损失，提取坏账准备并转作当期费用。实际发生坏账时，直接冲减已计提坏账准备，同时转销相应的应收账款余额。备抵法下，每期期末要估计坏账损失，设置“坏账准备”科目。

事业单位对收回后不需上缴财政的应收账款和其他应收款发生的坏账损失采用备抵法核算；对收回后需上缴财政的应收账款和其他应收款发生的坏账损失采用直接转销法核算。

（三）坏账准备的计提方法

单位可以采用应收款项和其他应收款余额百分比法、账龄分析法等方法计提坏账准备。

1. 余额百分比法

余额百分比法是按照期末应收账款和其他应收款余额的一定百分比估计坏账损失的方法。坏账百分比由单位根据以往的资料或经验自行确定。在余额百分比法下，单位应在每个会计期末根据本期末应收账款和其他应收款的余额和相应的坏账率估计出期末坏账准备账户应有的余额，它与调整前坏账准备账户已有的余额的差额，就是当期应提的坏账准备金额。

（1）首次计提坏账准备的计算公式。

$$\begin{matrix}\text{当期应计提的}\\\text{坏账准备}\end{matrix}=\begin{matrix}\text{期末应收账款和}\\\text{其他应收款余额}\end{matrix}\times\text{坏账准备计提百分比}$$

（2）以后计提坏账准备的计算公式。

$$\begin{matrix}\text{当期应补提或}\\\text{冲减的坏账准备}\end{matrix}=\begin{matrix}\text{按照期末应收账款和其他应}\\\text{收款计算应计提的坏账准备金额}\end{matrix}-\begin{matrix}\text{本科目期末贷方余额}\\\text{（或+本科目期末借方余额）}\end{matrix}$$

2. 账龄分析法

账龄分析法是根据应收账款和其他应收款账龄的长短来估计坏账损失的方法。通常而言，应收账款和其他应收款的账龄越长，发生坏账的可能性越大。为此，将单位的应收账款和其他应收款按账龄长短进行分组，分别确定不同的计提百分比估算坏账损失，使坏账损失的计算结果更符合客观情况。

（1）首次计提坏账准备的计算公式。

$$\begin{matrix}\text{当期应计提的}\\\text{坏账准备}\end{matrix}=\sum\left(\begin{matrix}\text{期末各账龄组应收}\\\text{账款和其他应收款余额}\end{matrix}\times\begin{matrix}\text{各账龄组坏账}\\\text{准备计提百分比}\end{matrix}\right)$$

（2）以后计提坏账准备的计算公式同上。

坏账准备计提方法一经确定，不得随意变更。如需变更，应当按照规定报经批准，并在财务报表附注中予以说明。

（四）坏账准备的核算

事业单位为了核算其对收回后不需上缴财政的应收账款和其他应收款提取的坏账准备，应设置“坏账准备”（资产类\备抵账户）科目。其贷方登记按规定计提的坏账准备及已核销后又收回额，借方登记按规定核销额。期末贷方余额，反映事业单位提取的坏账准备金额。

“坏账准备”科目应当分别应收账款和其他应收款设置明细科目，进行明细核算。

【核算举例】 某事业单位2019年年底及2020年年初发生下列有关坏账准备计提与坏账核销业务（假定该单位发生的应收款项收回时均不需上缴财政），请根据有关凭证编制会计分录。

(1) 2019年12月30日，“坏账准备”账户贷方余额为0元，“应收账款”账户借方余额为20 000元，“其他应收款”账户借方余额为5 000元，计提坏账准备的比例为“应收账款”和“其他应收款”账户借方余额的10%。按规定计提坏账准备并进行账务处理。

当年按应收账款应计提的坏账准备额＝20 000×10%＝2 000(元)

当年按其他应收款应计提的坏账准备额＝5 000×10%＝500(元)

当年应计提的坏账准备额＝(2 000＋500)－0＝2 500(元)

借：其他费用——坏账损失　2 500

　贷：坏账准备——应收账款　2 000

　　　　　　——其他应收款　500

(2) 2019年12月30日，若“坏账准备——应收账款”账户贷方余额为3 000元，“坏账准备——其他应收款”账户贷方余额为1 000元，“应收账款”账户借方余额为20 000元，“其他应收款”账户借方余额为5 000元，计提坏账准备的比例为“应收账款”和“其他应收款”账户借方余额的10%，按规定计提坏账准备并进行账务处理。

当年按应收账款应计提的坏账准备额＝20 000×10%＝2 000(元)

当年按其他应收款应计提的坏账准备额＝5 000×10%＝500(元)

当年应冲减的坏账准备额＝(3 000－2 000)＋(1 000－500)＝1 500(元)

借：坏账准备——应收账款　1 000

　　　　　　——其他应收款　500

　贷：其他费用——坏账损失　1 500

(3) 2020年2月20日，应收A公司货款1 600元逾期三年确实无法收回，按规定报经批准后予以核销。

借：坏账准备——应收账款　1 600

　贷：应收账款——A公司　1 600

(4) 2020年12月20日，通过网银转账收到上述已核销的应收A公司货款1 600元。

借：应收账款——A公司　1 600

　贷：坏账准备——应收账款　1 600

借：银行存款 1 600

贷：应收账款——A 公司 1 600

预算

借：资金结存——货币资金 1 600

贷：非财政拨款结余 1 600

七、待摊费用

（一） 待摊费用的定义

待摊费用是指单位已经支付，但应当由本期和以后各期分别负担的分摊期在 1 年以内（含 1 年）的各项费用，如预付航空保险费、预付租金等。

（二） 待摊费用的分摊

待摊费用应当在其受益期限内分期平均摊销，如预付航空保险费应在保险期的有效期内、预付租金应在租赁期内分期平均摊销，计入当期费用。

（三） 待摊费用的核算

单位为了核算其已经支付，但应当由本期和以后各期分别负担的分摊期在 1 年以内（含 1 年）的各项费用，应设置“待摊费用”（资产类）科目。其借方登记实际预付的待摊费用额，贷方登记受益期内的平均分摊额。期末借方余额，反映单位各种已支付但尚未摊销的分摊期在 1 年以内（含 1 年）的费用。

“待摊费用”科目应当按照待摊费用种类设置明细科目，进行明细核算。

【核算举例】 某事业单位 2019 年发生下列有关待摊费用业务，请根据有关凭证编制会计分录。

（1）7 月 1 日，通过网银转账支付丙公司下半年房屋租金 30 000 元。

借：待摊费用——预付房屋租金 30 000

贷：银行存款 30 000

预算

借：事业支出——财政拨款支出（基本支出）——租赁费 30 000

贷：资金结存——货币资金 30 000

（2）7 月 31 日，本月应分摊上述已预付房屋租金 5 000 元。

借：单位管理费用——商品和服务费用——租赁费 5 000

贷：待摊费用——预付房屋租金 5 000

（3）若到当年 11 月 1 日丙公司因故无法履行上述租赁合同，且无法退回后两个月房屋租金 10 000 元。

借：单位管理费用——商品和服务费用——租赁费 10 000

贷：待摊费用——预付房屋租金 10 000

八、长期待摊费用

（一） 长期待摊费用的定义

长期待摊费用是指单位已经支出，但应由本期和以后各期负担的分摊期限在 1 年以上

（不含1年）的各项费用，如以经营租赁方式租入的固定资产发生的改良支出等。

（二）长期待摊费用的分摊

长期待摊费用应当在其受益年限内分期平均摊销，如以经营租赁方式租入的固定资产发生的改良支出应在租赁期内分年平均摊销，计入当年费用。

（三）长期待摊费用的核算

单位为了核算其已经支出，但应由本期和以后各期负担的分摊期限在1年以上（不含1年）的各项费用，应设置“长期待摊费用”（资产类）科目。其借方登记实际支付的长期待摊费用额，贷方登记受益期内的平均分摊额。期末借方余额，反映单位尚未摊销完毕的长期待摊费用。

“长期待摊费用”科目应当按照费用项目设置明细科目，进行明细核算。

【核算举例】 某事业单位2019年发生下列有关长期待摊费用业务，请根据有关凭证编制会计分录。

（1）1月2日，对其以经营租赁方式租入的办公楼进行装修，发生支出共计360 000元，通过银行转账付讫。

借：长期待摊费用　　360 000
　贷：银行存款　　360 000

预算

借：事业支出——财政拨款支出（基本支出）——修缮费　　360 000
　贷：资金结存——货币资金　　360 000

（2）5月1日，上述办公楼装修完工，达到预定可使用状态并交付使用，并按租赁期10年开始进行摊销。

本月摊销额＝360 000÷10÷12＝3 000(元)

借：单位管理费用——基本建设支出——修缮费　　3 000
　贷：长期待摊费用　　3 000

知识归纳

财政应返还额度，亦称年终预算结余资金（简称“结余资金”），是指纳入国库管理制度改革试点的预算单位在预算年度内，按照本级财政部门批复的部门预算，当年尚未支用并按规定应留归预算单位继续使用的资金。

应收票据是指事业单位因开展经营活动销售产品、提供有偿服务等而应收的商业汇票，包括银行承兑汇票和商业承兑汇票两种。

应收账款是指事业单位提供服务、销售产品等应收取的款项，以及单位因出租资产、出售物资等应收取的款项。

预付账款是指单位按照购货、服务合同或协议规定预付给供应单位（或个人）的款项，以及按照合同规定向承包工程的施工企业预付的备料款和工程款。

其他应收款是指单位除财政应返还额度、应收票据、应收账款、预付账款、应收股利、应收利息以外的其他各项应收及暂付款项。

事业单位应当对收回后不需上缴财政的应收账款和其他应收款提取的坏账准备金，

建立坏账准备制度。

待摊费用是指单位已经支付，但应当由本期和以后各期分别负担的分摊期在1年以内（含1年）的各项费用，如预付航空保险费、预付租金等。

长期待摊费用是指单位已经支出，但应由本期和以后各期负担的分摊期限在1年以上（不含1年）的各项费用，如以经营租赁方式租入的固定资产发生的改良支出等。

问题探究

1. 什么是财政应返还额度？两种支付方式下财政应返还额度的账务处理有什么区别？

2. 其他应收款一般包括哪些内容？单位应当如何加强其他应收款的管理？

3. 事业单位对收回后不需上缴财政及收回后需上缴财政的应收账款和其他应收款发生的坏账损失在核销时有什么区别？

任务三 库存物资

任务目标

◇ 了解库存物资的定义。

◇ 熟悉库存物资确认的条件与计量的依据。

◇ 学会库存物资的核算。

一、库存物资的定义与确认

库存物资是指单位在开展业务活动及其他活动中为耗用或出售而储存的各种材料、产品、包装物、低值易耗品，以及达不到固定资产标准的用具、装具、动植物等的成本。

（1）库存物资同时满足下列条件的，应当予以确认：

1）与该库存物资相关的服务潜力很可能实现或者经济利益很可能流入单位。

2）该库存物资的成本或者价值能够可靠地计量。

（2）确定库存物资核算范围时应注意以下几项资产核算的归属：

1）已完成的测绘、地质勘察、设计成果等的成本，通过“库存物品”科目核算。

2）单位随买随用的零星办公用品，可以在购进时直接列作费用，不通过“库存物品”科目核算。

3）单位控制的政府储备物资，通过“政府储备物资”科目核算，不通过“库存物品”科目核算。

4）单位受托存储保管的物资和受托转赠的物资，通过“受托代理资产”科目核算，不通过“库存物品”科目核算。

5）单位为在建工程购买和使用的材料物资，通过“工程物资”科目核算，不通过“库存物品”科目核算。

二、库存物资的计量

（一）库存物资的初始计量

库存物资在取得时应当按照成本进行初始计量。

（1）单位购入的库存物资，其成本包括购买价款、相关税费、运输费、装卸费、保险费以及使得库存物资达到目前场所和状态所发生的归属于库存物资成本的其他支出。

（2）单位自行加工的库存物资，其成本包括耗用的直接材料费用、发生的直接人工费用和按照一定方法分配的与库存物资加工有关的间接费用。

（3）单位委托加工的库存物资，其成本包括委托加工前库存物资成本、委托加工的成本（如委托加工费以及按规定应计入委托加工库存物资成本的相关税费等）以及使库存物资达到目前场所和状态所发生的归属于库存物资成本的其他支出。

（4）下列各项应当在发生时确认为当期费用，不计入库存物资成本：

1）非正常消耗的直接材料、直接人工和间接费用。

2）仓储费用（不包括在加工过程中为达到下一个加工阶段所必需的费用）。

3）不能归属于使库存物资达到目前场所和状态所发生的其他支出。

（5）单位通过置换取得的库存物资，其成本按照换出资产的评估价值，加上支付的补价或减去收到的补价，加上为换入库存物资发生的其他相关支出确定。

（6）单位接受捐赠的库存物资，其成本按照有关凭据注明的金额加上相关税费、运输费等确定；没有相关凭据可供取得，但按规定经过资产评估的，其成本按照评估价值加上相关税费、运输费等确定；没有相关凭据可供取得也未经资产评估的，其成本比照同类或类似资产的市场价格加上相关税费、运输费等确定；没有相关凭据且未经资产评估、同类或类似资产的市场价格也无法可靠取得的，按照名义金额入账，相关税费、运输费等计入当期费用。

（7）单位无偿调入的库存物资，其成本按照调出方账面价值加上相关税费、运输费等确定。

（8）单位盘盈的库存物资，按规定经过资产评估的，其成本按照评估价值确定；未经资产评估的，其成本按照重置成本确定。

（二）库存物资的后续计量

（1）单位应当根据实际情况采用先进先出法、加权平均法或者个别计价法确定发出库存物资的实际成本。计价方法一经确定，不得随意变更。对于性质和用途相似的库存物资，应当采用相同的成本计价方法确定发出库存物资的成本。

对于不能替代使用的库存物资、为特定项目专门购入或加工的库存物资，通常采用个别计价法确定发出库存物资的成本。

（2）对于已发出的库存物资，应当将其成本结转为当期费用或者计入相关资产成本。

按规定报经批准对外捐赠、无偿调出的库存物资，应当将其账面余额予以转销，对外捐赠、无偿调出中发生的归属于捐出方、调出方的相关费用应当计入当期费用。

（3）应当采用一次转销法或者五五摊销法对低值易耗品、包装物进行摊销，将其成本计入当期费用或者相关资产成本。

（4）对于发生的库存物资毁损，应当将库存物资账面余额转销计入当期费用，并将毁损库存物资处置收入扣除相关处置税费后的差额按规定作应缴款项处理（差额为净收益时）或计入当期费用（差额为净损失时）。

（5）库存物资盘亏造成的损失，按规定报经批准后应当计入当期费用。

三、库存物资的核算

（一）“在途物品”科目

单位为了核算其采购材料等物资时货款已付或已开出商业汇票但尚未验收入库的在途物品的采购成本，应设置“在途物品”（资产类）科目。其借方登记购入物品的采购成本，贷方登记验收入库物品的采购成本。期末借方余额，反映单位在途物品的采购成本。

“在途物品库存物品”科目可按照供应单位和物品种类设置明细科目，进行明细核算。

（二）“库存物品”科目

单位为了核算其在开展业务活动及其他活动中为耗用或出售而储存的各种材料、产品、包装物、低值易耗品，以及达不到固定资产标准的用具、装具、动植物等的成本，应设置“库存物品”（资产类）科目。其借方登记各种库存物品的验收入库成本，贷方登记各种库存物品的出库成本。期末借方余额，反映单位库存物品的实际成本。

“库存物品”科目应当按照库存物品的种类、规格、保管地点等设置明细科目，进行明细核算。

单位储存的低值易耗品、包装物较多的，可以在“库存物品”科目（低值易耗品、包装物）下按照“在库”、“在用”和“摊销”等进行明细核算。

（三）“加工物品”科目

单位为了核算其自制或委托外单位加工的各种物品的实际成本，应设置“加工物品”（资产类）科目。其借方登记自制或委托外单位加工的各种物品归集的成本，贷方登记自制或委托外单位加工完成验收入库的各种物品的实际成本。期末借方余额，反映单位自制或委托外单位加工但尚未完工的各种物品的实际成本。

未完成的测绘、地质勘察、设计成果的实际成本，也通过“加工物品”科目核算。

“加工物品”科目应当设置“自制物品”“委托加工物品”两个一级明细科目，并按照物品类别、品种、项目等设置明细账，进行明细核算。

“加工物品”科目的“自制物品”一级明细科目下应当设置“直接材料”“直接人工”“其他直接费用”等二级明细科目，归集自制物品发生的直接材料、直接人工（专门从事物品制造人员的人工费）等直接费用；对于自制物品发生的间接费用，应当在“加工物品”科目“自制物品”一级明细科目下单独设置“间接费用”二级明细科目予以归集，期末，再按照一定的分配标准和方法，分配计入有关物品的成本。

间接费用一般按照生产人员工资、生产人员工时、机器工时、耗用材料的数量或成本、直接费用（直接材料和直接人工）或产品产量等进行分配。单位可根据具体情况自行选择间接费用的分配方法。分配方法一经确定，不得随意变更。

【核算举例】 某事业单位 2019 年 6 月份发生下列有关库存物品业务，请根据有关凭证编制会计分录。

（1）1 日，购进打印纸一批，价款 10 000 元，税款 1 600 元。通过银行转账支付供货单位货款 11 600 元，发票账单已经收到，材料尚未入库。

借：在途物品——打印纸　10 000
　　应交增值税——应交税金（进项税额）　1 600
　贷：银行存款　11 600

预算

借：事业支出——财政拨款支出（基本支出）——材料费　10 000
　贷：资金结存——货币资金　10 000

（2）4 日，收到库管材料验收入库单，上述打印纸验收入库。

借：库存物品——打印纸　10 000
　贷：在途物品——打印纸　10 000

（3）4 日，购进墨盒一批，价款 20 000 元，税款 3 200 元。通过零余额账户转账支付供货单位货款 23 200 元。发票账单已经收到，材料已验收入库。

借：库存物品——墨盒　20 000
　　应交增值税——应交税金（进项税额）　3 200
　贷：零余额账户用款额度　23 200

预算

借：事业支出——财政拨款支出（基本支出）——材料费　20 000
　贷：资金结存——零余额账户用款额度　20 000

（4）5 日，收到某单位无偿捐赠苗木一批，苗木成本确定为 18 000 元。其中通过银行转账支付相关税费 1 000 元。

借：库存物品——苗木　18 000
　贷：银行存款　1 000
　　　捐赠收入　17 000

预算

借：其他支出——相关税费　1 000
　贷：资金结存——货币资金　1 000

（5）8 日，上级主管部门无偿调入专用材料一批，专用材料成本确定为 22 000 元。其中通过银行转账支付相关税费 1 200 元。

借：库存物品——专用材料　22 000
　贷：银行存款　1 200
　　　无偿调拨净资产　20 800

预算

借：其他支出——相关费用　1 200
　贷：资金结存——货币资金　1 200

（6）10 日，库管报来发出材料汇总表，办公室领用办公用品 15 000 元。

借：单位管理费用——商品和服务费用——办公费　15 000
　贷：库存物品——办公用品　15 000

（7）11 日，经批准将库存农药一批捐赠给精准扶贫对象，农药购进成本 13 000 元，农药已发出。通过银行转账支付农药包装、运输等相关费用500元。

借：资产处置费用 13 500

贷：库存物品——农药 13 000

银行存款 500

预算

借：其他支出——运杂费 500

贷：资金结存——货币资金 500

（8）12日，经批准将库存被服一批无偿调拨给某下属单位，被服购进成本28 000元，被服已发出。通过银行转账支付包装、运输等相关费用800元。

借：无偿调拨净资产 28 000

贷：库存物品——被服 28 000

借：资产处置费用 800

贷：银行存款 800

预算

借：其他支出——运杂费 800

贷：资金结存——货币资金 800

（9）13日，经批准将库存专用材料一批销售给某单位，专用材料购进成本35 000元，专用材料已经发出，通过网银收到供货单位转来专用材料价款20 000元。同时，通过网银转账支付销售过程中的包装、运输等相关费用400元。

借：资产处置费用 35 000

贷：库存物品——专用材料 35 000

借：银行存款 20 000

贷：银行存款 400

应缴财政款 16 000

（10）15日，库管报来发出材料汇总表，列明后勤处为自制工服领用甲材料10 000元、乙材料20 000元。

借：加工物品——自制物品（直接材料） 30 000

贷：库存物品——甲材料 10 000

——乙材料 20 000

（11）16日，人事部门报来工资计提明细表，列明本期应付自制工服人员基本工资50 000元。

借：加工物品——自制物品（直接人工） 50 000

贷：应付职工薪酬——基本工资 50 000

（12）20日，通过网银转账支付自制工服水电费3 000元。

借：加工物品——自制物品（间接费用） 3 000

贷：银行存款 3 000

预算

借：事业支出——财政拨款支出（基本支出）——水电费 3 000

贷：资金结存——货币资金 3 000

（13）30 日，自制工服完工验收入库，结转完工入库产品的成本 83 000 元。

借：库存物品　83 000

　贷：加工物品——自制物品（直接材料）　30 000

　　　加工物品——自制物品（直接人工）　50 000

　　　加工物品——自制物品（间接费用）　3 000

（14）6 月 30 日，“库存物品盘点表”列明盘盈甲材料 1 000 元，盘亏乙材料 1 500 元。

借：库存物品——甲材料　1 000

　贷：待处理财产损溢　1 000

借：待处理财产损溢　1 500

　贷：库存物品——乙材料　1 500

知识归纳

库存物品是指单位在开展业务活动及其他活动中为耗用或出售而储存的各种材料、产品、包装物、低值易耗品，以及达不到固定资产标准的用具、装具、动植物等的成本。

单位库存物品的核算主要通过“在途物资”、“库存物品”和“加工物资”科目进行。

问题探究

1. 什么是库存物品？库存物品确认的条件有哪些？
2. 单位发出库存物品计价可采取哪些方法？

任务四　投　资

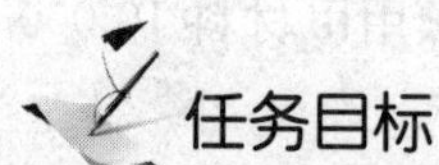

任务目标

◇ 了解单位投资的定义及种类。

◇ 熟悉单位投资确认与计量。

◇ 学会单位短期投资与长期投资的核算。

一、投资的定义与分类

投资是指单位按规定以货币资金、实物资产、无形资产等方式形成的债权或股权投资。投资按期限长短分为短期投资和长期投资。

（一）短期投资

短期投资是指单位取得的持有时间不超过 1 年（含 1 年）的投资。

（二）长期投资

长期投资是指单位取得的除短期投资以外的债权和股权性质的投资。长期投资分为长期债权投资和长期股权投资。

二、投资的确认与计量

（一）短期投资的确认与计量

（1）短期投资在取得时，应当按照实际成本（包括购买价款和相关税费）作为初始投资成本。实际支付价款中包含的已到付息期但尚未领取的利息，应当于收到时冲减短期投资成本。

（2）短期投资持有期间的利息，应当于实际收到时确认为投资收益。

（3）期末，短期投资应当按照账面余额计量。

（4）单位按规定出售或到期收回短期投资，应当将收到的价款扣除短期投资账面余额和相关税费后的差额计入投资损益。

（二）长期债券投资的确认与计量

（1）长期债券投资在取得时，应当按照实际成本作为初始投资成本。

实际支付价款中包含的已到付息期但尚未领取的债券利息，应当单独确认为应收利息，不计入长期债券投资初始投资成本。

（2）长期债券投资持有期间，应当按期以票面金额与票面利率计算确认利息收入。

对于分期付息、一次还本的长期债券投资，应当将计算确定的应收未收利息确认为应收利息，计入投资收益；对于一次还本付息的长期债券投资，应当将计算确定的应收未收利息计入投资收益，并增加长期债券投资的账面余额。

（3）单位按规定出售或到期收回长期债券投资，应当将实际收到的价款扣除长期债券投资账面余额和相关税费后的差额计入投资损益。

（4）单位进行除债券以外的其他债权投资，参照长期债券投资确认与计量。

（三）长期股权投资的确认与计量

（1）长期股权投资在取得时，应当按照实际成本作为初始投资成本。

1）以支付现金取得的长期股权投资，按照实际支付的全部价款（包括购买价款和相关税费）作为实际成本。

实际支付价款中包含的已宣告但尚未发放的现金股利，应当单独确认为应收股利，不计入长期股权投资初始投资成本。

2）以现金以外的其他资产置换取得的长期股权投资，其成本按照换出资产的评估价值加上支付的补价或减去收到的补价，加上换入长期股权投资发生的其他相关支出确定。

3）接受捐赠的长期股权投资，其成本按照有关凭据注明的金额加上相关税费确定；没有相关凭据可供取得，但按规定经过资产评估的，其成本按照评估价值加上相关税费确定；没有相关凭据可供取得、也未经资产评估的，其成本比照同类或类似资产的市场价格加上相关税费确定。

4）无偿调入的长期股权投资，其成本按照调出方账面价值加上相关税费确定。

（2）长期股权投资在持有期间，通常应当采用权益法①进行核算。单位无权决定被投

---

① 权益法，是指投资最初以投资成本计量，以后根据单位在被投资单位所享有的所有者权益份额的变动对投资的账面余额进行调整的方法。

资单位的财务和经营政策或无权参与被投资单位的财务和经营政策决策的，应当采用成本法[①]进行核算。

（3）在成本法下，长期股权投资的账面余额通常保持不变，但追加或收回投资时，应当相应调整其账面余额。

长期股权投资持有期间，被投资单位宣告分派的现金股利或利润，单位应当按照宣告分派的现金股利或利润中属于单位应享有的份额确认为投资收益。

（4）采用权益法的，按照如下原则进行会计处理：

1）单位取得长期股权投资后，对于被投资单位所有者权益的变动，应当按照下列规定进行处理：a. 按照应享有或应分担的被投资单位实现的净损益的份额，确认为投资损益，同时调整长期股权投资的账面余额；b. 按照被投资单位宣告分派的现金股利或利润计算应享有的份额，确认为应收股利，同时减少长期股权投资的账面余额；c. 按照被投资单位除净损益和利润分配以外的所有者权益变动的份额，确认为净资产，同时调整长期股权投资的账面余额。

2）单位确认被投资单位发生的净亏损，应当以长期股权投资的账面余额减记至零为限，政府会计主体负有承担额外损失义务的除外。

被投资单位发生净亏损，但以后年度又实现净利润的，政府会计主体应当在其收益分享额弥补未确认的亏损分担额等后，恢复确认投资收益。

（5）单位因处置部分长期股权投资等原因无权再决定被投资单位的财务和经营政策或者参与被投资单位的财务和经营政策决策的，应当对处置后的剩余股权投资改按成本法核算，并以该剩余股权投资在权益法下的账面余额作为按照成本法核算的初始投资成本。其后，被投资单位宣告分派现金股利或利润时，属于已计入投资账面余额的部分，作为成本法下长期股权投资成本的收回，冲减长期股权投资的账面余额。

单位追加投资等原因对长期股权投资的核算从成本法改为权益法的，应当自有权决定被投资单位的财务和经营政策或者参与被投资单位的财务和经营政策决策时，按成本法下长期股权投资的账面余额加上追加投资的成本作为按照权益法核算的初始投资成本。

（6）单位按规定报经批准处置长期股权投资，应当冲减长期股权投资的账面余额，并按规定将处置价款扣除相关税费后的余额作应缴款项处理，或者按规定将处置价款扣除相关税费后的余额与长期股权投资账面余额的差额计入当期投资损益。

采用权益法核算的长期股权投资，因被投资单位除净损益和利润分配以外的所有者权益变动而将应享有的份额计入净资产的，处置该项投资时，还应当将原计入净资产的相应部分转入当期投资损益。

三、投资收益、投资预算收益及投资支出的确认与计量

（一）投资收益的确认与计量

（1）收到短期投资持有期间的利息，按照实际收到的金额确认。

---

① 成本法，是指投资按照投资成本计量的方法。

(2) 出售或到期收回短期债券本息，按照实际收到的金额与出售或收回短期投资成本的差额确认（不涉及增值税业务）。

(3) 持有的分期付息、一次还本的长期债券投资及持有的到期一次还本付息的债券投资，按照计算确定的应收未收利息确认。

(4) 出售长期债券投资或到期收回长期债券投资本息，按照实际收到的金额与债券初始投资成本和已计未收利息金额的差额确认（不涉及增值税业务）。

(5) 采用成本法核算的长期股权投资持有期间，被投资单位宣告分派现金股利或利润时，按照宣告分派的现金股利或利润中属于单位应享有的份额确认。

采用权益法核算的长期股权投资持有期间，按照应享有或应分担的被投资单位实现的净损益的份额确认；被投资单位发生净亏损，但以后年度又实现净利润的，单位在其收益分享额弥补未确认的亏损分担额后，恢复确认投资收益。

(6) 处置长期股权投资时有关投资收益的确认与计量，应当区分长期股权投资取得方式分别进行处理。

处置以现金取得的长期股权投资，按照实际取得的价款与被处置长期股权投资的账面余额、尚未领取的现金股利或利润和相关税费等支出合计的差额确认。

处置以现金以外的其他资产取得的长期股权投资，按照规定将处置时取得的投资收益纳入本单位预算管理的，应当按照所取得价款大于被处置长期股权投资账面余额、应收股利账面余额和相关税费支出合计的差额确认。

（二）投资预算收益的确认与计量

(1) 出售或到期收回取得的短期、长期债券，按照实际取得的价款或实际收到的本息金额与取得债券时“投资支出”科目发生额的差额确认。

出售、转让以货币资金取得的长期股权投资的，按照实际收到的金额与长期债券投资账面余额、相关应收利息金额合计的差额确认（不涉及增值税业务）。

(2) 持有的短期投资以及分期付息、一次还本的长期债券投资收到利息时，按照实际收到的金额确认。

(3) 持有长期股权投资取得被投资单位分派的现金股利或利润时，按照实际收到的金额确认。

(4) 出售、转让以非货币性资产取得的长期股权投资时，按照实际取得的价款扣减支付的相关费用和应缴财政款后的余额（按照规定纳入单位预算管理的）确认。

（三）投资支出的确认与计量

(1) 以货币资金对外投资时，按照投资金额和所支付的相关税费金额的合计数确认。

(2) 出售、对外转让或到期收回以货币资金取得的对外投资的，按照取得投资时“投资支出”科目的发生额确认。

四、投资的管理与控制

单位应当根据国家有关规定加强对外投资管理，严格控制对外投资。

(1) 合理设置岗位，明确相关岗位的职责与权限，确保对外投资的可行性研究与评估、对外投资的决策与执行、对外投资处置的审批与执行等不相容岗位相互分离。

(2) 单位进行对外投资，应当由单位领导班子集体研究决定。

(3) 加强对投资项目的追踪管理，及时、全面、准确地记录对外投资的价值变动和投资收益情况。

(4) 建立责任追究制度。对在对外投资中出现重大决策失误、未履行集体决策程序和不按规定办理对外投资业务的部门及人员，应当追究相应的责任。

单位在保证单位正常运转和事业发展的前提下，按照国家有关规定可以对外投资的，应当履行相关审批程序。不得使用财政拨款及其结余进行对外投资，不得从事股票、期货、基金、企业债券等投资，国家另有规定的除外；若发生以非货币性资产对外投资的，应当按照国家有关规定进行资产评估，合理确定资产价值。

五、投资的核算

(一)“短期投资”科目

事业单位为了核算其按照规定取得的，持有时间不超过1年（含1年）的投资，应设置“短期投资”（资产类）科目。其借方登记取得短期投资的投资成本，贷方登记出售或收回短期投资的账面余额。期末借方余额，反映事业单位持有短期投资的成本。

“短期投资”科目应当按照投资的种类等设置明细科目，进行明细核算。

(二)“长期股权投资”科目

事业单位为了核算其按照规定取得的，持有时间超过1年（不含1年）的股权性质的投资，应设置“长期股权投资”（资产类）科目。其借方登记长期股权投资取得的实际成本及采用权益法核算时投资损益调增额，贷方登记长期股权投资处置的账面余额及采用权益法核算时投资损益调减额。期末借方余额，反映事业单位持有的长期股权投资的价值。

“长期股权投资”科目应当按照被投资单位和长期股权投资取得方式等设置明细科目，进行明细核算。

长期股权投资采用权益法核算的，还应当按照“成本”“损益调整”“其他权益变动”设置明细科目，进行明细核算。

(三)“长期债券投资”科目

事业单位为了核算其按照规定取得的，持有时间超过1年（不含1年）的债券投资，应设置“长期债券投资”（资产类）科目。其借方登记长期债券投资取得的实际成本及到期一次还本付息的债券投资持有期间确认的利息收入，贷方登记到期收回长期债券投资的账面余额。期末借方余额，反映事业单位持有的长期债券投资的价值。

“长期债券投资”科目应当设置“成本”和“应计利息”明细科目，并按照债券投资的种类进行明细核算。

(四)“应收股利”科目

事业单位为了核算其持有长期股权投资应当收取的现金股利或应当分得的利润，应设置“应收股利”（资产类）科目。其借方登记取得及持有期间被投资单位已宣告但尚未发放的现金股利或利润，贷方登记实际收到的现金股利及利润。期末借方余额，反映事业单位应当收取但尚未收到的现金股利或利润。

“应收股利”科目应当按照被投资单位等设置明细科目，进行明细核算。

（五）“应收利息”科目

事业单位为了核算其长期债券投资应当收取的利息，应设置“应收利息”（资产类）科目。其借方登记取得或持有的长期债券投资应收但尚未收取（领取）的利息，贷方登记实际收到的长期债券投资的利息。期末借方余额，反映事业单位应收未收的长期债券投资利息。

“应收利息”科目应当按照被投资单位等设置明细科目，进行明细核算。

事业单位购入的到期一次还本付息的长期债券投资持有期间的利息，应当通过“长期债券投资——应计利息”科目核算，不通过“应收利息”科目核算。

（六）“投资收益”科目

事业单位为了核算其持有的股权投资和债券投资所实现的收益或发生的损失，应设置“投资收益”（收入类）科目。其贷方登记其应收或收到的利息、投资实现的收益、投资单位宣告分派现金股利或利润中属于单位应享有的份额及期末结转额，借方登记投资发生的损失及期末结转额。期末结转后，本科目应无余额。

“投资收益”科目应当按照投资的种类等设置明细科目，进行明细核算。

（七）“投资预算收益”科目

事业单位为了核算其取得的按照规定纳入部门预算管理的属于投资收益性质的现金流入，应设置“投资预算收益”（预算收入类）科目。其贷方登记出售或到期收回短期和长期债券实现的收益、实际收到的债券利息、实际收到的长期股权投资分派的现金股利或利润、出售或转让以非货币性资产取得的长期股权投资实际取得的价款扣减支付的相关费用和应缴财政款后的余额（按照规定纳入单位预算管理的）及年末结转额，借方登记投资实际发生的损失及年末结转额。年末结转后，应无余额。

“投资预算收益”科目应当按照《政府收支分类科目》中“支出功能分类科目”的项级科目等设置明细科目，进行明细核算。

（八）“投资支出”科目

事业单位为了核算其以货币资金对外投资发生的现金流出，应设置“投资支出”（预算支出类）科目。其借方登记以货币资金对外投资的投资金额和所支付的相关税费金额，贷方登记出售、对外转让或到期收回本年度以货币资金取得的对外投资的成本及年末结转额。年末结转后，应无余额。

“投资支出”科目应当按照投资类型、投资对象、《政府收支分类科目》中“支出功能分类科目”的项级科目和“部门预算支出经济分类科目”的款级科目等设置明细科目，进行明细核算。

（九）“权益法调整”科目

事业单位为了核算其持有的长期股权投资采用权益法核算时，按照被投资单位除净损益和利润分配以外的所有者权益变动份额调整长期股权投资账面余额而计入净资产的金额，应设置“权益法调整”（净资产类）科目。其贷方登记年末按照被投资单位除净损益和利润分配以外的所有者权益变动应享有的份额及处置投资原计入净资的相应部分金额，借方登记年末按照被投资单位除净损益和利润分配以外的所有者权益变动应分担的份额及处置投资原计入净资的相应部分金额。期末余额，反映事业单位在被投资单位除净损益和利润分配以外的所有者权益变动中累积享有（或分担）的份额。

“权益法调整”科目应当按照被投资单位设置明细科目，进行明细核算。

【核算举例 1】 某事业单位 2019 年发生下列有关短期投资业务，请根据有关凭证编制会计分录。

(1) 3 月 1 日，购买为期三个月的某期国债，价款 301 000 元，其中已到付息期但尚未领取的利息 1 000 元，票面利率为 3%，价款通过银行转账支付。

借：短期投资——某期国债 301 000
　贷：银行存款 301 000

预算

借：投资支出 301 000
　贷：资金结存——货币资金 301 000

(2) 3 月 3 日，收到上述国债已到付息期但尚未领取的利息 1 000 元。

借：银行存款 1 000
　贷：短期投资——某期国债 1 000

预算

借：资金结存——货币资金 1 000
　贷：投资支出 1 000

(3) 4 月 1 日，收到银行通知，上述国债利息 750 元到账。

借：银行存款 750
　贷：投资收益 750

预算

借：资金结存——货币资金 750
　贷：投资预算收益 750

(4) 5 月 1 日，收到上述国债当月利息，分录同上。

(5) 6 月 1 日，上述国债到期，通过银行转账收到当月利息及本金。

借：银行存款 300 750
　贷：短期投资 300 000
　　　投资收益 750

预算

借：资金结存——货币资金 300 750
　贷：投资支出 300 000
　　　投资预算收益 750

【核算举例 2】 某事业单位 2019 年发生下列有关股权投资业务，请根据有关凭证编制会计分录。

(1) 1 月 3 日，收到某公司捐赠股份 5 000 股，市场价值 500 000 元。通过银行转账支付相关税费 3 000 元。

借：长期股权投资——成本 503 000
　贷：银行存款 3 000
　　　捐赠收入 500 000

预算

借：其他支出——相关税费 3 000

贷：资金结存——货币资金 3 000

(2) 1 月 4 日，收到主管部门无偿调入某公司股份 3 000 000 股，市场价值 6 000 000 元。通过银行转账支付相关税费 10 000 元。

借：长期股权投资——成本 6 010 000

贷：银行存款 10 000

无偿调拨净资产 6 000 000

预算

借：其他支出——相关税费 10 000

贷：资金结存——货币资金 10 000

(3) 1 月 5 日，经批准对甲公司投资，按合同约定持有其股份 10%，投资成本为 6 000 000 元，其中包含已宣告但尚未发放的现金股利 20 000 元。投资额 6 000 000 元通过银行转账支付。单位无权参与甲公司的财务和经营决策，该投资采用成本法计量。

借：长期股权投资 5 980 000

应收股利 20 000

贷：银行存款 6 000 000

预算

借：投资支出 6 000 000

贷：资金结存——货币资金 6 000 000

(4) 1 月 10 日，通过网银转账收到取得投资时已宣告但尚未发放的现金股利 20 000 元。

借：银行存款 20 000

贷：应收股利 20 000

预算

借：资金结存——货币资金 20 000

贷：投资支出 20 000

(5) 12 月 1 日，甲公司宣告发放现金股利 50 000 元。

借：应收股利 50 000

贷：投资收益 50 000

(6) 若到 2020 年 1 月 5 日，通过网银转账收到甲公司现金股利 50 000 元。

借：银行存款 50 000

贷：应收股利 50 000

预算

借：资金结存——货币资金 50 000

贷：投资预算收益 50 000

(7) 若到 2020 年 12 月 30 日，决定对甲公司追加投资 12 000 000 元，追加投资款通过银行转账支付。持有甲公司的股份从 10%增长到 30%，单位有权参与甲公司的财务和经营决策，投资核算方法应由成本法改为权益法。

借：长期股权投资——成本 17 980 000

贷：长期股权投资 5 980 000
银行存款 12 000 000

预算

借：投资支出 12 000 000
贷：资金结存——货币资金 12 000 000

（8）若到 2020 年 12 月 31 日，甲公司宣告发放现金股利 100 000 元。

借：应收股利 100 000
贷：长期股权投资——损益调整 100 000

（9）若到 2021 年，经批准将所持甲公司股权出售，售价 20 000 000 元，其中包括已宣告但尚未领取的现金股利 100 000 元。价款通过银行转账收讫，另通过银行转账支付相关税费 10 000 元。

借：银行存款 20 000 000
长期股权投资——损益调整 100 000
贷：长期股权投资——成本 17 980 000
应收股利 100 000
银行存款 10 000
投资收益 2 010 000

预算

借：资金结存——货币资金 1 999 000
贷：投资支出 17 980 000
投资预算收益 2 010 000

（10）1 月 11 日，经批准用未入账的土地使用权对乙公司投资，合同约定土地使用权占乙公司股份的 30%，单位有权参与公司的财务和经营决策，应采用权益法对投资计量。该土地使用权的市场价值为 2 000 000 元，通过银行存款支付相关税费 10 000 元。

借：长期股权投资——成本 2 010 000
贷：银行存款 10 000
其他收入 2 000 000

预算

借：其他支出——相关税费 10 000
贷：资金结存——货币资金 10 000

（11）12 月 1 日，2019 年乙公司实现净利润 100 000 元，单位应确认的投资收益为 30 000（100 000×30%）元。

借：长期股权投资——损益调整 30 000
贷：投资收益 30 000

若 2019 年乙公司实现净亏损 100 000 元，则：单位应确认的投资损失为 30 000（100 000×30%）元。

借：投资收益 30 000
贷：长期股权投资——损益调整 30 000

（12）12 月 2 日，乙公司宣告发放现金股利 30 000 元，单位应确认的现金股利为

9 000（30 000×30%）元。

借：应收股利　9 000

　贷：长期股权投资——损益调整　9 000

（13）若到 2020 年 1 月 12 日，通过网银转账收到乙公司派发的现金股利 9 000 元。

借：银行存款　9 000

　贷：应收股利　9 000

预算

借：资金结存——货币资金　9 000

　贷：投资预算收益　9 000

（14）若到 2020 年 1 月 15 日，乙公司接受其他股东的资本性投入 5 000 000 元，所有者权益发生变动，故根据 30%的份额进行调整。

权益法调整金额＝5 000 000×30%＝1 500 000(元)

借：长期股权投资——其他权益变动　1 500 000

　贷：权益法调整　1 500 000

（15）若到 2020 年 12 月 1 日，乙公司宣告发放现金股利 60 000 元。

应确认的投资股利＝60 000×30%＝18 000(元)

借：应收股利　18 000

　贷：长期股权投资——损益调整　18 000

（16）若到 2020 年 12 月 20 日，经批准将所持乙公司股权出售，售价 4 000 000 元，其中包括已宣告但尚未收到的现金股利 18 000 元。价款通过银行转账收讫，另通过银行转账支付相关税费 6 000 元。（假定处置净收入应上缴财政）

长期股权投资的损益调整＝30 000－9 000－18 000＝3 000(元)

借：资产处置费用　3 513 000

　贷：长期股权投资——成本　2 010 000

　　　　　　　　——损益调整　3 000

　　　　　　　　——其他权益变动　1 500 000

借：银行存款　4 000 000

　贷：应收股利　18 000

　　　银行存款　6 000

　　　应缴财政款　3 976 000

预算

借：资金结存——货币资金　18 000

　贷：投资预算收益　18 000

若按照规定，投资收益纳入单位预算管理的，则：

借：资产处置费用　3 513 000

　贷：长期股权投资——成本　2 010 000

　　　　　　　　——损益调整　3 000

　　　　　　　　——其他权益变动　1 500 000

投资收益＝4 000 000－3 513 000－18 000－6 000＝463 000(元)

借：银行存款 4 000 000
　贷：应收股利 18 000
　　银行存款 6 000
　　投资收益 463 000
　　应缴财政款 3 513 000

预算

资金结存(投资预算收益)＝4 000 000－3 513 000－6 000＝481 000(元)

借：资金结存——货币资金 481 000
　贷：投资预算收益 481 000

(17) 结转因出售所持有乙公司股权原直接计入“权益法调整”的金额。

借：权益法调整 1 500 000
　贷：投资收益 1 500 000

【核算举例 3】 某事业单位 2019 年发生下列有关债券投资业务，请根据有关凭证编制会计分录。

(1) 1 月 1 日，购买分期付息、到期还本的 5 年期债券，债券面值 100 000 元，票面利率 4.72%，按年支付利息，共支付 105 000 元，其中含有已到付款期但尚未领取的债券利息 5 000 元。

借：长期债券投资——成本 100 000
　　应收利息 5 000
　贷：银行存款 105 000

预算

借：投资支出 105 000
　贷：资金结存——货币资金 105 000

(2) 1 月 10 日，收到取得投资时已宣告但尚未领取的债券利息 5 000 元。

借：银行存款 5 000
　贷：应收利息 5 000

预算

借：资金结存——货币资金 5 000
　贷：投资支出 5 000

(3) 12 月 31 日，计提债券利息。

利息＝100 000×4.72%＝4 720(元)

借：应收利息 4 720
　贷：投资收益 4 720

(4) 若到 2020 年 1 月 10 日，通过银行转账收到债券利息 472 元。

借：银行存款 4 720
　贷：应收利息 4 720

预算

借：资金结存——货币资金 4 720

贷：投资预算收益 4 720

（5）若到 2020 年 12 月 5 日，计提债券利息。

利息＝100 000×4.72%＝4 720（元）

借：应收利息 4 720

贷：投资收益 4 720

（6）若到 2021 年 1 月 10 日，经批准将所持有的五年期债券出售，其账面余额 100 000 元，已确认但尚未收到的分期付息利息为 4 720 元，售价 105 500 元。款项通过银行转账收讫。

借：银行存款 105 500

贷：长期债券投资——成本 100 000

应收利息 4 720

投资收益 780

预算

借：资金结存——货币资金 105 500

贷：其他结余 100 000

投资预算收益 5 500

（7）12 月 31 日，通过银行转账收到以前年度购买的国债本息 13 000 元，该国债账面余额为 11 000 元。

借：银行存款 13 000

贷：长期债券投资——成本 11 000

投资收益 2 000

预算

借：资金结存——货币资金 13 000

贷：其他结余 11 000

投资预算收益 2 000

知识归纳

投资是指单位按规定以货币资金、实物资产、无形资产等方式形成的债权或股权投资。投资按期限长短分为短期投资和长期投资。

短期投资在取得时，应当按照实际成本（包括购买价款和相关税费）作为初始投资成本。实际支付价款中包含的已到付息期但尚未领取的利息，应当于收到时冲减短期投资成本；长期债券投资在取得时，应当按照实际成本作为初始投资成本。实际支付价款中包含的已到付息期但尚未领取的债券利息，应当单独确认为应收利息，不计入长期债券投资初始投资成本；长期股权投资在取得时，应当按照实际成本作为初始投资成本。

单位应当根据国家有关规定加强对外投资管理，严格控制对外投资。

单位长短期投资的增减变动及投资收益的核算主要通过设置“短期投资”“长期股权投资”“长期债券投资”“应收股利”“应收利息”“投资收益”“投资预算收益”“投资支

出”“权益法调整”等科目核算。

问题探究

1. 什么是投资？短期投资和长期投资有什么不同？
2. 短期投资、长期债券投资、长期股权投资取得时的计价有什么异同？
3. 单位应如何加强对外投资的管理？

任务五 固定资产

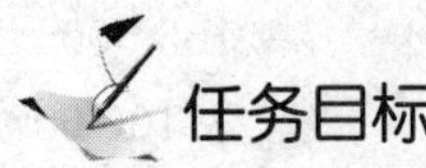

任务目标

◇ 了解固定资产的定义及分类。
◇ 熟悉固定资产确认与计量的依据。
◇ 学会固定资产、在建工程的核算。

一、固定资产的定义

固定资产是指单位为满足自身开展业务活动或其他活动需要而控制的，使用年限超过1年（不含1年）、单位价值在规定标准以上，并在使用过程中基本保持原有物质形态的资产，一般包括房屋及构筑物、专用设备、通用设备等。

单位价值虽未达到规定标准，但是使用年限超过1年（不含1年）的大批同类物资，如图书、家具、用具、装具等，应当确认为固定资产。

单位为满足社会公共需要而控制的公共基础设施、政府储备物资、保障性住房、自然资源资产等，不属于单位的固定资产。

单位固定资产管理与核算的范围如图3-7所示。

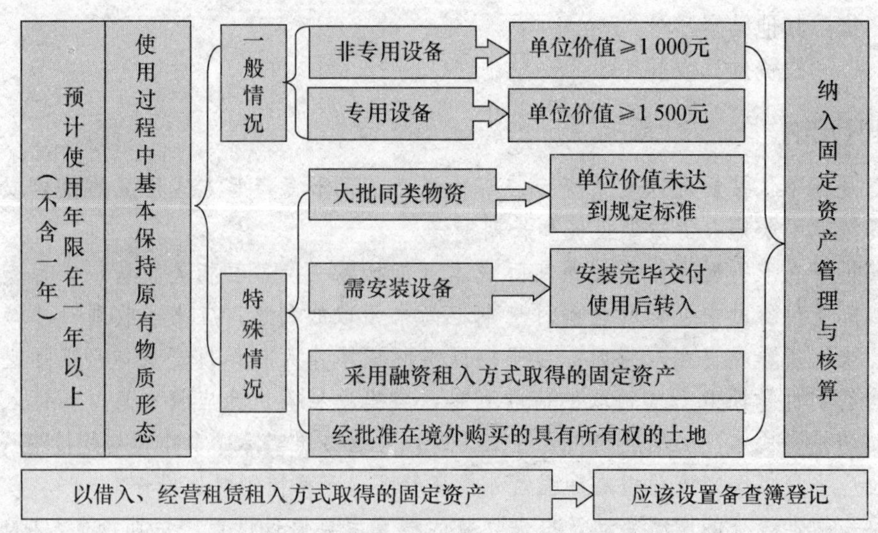

图3-7 固定资产管理与核算范围图

二、固定资产的分类

单位的固定资产一般分为以下六类：

（1）房屋和建筑物，是指单位拥有占有权和使用权的房屋、建筑物及其附属设施。其中，房屋包括职工生活用房、办公用房、仓库等；建筑物包括围墙、道路等；附属设施包括房屋、建筑物内的电梯、通信线路、水气管道等。

（2）专用设备，是指单位根据业务工作的实际需要购置的各种具有专门性能和专门用途的设备。如科研单位的科研仪器、学校的教学仪器、医院的医疗器械等。

（3）通用设备，是指单位用于业务工作的通用性设备，如办公用的家具、交通工具等。

（4）文物和陈列品，是指博物馆、展览馆和文化单位的各种文物和陈列品，如古物、字画、纪念物品等。

（5）图书、档案，是指专业图书馆、文化馆贮藏的书籍，以及单位贮藏的统一管理使用的业务用书，如单位图书馆（室）、阅览室的图书等。

（6）家具、用具、装具及动植物。

单位应当根据固定资产的定义，结合本单位的具体情况，制定适合于本单位的固定资产目录、分类方法，作为进行固定资产核算的依据。

三、固定资产的确认

（一）固定资产确认的条件

固定资产同时满足下列条件的，应当予以确认：

（1）与该固定资产相关的服务潜力很可能实现或者经济利益很可能流入政府会计主体。

（2）该固定资产的成本或者价值能够可靠地计量。

（二）固定资产确认的时间

通常情况下，固定资产确认的时间分以下几种情况：

（1）购入、换入、接受捐赠、无偿调入不需安装的固定资产，在固定资产验收合格时确认。

（2）购入、换入、接受捐赠、无偿调入需要安装的固定资产，在固定资产安装完成交付使用时确认。

（3）自行建造、改建、扩建的固定资产，在建造完成交付使用时确认。

（三）固定资产确认应考虑的情况

确认固定资产时，应当考虑以下情况：

（1）固定资产的各组成部分具有不同使用年限或者以不同方式为单位实现服务潜力或提供经济利益，适用不同折旧率或折旧方法且可以分别确定各自原价的，应当分别将各组成部分确认为单项固定资产。

（2）应用软件构成相关硬件不可缺少的组成部分的，应当将该软件的价值包括在所属的硬件价值中，一并确认为固定资产；不构成相关硬件不可缺少的组成部分的，应当将该软件确认为无形资产。

(3) 购建房屋及构筑物时，不能分清购建成本中的房屋及构筑物部分与土地使用权部分的，应当全部确认为固定资产；能够分清购建成本中的房屋及构筑物部分与土地使用权部分的，应当将其中的房屋及构筑物部分确认为固定资产，将其中的土地使用权部分确认为无形资产。

（四）固定资产后续支出的确认

固定资产在使用过程中发生的后续支出，符合上述固定资产确认条件的，应当计入固定资产成本；不符合上述固定资产确认条件的，应当在发生时计入当期费用或者相关资产成本。

将发生的固定资产后续支出计入固定资产成本的，应当同时从固定资产账面价值中扣除被替换部分的账面价值。

四、固定资产的初始计量

固定资产在取得时应当按照成本进行初始计量。

（一）外购的固定资产

单位外购的固定资产，其成本包括购买价款、相关税费以及固定资产交付使用前所发生的可归属于该项资产的运输费、装卸费、安装费和专业人员服务费等。

以一笔款项购入多项没有单独标价的固定资产，应当按照各项固定资产同类或类似资产市场价格的比例对总成本进行分配，分别确定各项固定资产的成本。

（二）自行建造的固定资产

单位自行建造的固定资产，其成本包括该项资产至交付使用前所发生的全部必要支出。

在原有固定资产基础上进行改建、扩建、修缮后的固定资产，其成本按照原固定资产账面价值加上改建、扩建、修缮发生的支出，再扣除固定资产被替换部分的账面价值后的金额确定。

为建造固定资产借入的专门借款的利息，属于建设期间发生的，计入在建工程成本；不属于建设期间发生的，计入当期费用。

已交付使用但尚未办理竣工决算手续的固定资产，应当按照估计价值入账，待办理竣工决算后再按实际成本调整原来的暂估价值。

（三）通过置换取得的固定资产

单位通过置换取得的固定资产，其成本按照换出资产的评估价值加上支付的补价或减去收到的补价，加上换入固定资产发生的其他相关支出确定。

（四）接受捐赠的固定资产

单位接受捐赠的固定资产，其成本按照有关凭据注明的金额加上相关税费、运输费等确定；没有相关凭据可供取得，但按规定经过资产评估的，其成本按照评估价值加上相关税费、运输费等确定；没有相关凭据可供取得、也未经资产评估的，其成本比照同类或类似资产的市场价格加上相关税费、运输费等确定；没有相关凭据且未经资产评估、同类或类似资产的市场价格也无法可靠取得的，按照名义金额入账，相关税费、运输费等计入当期费用。

如受赠的系旧的固定资产，在确定其初始入账成本时应当考虑该项资产的新旧程度。

（五）无偿调入的固定资产

单位无偿调入的固定资产，其成本按照调出方账面价值加上相关税费、运输费等确定。

（六）盘盈的固定资产

单位盘盈的固定资产，按规定经过资产评估的，其成本按照评估价值确定；未经资产评估的，其成本按照重置成本确定。

（七）融资租赁取得及跨年度分期付款购入的固定资产

单位融资租赁取得的固定资产，其成本按照租赁协议或者合同确定的租赁价款、相关税费以及固定资产交付使用前所发生的可归属于该项资产的运输费、途中保险费、安装调试费等确定。单位跨年度分期付款购入固定资产参照融资租入固定资产计量。

五、在建工程的成本

在建工程是指单位已经发生必要支出，但尚未完工交付使用的各种建筑（包括新建、改建、扩建、修缮等）、设备安装工程、信息系统项目工程、公共基础设施项目工程、保障性住房项目工程等。单位在建的建设项目工程成本包括建筑安装工程投资、设备投资、待摊投资、其他投资、待核销基建支出、基建转出投资等。

（一）建筑安装工程投资

建筑安装工程投资是指单位发生的构成建设项目实际支出的建筑工程和安装工程的实际成本，不包括被安装设备本身的价值以及按照合同规定支付给施工单位的预付备料款和预付工程款。建筑安装工程投资可分为建筑工程和安装工程两个子项目。

（二）设备投资

设备投资是指单位发生的构成建设项目实际支出的各种设备的实际成本。

（三）待摊投资

待摊投资是指单位发生的构成建设项目实际支出的、按照规定应当分摊计入有关工程成本和设备成本的各项间接费用和税费支出。具体包括以下内容：

（1）勘察费、设计费、研究试验费、可行性研究费及项目其他前期费用。

（2）土地征用及迁移补偿费、土地复垦及补偿费、森林植被恢复费及其他为取得土地使用权、租用权而发生的费用。

（3）土地使用税、耕地占用税、契税、车船税、印花税及按照规定缴纳的其他税费。

（4）项目建设管理费、代建管理费、临时设施费、监理费、招投标费、社会中介审计（审查）费及其他管理性质的费用。

项目建设管理费是指项目建设单位从项目筹建之日起至办理竣工财务决算之日止发生的管理性质的支出，包括不在原单位发工资的工作人员工资及相关费用、办公费、办公场地租用费、差旅交通费、劳动保护费、工具用具使用费、固定资产使用费、招募生产工人费、技术图书资料费（含软件）、业务招待费、施工现场津贴、竣工验收费等。

（5）项目建设期间发生的各类专门借款利息支出或融资费用。

（6）工程检测费、设备检验费、负荷联合试车费及其他检验检测类费用。

（7）固定资产损失、器材处理亏损、设备盘亏及毁损、单项工程或单位工程报废、毁损净损失及其他损失。

（8）系统集成等信息工程的费用支出。

（9）其他待摊性质支出。

（四）其他投资

其他投资是指单位发生的构成建设项目实际支出的房屋购置支出，基本畜禽、林木等购置、饲养、培育支出，办公生活用家具、器具购置支出，软件研发和不能计入设备投资的软件购置等支出。也包括单位为进行可行性研究而购置的固定资产，以及取得土地使用权支付的土地出让金。其他投资可分为房屋购置，基本畜禽支出，林木支出，办公生活用家具、器具购置，可行性研究固定资产购置，无形资产等。

（五）待核销基建支出

待核销基建支出是指建设项目发生的江河清障、航道清淤、飞播造林、补助群众造林、水土保持、城市绿化、取消项目的可行性研究费以及项目整体报废等不能形成资产部分的基建投资支出。

（六）基建转出投资

基建转出投资是指为建设项目配套而建成的、产权不归属本单位的专用设施的实际成本。

六、固定资产的后续计量

（一）固定资产的折旧

1. 固定资产折旧的定义与范围

折旧，是指在固定资产的预计使用年限内，按照确定的方法对应计的折旧额进行系统分摊。单位应当对除下列固定资产之外的固定资产计提折旧：

（1）文物和陈列品。

（2）动植物。

（3）图书、档案。

（4）单独计价入账的土地。

（5）以名义金额计量的固定资产。

单位固定资产应计的折旧额为其成本，计提固定资产折旧时不考虑预计净残值。

单位应当对暂估入账的固定资产计提折旧，实际成本确定后不需调整原已计提的折旧额。

2. 计提折旧的预计使用年限

单位应当根据相关规定以及固定资产的性质和使用情况，合理确定固定资产的使用年限。一般情况下，单位确定固定资产使用年限，应当考虑下列因素：

（1）预计实现服务潜力或提供经济利益的期限。

（2）预计有形损耗和无形损耗。

（3）法律或者类似规定对资产使用的限制。

固定资产的使用年限一经确定，不得随意变更。

《政府会计准则第 3 号——固定资产》应用指南规定的政府固定资产折旧年限如表 3 - 3 所示。

表 3 - 3　　政府固定资产折旧年限表

固定资产类别	内容		折旧年限（年）
房屋及构筑物	业务及管理用房	钢结构	不低于 50
		钢筋混凝土结构	不低于 50
		砖混结构	不低于 30
		砖木结构	不低于 30
	简易房		不低于 8
	房屋附属设施		不低于 8
	构筑物		不低于 8
通用设备	计算机设备		不低于 6
	办公设备		不低于 6
	车辆		不低于 8
	图书档案设备		不低于 5
	机械设备		不低于 10
	电气设备		不低于 5
	雷达、无线电和卫星导航设备		不低于 10
	通信设备		不低于 5
	广播、电视、电影设备		不低于 5
	仪器仪表		不低于 5
	电子和通信测量设备		不低于 5
	计量标准器具及量具、衡器		不低于 5
专用设备	探矿、采矿、选矿和造块设备		10～15
	石油天然气开采专用设备		10～15
	石油和化学工业专用设备		10～15
	炼焦和金属冶炼轧制设备		10～15
	电力工业专用设备		20～30
	非金属矿物制品工业专用设备		10～20
	核工业专用设备		20～30
	航空航天工业专用设备		20～30
	工程机械		10～15
	农业和林业机械		10～15
	木材采集和加工设备		10～15
	食品加工专用设备		10～15
	饮料加工设备		10～15
	烟草加工设备		10～15

续前表

固定资产类别	内容	折旧年限（年）
专用设备	粮油作物和饲料加工设备	10～15
	纺织设备	10～15
	缝纫、服饰、制革和毛皮加工设备	10～15
	造纸和印刷机械	10～20
	化学药品和中药专用设备	5～10
	医疗设备	5～10
	电工、电子专用生产设备	5～10
	安全生产设备	10～20
	邮政专用设备	10～15
	环境污染防治设备	10～20
	公安专用设备	3～10
	水工机械	10～20
	殡葬设备及用品	5～10
	铁路运输设备	10～20
	水上交通运输设备	10～20
	航空器及其配套设备	10～20
	专用仪器仪表	5～10
	文艺设备	5～15
	体育设备	5～15
	娱乐设备	5～15
家具、用具及装具	家具	不低于15
	用具、装具	不低于5

3. 计提折旧的方法

单位一般应当采用年限平均法[①]或者工作量法计提固定资产折旧。

在确定固定资产的折旧方法时，应当考虑与固定资产相关的服务潜力或经济利益的预期实现方式。

固定资产折旧方法一经确定，不得随意变更。

4. 计提折旧的时间规定

固定资产应当按月计提折旧，并根据用途计入当期费用或者相关资产成本。

---

① 年限平均法又称直线法，是将固定资产的应计折旧金额均衡地分摊到固定资产预计使用寿命内的一种方法。采用这种方法计算的每期折旧额均是相等的。采用年限平均法计算折旧的公式如下：

$$年折旧率=\frac{1}{预计使用年限}\times 100\%$$

$$月折旧率=\frac{年折旧率}{12}$$

$$月折旧额=固定资产原值\times 月折旧率$$

5. 计提折旧的期间规定

（1）当月增加的固定资产，当月不计提折旧，从下月起计提折旧。

（2）当月减少的固定资产，当月照提折旧，从下月起不计提折旧。

（3）固定资产提足折旧后，无论能否继续使用，均不再提取折旧。

（4）提前报废的固定资产，不再补提折旧。

（5）已提足折旧的固定资产，可以继续使用的，应当继续使用，并规范管理。

6. 折旧年限特殊的规定

固定资产因改建、扩建或修缮等原因而延长其使用年限的，应当按照重新确定的固定资产的成本以及重新确定的折旧年限计算折旧额。

单位计提融资租入固定资产折旧时，应当采用与自有固定资产相一致的折旧政策。能够合理确定租赁期届满时将会取得租入固定资产所有权的，应当在租入固定资产尚可使用年限内计提折旧；无法合理确定租赁期届满时能够取得租入固定资产所有权的，应当在租赁期与租入固定资产尚可使用年限两者中较短的期间内计提折旧。

（二）固定资产的处置

1. 出售、转让固定资产或固定资产报废、毁损

单位按规定报经批准出售、转让固定资产或固定资产报废、毁损的，应当将固定资产账面价值[①]转销计入当期费用，并将处置收入扣除相关处置税费后的差额按规定作应缴款项处理（差额为净收益时）或计入当期费用（差额为净损失时）。

2. 对外捐赠、无偿调出固定资产

单位按规定报经批准对外捐赠、无偿调出固定资产的，应当将固定资产的账面价值予以转销，对外捐赠、无偿调出中发生的归属于捐出方、调出方的相关费用应当计入当期费用。

3. 以固定资产对外投资

单位按规定报经批准以固定资产对外投资的，应当将该固定资产的账面价值予以转销，并将固定资产在对外投资时的评估价值与其账面价值的差额计入当期收入或费用。

4. 固定资产盘亏

固定资产盘亏造成的损失，按规定报经批准后应当计入当期费用。

七、固定资产的管理

单位固定资产的管理一般涉及单位的三个部门，即财务部门、财物管理部门和使用部门。单位的固定资产在管理过程中应由固定资产管理涉及的三个部门协调好固定资产的增加、使用与维护、处置三个环节之间的关系。

（1）财务部门在固定资产管理中的基本职责一般是通过建立总账及一级明细账进行固定资产的金额控制，要能随时掌握单位固定资产的总金额及各大类固定资产的金额。

（2）财物管理部门在固定资产管理中的基本职责是通过设置固定资产登记簿和固定资产卡片，按照固定资产的类别、项目和使用部门设置明细科目并建立固定资产明细账，

---

① 账面价值是指某会计科目的账面余额减去相关备抵科目（如“累计折旧”“累计摊销”科目）账面余额后的净值。账面余额是指某会计科目的账面实际余额。

进行固定资产的金额和数量控制，要能随时掌握单位各类固定资产的数量、金额及目前分布和使用状况，应对出租、出借的固定资产设置备查簿进行登记。

（3）使用部门在固定资产管理中的基本职责是进行实物控制，要能够始终保证固定资产的安全、完整、正常使用。

单位应当对固定资产进行定期或者不定期的清查盘点。年度终了前，应当进行一次全面清查盘点，保证账实相符。

总体上讲，单位固定资产的管理涉及内部三类部门、负责三项控制、实现“三账一卡”相符，简称固定资产的“三账一卡”管理模式。单位固定资产的“三账一卡”管理模式如图 3－8 所示。

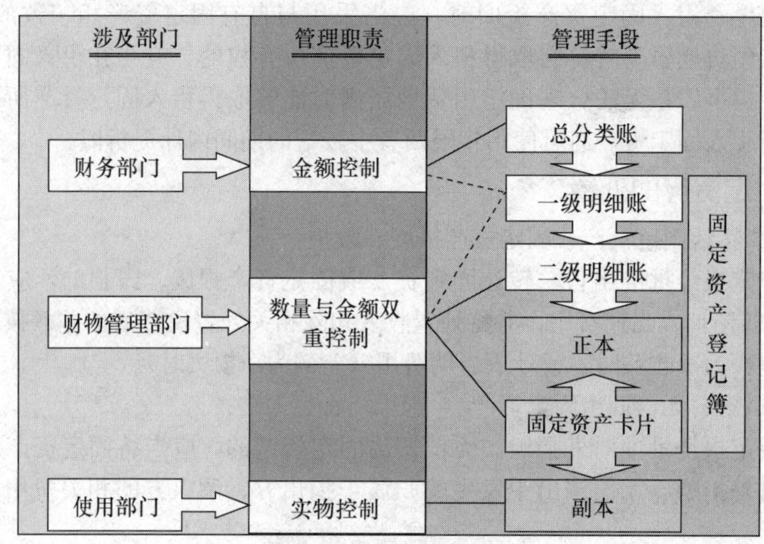

图 3－8　固定资产“三账一卡”管理模式图

八、固定资产的核算

（一）“固定资产”科目

单位为了核算其固定资产的原价，应设置“固定资产”（资产类）科目。其借方登记取得的固定资产的成本，贷方登记处置等减少固定资产的账面余额。期末借方余额，反映单位固定资产的原值。

“固定资产”科目应当按照固定资产类别和项目设置明细科目，进行明细核算。

固定资产核算时，应当考虑以下情况：

（1）购入需要安装的固定资产，应当先通过“在建工程”科目核算，安装完毕交付使用时再转入“固定资产”科目核算。

（2）以借入、经营租赁租入方式取得的固定资产，不通过“固定资产”科目核算，应当设置备查簿进行登记。

（3）采用融资租入方式取得的固定资产，通过“固定资产”科目核算，并在“固定资产”科目下设置“融资租入固定资产”明细科目。

（4）经批准在境外购买具有所有权的土地，作为固定资产，通过“固定资产”科目核算；单位应当在“固定资产”科目下设置“境外土地”明细科目，进行相应明细核算。

（二）“固定资产累计折旧”科目

单位为了核算其固定资产计提的折旧，应设置“固定资产累计折旧”（资产类\备抵账户）科目。其贷方登记按月提取的固定资产折旧等，借方登记因处置或盘亏固定资产等而冲减的已计提折旧。期末贷方余额，反映单位计提的固定资产折旧累计数。

“固定资产累计折旧”科目应当按照所对应固定资产的明细分类设置明细科目，进行明细核算。

（三）“工程物资”科目

单位为了核算其为在建工程准备的各种物资的成本，应设置“工程物资”（资产类）科目。其借方登记购入工程物资的成本，贷方登记领用及转出工程物资的成本。期末借方余额，反映单位为在建工程准备的各种物资的成本。

“工程物资”科目可按照“库存材料”“库存设备”等工程物资类别设置明细科目，进行明细核算。

（四）“在建工程”科目

单位为了核算其在建的建设项目工程的实际成本，应设置“在建工程”（资产类）科目。其借方登记在建工程项目归集的成本，贷方登记工程项目完工转出的建设项目成本。期末借方余额，反映单位尚未完工的建设项目工程发生的实际成本。

“在建工程”科目应当设置“建筑安装工程投资”“设备投资”“待摊投资”“其他投资”“待核销基建支出”“基建转出投资”等明细科目，并按照具体项目进行明细核算。

【核算举例1】 某事业单位2019年发生下列有关固定资产业务，请根据有关凭证编制会计分录。

（1）3月5日，经批准用财政项目经费购入打印机一台，价款50 000元，运杂费2 000元，安装调试费100元。打印机已调试完毕交付使用，款项通过银行转账支付52 100元。

借：固定资产——专用设备 52 100

　贷：银行存款 52 100

预算

借：事业支出——财政拨款支出（项目支出）——专用设备购置费 52 100

　贷：资金结存——货币资金 52 100

（2）3月5日，经批准用财政项目经费购入复印机一台，价款10 000元，质保金1 000元。供货单位开具发票金额为9 000元，通过银行转账支付发票金额9 000元。

1）若质保期在1年以内（包括1年）：

借：固定资产——专用设备 10 000

　贷：银行存款 9 000

　　其他应付款——质保金 1 000

预算

借：事业支出——财政拨款支出（项目支出）——专用设备购置费 9 000

　贷：资金结存——货币资金 9 000

2）若质保期1年以上：

借：固定资产 10 000

　贷：银行存款 9 000

　　长期应付款——质保金 1 000

预算

借：事业支出——财政拨款支出（项目支出）——专用设备购置费 9 000

　贷：资金结存——货币资金 9 000

（3）若质保金期满，通过网银转账支付质保金1 000元。

借：其他应付款（长期应付款）——质保金 1 000

　贷：银行存款 1 000

预算

借：事业支出——财政拨款支出（项目支出）——专用设备购置费 1 000

　贷：资金结存——货币资金 1 000

（4）3月12日，以融资租赁方式租入货车一辆，合同约定总租金240 000元，租期3年。通过银行转账支付当年租金80 000元。

借：固定资产——通用设备 240 000

　贷：长期应付款——货车租金 160 000

　　银行存款 80 000

预算

借：事业支出——财政拨款支出（基本支出）——通用设备购置费 80 000

　贷：资金结存——货币资金 80 000

以后两年支付租金：

借：长期应付款——货车租金 80 000

　贷：银行存款 80 000

预算

借：事业支出——财政拨款支出（基本支出）——通用设备购置费 80 000

　贷：资金结存——货币资金 80 000

（5）4月1日，某单位捐赠课桌椅一批，发票价款为20 000元。课桌椅已验收入库，通过银行转账支付运输费1 000元。

借：固定资产——通用设备 21 000

　贷：银行存款 1 000

　　捐赠收入 20 000

预算

借：其他支出——运输费 1 000

　贷：资金结存——货币资金 1 000

（6）4月6日，某单位捐赠健身器材一套，因无相关凭据及同类或类似资产的市场价格故以名义金额入账。器材交接手续办理完毕，通过银行转账支付运输费1 500元。

借：固定资产——通用设备 1

　贷：捐赠收入 1

借：其他费用——运输费 1 500

贷：银行存款 1 500

预算

借：其他支出——运输费 1 500

贷：资金结存——货币资金 1 500

(7) 4 月 20 日，主管部门无偿调入报警设备一套，发票价款 50 000 元。设备安装调试完毕交付使用，通过银行转账支付运输费 2 000 元。

借：固定资产——通用设备 52 000

贷：银行存款 2 000

无偿调拨净资产 50 000

预算

借：其他支出——运输费 2 000

贷：资金结存——货币资金 2 000

(8) 4 月 22 日，经批准用小轿车一辆置换某单位货车一辆，小轿车估价为 80 000 元，账面余额 150 000 元，累计已提折旧 40 000 元。置换交接手续办理完毕，通过银行转账支付置换差价 12 500 元。

小轿车的成本＝80 000＋12 500＝92 500(元)

借：固定资产——通用设备——货车 92 500

固定资产累计折旧 40 000

资产处置费用 30 000

贷：固定资产——通用设备——小轿车 150 000

银行存款 12 500

预算

借：其他支出——其他 12 500

贷：资金结存——货币资金 12 500

(9) 4 月 30 日，计算出本月应计提的固定资产折旧额为 6 630 元。

借：单位管理费用——固定资产折旧费 6 630

贷：固定资产累计折旧 6 630

(10) 5 月 5 日，经批准决定将旧家具一批出售，其账面余额 30 000 元，累计已提折旧 26 000 元。

借：资产处置费用——固定资产 4 000

固定资产累计折旧 26 000

贷：固定资产——家具、用具、装具及动植物 30 000

(11) 5 月 10 日，通过网银转账收到出售上述旧家具的价款 1 000 元，以现金支付出售过程中的搬运费 200 元。

借：银行存款 1 000

贷：应缴财政款——变价收入 800

库存现金 200

（12）5月10日，经批准将课桌椅一批捐赠给某学校，其账面余额50 000元，累计已提折旧30 000元。捐赠手续办理完毕，通过网银转账支付运输费1 600元。

借：资产处置费用——固定资产　21 600
　　固定资产累计折旧　30 000
　贷：固定资产——家具、用具、装具及动植物　50 000
　　　银行存款　1 600

预算

借：其他支出——运输费　1 600
　贷：资金结存——货币资金　1 600

（13）5月22日，经批准无偿调拨给所属单位办公家具一批，其账面余额15 000元，累计已提折旧5 000元。调拨手续办理完毕，通过网银转账支付运输费600元。

借：无偿调拨净资产　10 000
　　固定资产累计折旧　5 000
　贷：固定资产——家具、用具、装具及动植物　15 000
借：资产处置费用——固定资产　600
　贷：银行存款　600

预算

借：其他支出——运输费　600
　贷：资金结存——货币资金　600

（14）12月1日，资产清查时盘盈办公桌椅一套，估价1 500元。

借：固定资产——家具、用具、装具及动植物　1 500
　贷：待处理财产损溢　1 500

（15）12月2日，资产清查时盘亏音响设备一套，音响设备的账面余额为20 000元，累计已计提折旧12 000元。

借：待处理财产损溢　8 000
　　固定资产累计折旧　12 000
　贷：固定资产——家具、用具、装具及动植物　20 000

【核算举例2】 某事业单位2019年发生下列有关在建工程业务，请根据有关凭证编制会计分录。

（1）4月1日，经批准用财政项目资金装修改造图书馆，通过网银转账支付图书馆装修改造用工程物资价款250 000元。

借：工程物资——装修材料　250 000
　贷：银行存款　250 000

预算

借：事业支出——财政拨款支出（项目支出）——大型修缮费　250 000
　贷：资金结存——货币资金　250 000

（2）承上例，4月3日，图书馆装修改造工程领用工程物资230 000元。

借：在建工程——图书馆专修改造工程——建筑安装工程投资　230 000
　贷：工程物资——装修材料　230 000

(3) 承上例，4 月 30 日，图书馆装修改造工程完工，按规定将剩余工程物资转为库存物品。

借：库存物品——装修材料　20 000

　贷：工程物资——装修材料　20 000

(4) 5 月 6 日，经批准用财政项目资金为会议室配置多媒体设备一套。通过网银转账支付多媒体设备价款 20 000 元，设备交接手续已办理完毕，等待安装。

借：在建工程——会议室配置多媒体设备——设备投资　20 000

　贷：银行存款　20 000

预算

借：事业支出——财政拨款支出（项目支出）——专用设备购置费　20 000

　贷：资金结存——货币资金　20 000

(5) 承上例，5 月 7 日，通过网银转账支付与上述多媒体设备配套的桌椅等价款 1 000 元。

借：在建工程——会议室配置多媒体设备——设备投资　1 000

　贷：银行存款　1 000

预算

借：事业支出——财政拨款支出（项目支出）——专用设备购置费　1 000

　贷：资金结存——货币资金　1 000

(6) 承上例，5 月 8 日，通过网银转账支付与上述多媒体设备安装费及零星材料费 1 000 元。

借：在建工程——会议室配置多媒体设备——设备投资　1 000

　贷：银行存款　1 000

预算

借：事业支出——财政拨款支出（项目支出）——专用设备购置费　1 000

　贷：资金结存——货币资金　1 000

(7) 承上例，5 月 9 日，上述多媒体设备安装完工并交付使用，结转其配置成本。

借：固定资产——专用设备　22 000

　贷：在建工程——会议室配置多媒体设备　22 000

(8) 5 月 10 日，经批准用财政项目资金新建专业综合实训室，工程概算 6 000 000 元，工期 2 个月。按法定程序选定乙公司承建该工程，按合同约定在合同生效后按工程造价的 10%预付工程款。收到“财政直接支付到账通知书”，预付工程款 600 000 元已付乙公司。

借：预付账款——预付工程款　600 000

　贷：财政拨款收入　600 000

预算

借：事业支出——财政拨款支出（项目支出）——房屋建筑物构建　600 000

　贷：财政拨款预算收入　600 000

(9) 承上例，6 月 10 日，上述工程形象进度已完成 50%。按合同约定应按工程概算的 50%结算工程款。收到“财政直接支付到账通知书”，工程结算款 2 400 000 元已付乙公司。

借：在建工程——实训室建设——建筑安装工程投资　3 000 000
　贷：预付账款——预付工程款　600 000
　　财政拨款收入　2 400 000

预算

借：事业支出——财政拨款支出（项目支出）——房屋建筑物构建　2 400 000
　贷：财政拨款预算收入　2 400 000

（10）承上例，7月10日，上述工程按期完工。按合同约定应按工程概算的90%结算工程款。收到“财政直接支付到账通知书”，工程结算款2 400 000元已付乙公司。

借：在建工程——实训室建设——建筑安装工程投资　2 400 000
　贷：财政拨款收入　2 400 000

预算

借：事业支出——财政拨款支出（项目支出）——房屋建筑物构建　2 400 000
　贷：财政拨款预算收入　2 400 000

（11）承上例，7月15日，上述工程决算确定工程总造价6 100 000元，按合同约定余款作为质保金在质保期满后后支付。

借：固定资产——房屋建筑物——实训室　6 100 000
　贷：在建工程——实训室建设　5 400 000
　　长期应付款——质保金　700 000

知识归纳

固定资产是指单位为满足自身开展业务活动或其他活动需要而控制的，使用年限超过1年（不含1年）、单位价值在规定标准以上，并在使用过程中基本保持原有物质形态的资产，一般包括房屋及构筑物、专用设备、通用设备等。

单位确认固定资产应同时满足两个条件：与该固定资产相关的服务潜力很可能实现或者经济利益很可能流入政府会计主体；该固定资产的成本或者价值能够可靠地计量。

固定资产在取得时应当按照成本进行初始计量。单位应当对除文物和陈列品、动植物、图书、档案、单独计价入账的土地及以名义金额计量的固定资产之外的固定资产计提折旧。

单位固定资产的管理一般涉及单位的三个部门，即财务部门、财物管理部门和使用部门。单位的固定资产在管理过程中应由固定资产管理涉及的三个部门协调好固定资产的增加、使用与维护、处置三个环节之间的关系。

在建工程是指单位已经发生必要支出，但尚未完工交付使用的各种建筑（包括新建、改建、扩建、修缮等）、设备安装工程、信息系统项目工程、公共基础设施项目工程、保障性住房项目工程等。单位在建的建设项目工程成本包括建筑安装工程投资、设备投资、待摊投资、其他投资、待核销基建支出、基建转出投资等。

单位固定资产主要通过“固定资产”“固定资产累计折旧”“工程物资”“在建工程”等科目核算。

问题探究

1. 什么是固定资产？单位如何确认固定资产？

2. 什么是在建工程？在建工程成本包括哪些项目？

3. 单位固定资产的管理与核算涉及哪些部门？包括哪些环节？

任务六 无形资产

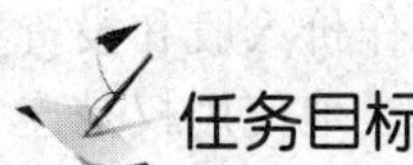

任务目标

◇ 了解无形资产的定义与种类。

◇ 熟悉无形资产的确认与计量。

◇ 学会无形资产的核算。

一、无形资产的定义

无形资产是指单位控制的没有实物形态的可辨认非货币性资产，如专利权、商标权、著作权、土地使用权、非专利技术等。

资产满足下列条件之一的，符合无形资产定义中的可辨认性标准：

（1）能够从单位中分离或者划分出来，并能单独或者与相关合同、资产或负债一起，用于出售、转移、授予许可、租赁或者交换。

（2）源自合同性权利或其他法定权利，无论这些权利是否可以从单位或其他权利和义务中转移或者分离。

二、无形资产的种类

单位的无形资产一般分为五类。

（一）专利权

专利权是指政府对发明者在某一产品的造型、配方、结构、制造工艺或程序的发明上给予其制造、使用和出售等方面的专门权利。专利权如果是购买的，其成本除买价外，还应包括有关部门收取的相关费用等；如果是自行开发的，其成本应包括创造该项专利的试验费用、申请专利登记费用以及聘请律师费用等。

（二）商标权

商标权是指专门在某类指定的商品或产品上使用特定的名称或图案的权利。单位自制的商标，其注册登记费用不高，一般不作为无形资产核算。受让商标，一次性支出费用较高的，可以将其本金化，作为无形资产入账。其成本包括买价、支付的手续费以及其他因受让商标权而发生的费用等。

（三）著作权

著作权又称版权，是指文学、艺术和科学作品等的著作人依法对其作品所拥有的专门权利。著作权一般包括发表权、署名权、修改权、保护作品完整权、使用权和获得报酬权。

（四）土地使用权

土地使用权是指单位依法取得的在一定期间内对国有土地享有开发、利用、经营活动的权利。在我国，土地归国家所有，任何人或单位只能拥有土地使用权，没有土地所有权。单位拥有的并未入账的土地使用权应予以本金化，将取得时所发生的一切支出作为土地使用权成本，记入无形资产。具体分为两种情况：一是单位向土地管理部门申请土地使用权时，支付的出让金要作为无形资产入账；二是单位原先通过行政划拨获得土地使用权，没有作为无形资产入账，在将土地使用权有偿出租、抵押、作价入股和投资时，要按规定补缴土地出让金，补缴的出让金作为无形资产入账。如果土地使用权是连同地上的附着物一并购入，则土地使用权一并作为固定资产入账，不单独确认为无形资产。

（五）非专利技术

非专利技术是指先进的、未公开的、未申请专利但可以带来经济效益的技术或资料，又称专有技术、技术秘密、技术诀窍。单位的非专利技术一般是在组织业务活动过程中取得的有关经营和管理方面未获得专利权的知识、经验和技巧。非专利技术不受我国《专利法》的保护，但它是一种事实上的专利权，可以进行转让和投资。

另外，按照《政府会计准则第4号——无形资产》的规定，单位购入的不构成相关硬件不可缺少组成部分的软件应确认为无形资产；单位自创商誉及内部产生的品牌、报刊名等不应确认为无形资产。

三、无形资产的确认

（一）无形资产确认的条件

无形资产同时满足下列条件的，应当予以确认：

(1) 与该无形资产相关的服务潜力很可能实现或者经济利益很可能流入单位。

(2) 该无形资产的成本或者价值能够可靠地计量。

政府会计主体在判断无形资产的服务潜力或经济利益是否很可能实现或流入时，应当对无形资产在预计使用年限内可能存在的各种社会、经济、科技因素做出合理估计，并且应当有确凿的证据支持。

（二）研发支出的归集与确认

单位自行研究开发项目的支出，应当区分研究阶段支出与开发阶段支出。研究是指为获取并理解新的科学或技术知识而进行的独创性的有计划调查；开发是指在进行生产或使用前，将研究成果或其他知识应用于某项计划或设计，以生产出新的或具有实质性改进的材料、装置、产品等。

(1) 单位自行研究开发项目研究阶段的支出，应当于发生时计入当期费用。

(2) 单位自行研究开发项目开发阶段的支出，先按合理方法进行归集，如果最终形成无形资产的，应当确认为无形资产；如果最终未形成无形资产的，应当计入当期费用。

(3) 单位自行研究开发项目尚未进入开发阶段，或者确实无法区分研究阶段支出和开发阶段支出，但按法律程序已申请取得无形资产的，应当将依法取得时发生的注册费、聘请律师费等费用确认为无形资产。

（三）有关后续支出的确认

与无形资产有关的后续支出，符合准则规定的无形资产确认条件的，应当计入无形资产成本；不符合准则规定的无形资产确认条件的，应当在发生时计入当期费用或者相关资产成本。

四、无形资产的初始计量

无形资产在取得时应当按照成本进行初始计量。

（一）外购的无形资产

单位外购的无形资产，其成本包括购买价款、相关税费以及可归属于该项资产达到预定用途前所发生的其他支出。

单位委托软件公司开发的软件，视同外购无形资产确定其成本。

（二）自行开发的无形资产

单位自行开发的无形资产，其成本包括自该项目进入开发阶段后至达到预定用途前所发生的支出总额。

（三）置换取得的无形资产

单位通过置换取得的无形资产，其成本按照换出资产的评估价值加上支付的补价或减去收到的补价，加上换入无形资产发生的其他相关支出确定。

（四）接受捐赠的无形资产

单位接受捐赠的无形资产，其成本按照有关凭据注明的金额加上相关税费确定；没有相关凭据可供取得，但按规定经过资产评估的，其成本按照评估价值加上相关税费确定；没有相关凭据可供取得且未经资产评估的，其成本比照同类或类似资产的市场价格加上相关税费确定；没有相关凭据且未经资产评估、同类或类似资产的市场价格也无法可靠取得的，按照名义金额入账，相关税费计入当期费用。

确定接受捐赠无形资产的初始入账成本时，应当考虑该项资产尚可为单位带来服务潜力或经济利益的能力。

（五）无偿调入的无形资产

单位无偿调入的无形资产，其成本按照调出方账面价值加上相关税费确定。

五、无形资产的后续计量

（一）无形资产的摊销

1. 无形资产摊销的定义与范围

摊销是指在无形资产使用年限内，按照确定的方法对应摊销金额进行系统分摊。

单位应当对使用年限有限的无形资产进行摊销，但已摊销完毕仍继续使用的无形资产和以名义金额计量的无形资产除外。

使用年限不确定的无形资产不应摊销。

2. 无形资产使用年限的确定

单位应当于取得或形成无形资产时合理确定其使用年限。

无形资产的使用年限为有限的，应当估计该使用年限。

无法预见无形资产为单位提供服务潜力或者带来经济利益期限的，应当视为使用年限不确定的无形资产。

3. 无形资产摊销年限的确定

对于使用年限有限的无形资产，单位应当按照以下原则确定无形资产的摊销年限：

（1）法律规定了有效年限的，按照法律规定的有效年限作为摊销年限。

（2）法律没有规定有效年限的，按照相关合同或单位申请书中的受益年限作为摊销年限。

（3）法律没有规定有效年限、相关合同或单位申请书也没有规定受益年限的，应当根据无形资产为单位带来服务潜力或经济利益的实际情况，预计其使用年限。

（4）非大批量购入、单价小于 1 000 元的无形资产，可以于购买的当期将其成本一次性全部转销。

4. 无形资产摊销的时间

单位应当按月对使用年限有限的无形资产进行摊销，并根据用途计入当期费用或者相关资产成本。

5. 无形资产摊销的方法

单位应当采用年限平均法或者工作量法对无形资产进行摊销，应摊销金额为其成本，不考虑预计残值。

6. 摊销成本与年限的变化

因发生后续支出而增加无形资产成本的，对于使用年限有限的无形资产，应当按照重新确定的无形资产成本以及重新确定的摊销年限计算摊销额。

（二）无形资产的处置

1. 出售无形资产

单位按规定报经批准出售无形资产，应当将无形资产账面价值转销计入当期费用，并将处置收入大于相关处置税费后的差额按规定计入当期收入或者做应缴款项处理，将处置收入小于相关处置税费后的差额计入当期费用。

2. 对外捐赠、无偿调出无形资产

单位按规定报经批准对外捐赠、无偿调出无形资产的，应当将无形资产的账面价值予以转销。对外捐赠、无偿调出中发生的归属于捐出方、调出方的相关费用应当计入当期费用。

3. 以无形资产对外投资

单位按规定报经批准以无形资产对外投资的，应当将该无形资产的账面价值予以转销，并将无形资产在对外投资时的评估价值与其账面价值的差额计入当期收入或费用。

4. 无形资产预期不能为单位带来服务潜力或者经济利益

无形资产预期不能为单位带来服务潜力或者经济利益的，应当在报经批准后将该无形资产的账面价值予以转销。

六、无形资产的核算

单位无形资产的核算主要涉及“无形资产”、“无形资产累计摊销”和“研发支出”科目。

（一）“无形资产”科目

单位为了核算其无形资产的原值，应设置“无形资产”（资产类）科目。其借方登记取得或形成无形资产时确定的成本额，贷方登记被处置无形资产的账面余额。期末借方余额，反映单位无形资产的成本。

“无形资产”科目应当按照无形资产的类别、项目等设置明细科目，进行明细核算。

（二）“无形资产累计摊销”科目

单位为了核算其无形资产计提的累计摊销，应设置“无形资产累计摊销”（资产类\备抵账户）科目。其贷方登记按月计提的无形资产摊销额，借方登记处置无形资产应转销的已提摊销额。期末贷方余额，反映单位计提的无形资产摊销累计数。

“无形资产累计摊销”科目应当按照对应无形资产的明细分类设置明细科目，进行明细核算。

（三）“研发支出”科目

单位为了核算其自行研究开发项目研究阶段和开发阶段发生的各项支出，应设置“研发支出”（资产类）科目。在自行研究开发项目研究阶段，其借方登记归集的与研究活动相关的各项费用额，贷方登记期末结转额；在自行研究开发项目开发阶段，其借方登记归集的与开发活动相关的各项费用额，贷方登记自行研究开发项目完成后的结转额及年末结转额。期末借方余额，反映单位预计能达到预定用途的研究开发项目在开发阶段发生的累计支出数。

建设项目中的软件研发支出，应当通过“在建工程”科目核算，不通过“研发支出”科目核算。

“研发支出”科目应当按照自行研究开发项目，分别“研究支出”“开发支出”设置明细科目，进行明细核算。

【核算举例】 某事业单位 2019 年发生下列有关无形资产业务，请根据有关凭证编制会计分录。

（1）1 月 4 日，经批准用财政项目经费支付征地款 15 000 000 元，款项通过银行转账支付。

借：无形资产——土地使用权　　15 000 000
　贷：银行存款　　15 000 000

预算

借：事业支出——财政拨款支出（项目支出）——土地补偿　　15 000 000
　贷：资金结存——货币资金　　15 000 000

（2）1 月 5 日，委托金太阳软件公司开发办公软件，开发费用共计 100 000 元，按照合同约定预付金太阳软件公司开发费 20 000 元，预付款通过银行转账支付。

借：预付账款——金太阳软件公司　　20 000
　贷：银行存款　　20 000

预算

借：事业支出——财政拨款支出（基本支出）——信息网络及软件购置更新
　　20 000

贷：资金结存——货币资金　20 000

（3）承上例，2月15日，上述委托开发的办公软件交付使用，通过银行转账支付余款80 000元。

借：无形资产——办公软件　100 000

贷：预付账款——金太阳软件公司　20 000

银行存款　80 000

预算

借：事业支出——财政拨款支出（基本支出）——信息网络及软件购置更新　80 000

贷：资金结存——货币资金　80 000

（4）2月16日，计提参与自行研发某项非专利技术人员在研究阶段的工资30 000元。

借：研发支出——研究支出　30 000

贷：应付职工薪酬——基本工资　30 000

（5）承上例，2月17日，为自行研发上述非专利技术，在研究阶段领用某种材料8 000元。

借：研发支出　研究支出　8 000

贷：库存物品　8 000

（6）承上例，2月18日，通过银行转账支付上述自行研发非专利技术在研究阶段的零星费用45 000元。

借：研发支出——研究支出　45 000

贷：银行存款　45 000

预算

借：事业支出——财政拨款支出（基本支出）——其他　45 000

贷：资金结存——货币资金　45 000

（7）2月28日，结转上述自行研究开发非专利技术的研究支出。

本月累计研发支出＝30 000＋8 000＋45 000＝83 000(元)

借：业务活动费用——研发费　83 000

贷：研发支出——研究支出　83 000

（8）承上例，3月30日，自行研究开发上述非专利技术，在开发阶段所发生的支出有：研究人员工资50 000元，领用库存物资4 000元，以银行转账支付的零星费用68 000元。

借：研发支出——开发支出　122 000

贷：应付职工薪酬——基本工资　50 000

库存物品　4 000

银行存款　68 000

预算

借：事业支出——财政拨款支出（基本支出）——其他　68 000

贷：资金结存——货币资金　68 000

(9) 3 月 31 日，上述研发的非专利技术研发完成，经鉴定达到预定用途，形成无形资产。

借：无形资产——非专利技术　122 000

贷：研发支出——开发支出　122 000

若经鉴定上述自行研究开发的非专利技术未达到预定用途，则：

借：业务活动费用——研发费　122 000

贷：研发支出——研究支出　122 000

(10) 4 月 26 日，单位自行研发某项非专利技术，在此过程中没有区分研究阶段和开发阶段的支出，现已按法定程序申请取得非专利技术。通过银行转账支付其注册费、聘请律师费等共计 58 000 元。

借：无形资产——专利权　58 000

贷：银行存款　58 000

预算

借：事业支出——财政拨款支出（基本支出）——其他　58 000

贷：资金结存——货币资金　58 000

(11) 4 月 28 日，将一项不需用的非专利技术与丙单位的某项专利权置换，非专利技术的评估价为 30 000 元，账面余额为 60 000 元，已计提摊销 10 000 元。通过银行转账支付公证费等相关费用 2 000 元。

借：无形资产——专利权　32 000

无形资产累计摊销　10 000

资产处置费用　20 000

贷：无形资产——非专利技术　60 000

银行存款　2 000

预算

借：其他支出——公证费　2 000

贷：资金结存——货币资金　2 000

(12) 5 月 10 日，某单位无偿捐赠办公软件一款，其发票价款 50 000 元。软件已安装运行，通过银行转账支付相关税费 3 000 元。

借：无形资产——办公软件　53 000

贷：银行存款　3 000

捐赠收入　50 000

预算

借：其他支出——相关税费　3 000

贷：资金结存——货币资金　3 000

(13) 5 月 15 日，某单位无偿捐赠专利权一项，因无相关凭据及同类或类似资产的市场价格，经商议该专利权以名义金额入账。捐赠交接手续办理完毕，通过银行转账支付相关税费 1 000 元。

借：无形资产——专利权　1

贷：捐赠收入　1

借：其他费用 1 000

贷：银行存款 1 000

预算

借：其他支出——相关税费 1 000

贷：资金结存——货币资金 1 000

（14）5 月 20 日，主管部门无偿划拨土地十亩，该片土地目前使用权转让费估计 5 000 000 元，通过银行转账支付相关税费 50 000 元。

借：无形资产——土地使用权 5 050 000

贷：银行存款 50 000

无偿调拨净资产 5 000 000

预算

借：其他支出——相关税费 50 000

贷：资金结存——货币资金 50 000

（15）5 月 22 日，为提高资产管理水平，单位决定对现有资产管理软件升级，该软件账面余额为 100 000 元，累计已计提摊销 40 000 元。聘请专业人员对管理控制软件进行升级改造，可以增加其使用寿命，以银行转账支付相关服务费 35 000 元。

借：在建工程——软件升级——其他投资 60 000

无形资产累计摊销 40 000

贷：无形资产——资产管理软件 100 000

（16）5 月 24 日，通过银行转账支付上述软件升级费 35 000 元。

借：在建工程——软件升级——其他投资 35 000

贷：银行存款 35 000

预算

借：事业支出——财政拨款支出（基本支出）——信息网络及软件购置更新 35 000

贷：资金结存——货币资金 35 000

（17）5 月 25 日，上述软件升级完成交付使用，按规定结转升级改造成本。

借：无形资产——资产管理软件 95 000

贷：在建工程——软件升级 95 000

（18）5 月 26 日，通过银行转账支付办公软件日常维护费 1 000 元。

借：业务活动费用——商品和服务费用——维护费 1 000

贷：银行存款 1 000

预算

借：事业支出——财政拨款支出（基本支出）——维护费 1 000

贷：资金结存——货币资金 1 000

（19）5 月 29 日，计算出当月应计提的各种软件的摊销额为 12 000 元。

借：业务活动费用——无形资产摊销费 12 000

贷：无形资产累计摊销 12 000

（20）6 月 1 日，经批准单位决定将某项非专利技术出售，其账面余额为 50 000 元，累计已计提摊销 40 000 元。

借：资产处置费用——无形资产　　10 000
　　无形资产累计摊销　　40 000
　贷：无形资产——非专利技术　　50 000

(21) 6 月 5 日，以现金支付上述出售非专利技术的公证费 2 000 元，通过银行转账收到出售价款 20 000 元。

若售价上缴财政，则：

借：银行存款　　20 000
　贷：应缴财政款　　18 000
　　　库存现金　　2 000

若售价纳入本单位预算，则：

借：银行存款　　20 000
　贷：其他收入　　18 000
　　　库存现金　　2 000

预算

借：资金结存——货币资金　　18 000
　贷：其他预算收入　　18 000

(22) 6 月 10 日，经批准将周边地皮一块捐赠给某学校，其账面余额 3 000 000 元，累计已计提摊销 500 000 元，通过银行转账支付公证费 4 000 元。

借：资产处置费用——无形资产　　2 504 000
　　无形资产累计摊销　　500 000
　贷：无形资产——土地使用权　　3 000 000
　　　银行存款　　4 000

预算

借：其他支出——公证费　　4 000
　贷：资金结存——货币资金　　4 000

(23) 6 月 20 日，经批准将一款应用软件无偿调拨给某所属单位，其账面余额为 20 000 元，累计已计提摊销 6 000 元，通过银行转账支付公证费 500 元。

借：无偿调拨净资产　　14 000
　　无形资产累计摊销　　6 000
　贷：无形资产——办公软件　　20 000
借：资产处置费用——无形资产　　500
　贷：银行存款　　500

预算

借：其他支出——相关税费　　500
　贷：资金结存——货币资金　　500

(24) 6 月 22 日，经批准将一款长期闲置不用的管理软件核销，其账面余额为 10 000 元，累计已计提摊销 7 000 元。

借：资产处置费用——无形资产　　3 000

无形资产累计摊销　　7 000

贷：无形资产——管理软件　　10 000

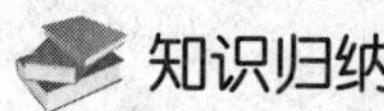

知识归纳

无形资产是指单位控制的没有实物形态的可辨认非货币性资产，如专利权、商标权、著作权、土地使用权、非专利技术等。单位确认无形资产应同时满足两个条件，即与该无形资产相关的服务潜力很可能实现或者经济利益很可能流入单位；该无形资产的成本或者价值能够可靠地计量。

单位自行研究开发项目的支出，应当区分研究阶段支出与开发阶段支出。研究是指为获取并理解新的科学或技术知识而进行的独创性的有计划调查；开发是指在进行生产或使用前，将研究成果或其他知识应用于某项计划或设计，以生产出新的或具有实质性改进的材料、装置、产品等。

无形资产在取得时应当按照成本进行初始计量。单位应当对使用年限有限的无形资产进行摊销，但已摊销完毕仍继续使用的无形资产和以名义金额计量的无形资产除外。

单位的无形资产主要通过“无形资产”、“无形资产累计摊销”和“研发支出”科目核算。

问题探究

1. 什么是无形资产？单位确认无形资产应具备什么条件？
2. 什么是研发支出？研发支出如何归集与确认？
3. 无形资产摊销的范围和摊销年限如何确定？

任务七　公共基础设施

任务目标

◇ 了解公共基础设施的定义与种类。

◇ 熟悉公共基础设施的确认与计量。

◇ 学会公共基础设施的核算。

一、公共基础设施的定义

公共基础设施是指单位为满足社会公共需求而控制的，同时具有以下特征的有形资产：

(1) 是一个有形资产系统或网络的组成部分。

(2) 具有特定用途。

(3) 一般不可移动。

二、公共基础设施的种类

公共基础设施主要包括以下几种：

(1) 市政基础设施，如城市道路、桥梁、隧道、公交场站、路灯、广场、公园绿地、室外公共健身器材，以及环卫、排水、供水、供电、供气、供热、污水处理、垃圾处理系统等。

(2) 交通基础设施，如公路、航道、港口等。

(3) 水利基础设施，如大坝、堤防、水闸、泵站、渠道等。

(4) 其他公共基础设施。

另外，按照《政府会计准则第 5 号——公共基础设施》的规定，独立于公共基础设施、不构成公共基础设施使用不可缺少组成部分的管理维护用房屋建筑物、设备、车辆等，确认为单位的固定资产；属于文物文化资产的公共基础设施，确认为文物文化资产；采用政府和社会资本合作模式（PPP 模式）形成的公共基础设施将另行归类，不确认为单位公共基础设施。

三、公共基础设施的确认

（一）公共基础设施确认的主体

(1) 通常情况下，符合确认条件的公共基础设施，应当由按规定对其负有管理维护职责的单位予以确认。

(2) 多个单位共同管理维护的公共基础设施，应当由对该资产负有主要管理维护职责或者承担后续主要支出责任的单位予以确认。

(3) 分为多个组成部分由不同单位分别管理维护的公共基础设施，应当由各个单位分别对其负责管理维护的公共基础设施的相应部分予以确认。

(4) 负有管理维护公共基础设施职责的单位通过政府购买服务方式委托企业或其他会计主体代为管理维护公共基础设施的，该公共基础设施应当由委托方予以确认。

（二）公共基础设施确认的条件

公共基础设施同时满足下列条件的，应当予以确认：

(1) 与该公共基础设施相关的服务潜力很可能实现或者经济利益很可能流入单位。

(2) 该公共基础设施的成本或者价值能够可靠地计量。

（三）公共基础设施确认的时点

通常情况下，对于自建或外购的公共基础设施，单位应当在该项公共基础设施验收合格并交付使用时确认；对于无偿调入、接受捐赠的公共基础设施，单位应当在开始承担该项公共基础设施管理维护职责时确认。

（四）公共基础设施的分类确认

单位应当根据公共基础设施提供公共产品或服务的性质或功能特征对其进行分类确认。

(1) 公共基础设施的各组成部分具有不同使用年限或者以不同方式提供公共产品或服务，适用不同折旧率或折旧方法且可以分别确定各自原价的，应当分别将各组成部分确认为该类公共基础设施的一个单项公共基础设施。

(2) 单位在购建公共基础设施时，能够分清购建成本中的构筑物部分与土地使用权部分的，应当将其中的构筑物部分和土地使用权部分分别确认为公共基础设施；不能分清购建成本中的构筑物部分与土地使用权部分的，应当整体确认为公共基础设施。

（五）后续支出的确认

公共基础设施在使用过程中发生的后续支出，符合公共基础设施确认条件的，应当计入公共基础设施成本；不符合公共基础设施确认条件的，应当在发生时计入当期费用。

通常情况下，为增加公共基础设施使用效能或延长其使用年限而发生的改建、扩建等后续支出，应当计入公共基础设施成本；为维护公共基础设施的正常使用而发生的日常维修、养护等后续支出，应当计入当期费用。

四、公共基础设施的后续计量

（一）公共基础设施的折旧或摊销

1. 公共基础设施折旧的定义与范围

折旧，是指在公共基础设施的预计使用年限内，按照确定的方法对应计的折旧额进行系统分摊。

2. 计提公共基础设施折旧的范围

（1）单位应当对公共基础设施计提折旧，但除单位持续进行良好的维护使得其性能得到永久维持的公共基础设施和确认为公共基础设施的单独计价入账的土地使用权除外。

（2）公共基础设施应计提的折旧总额为其成本，计提公共基础设施折旧时不考虑预计净残值。

（3）单位应当对暂估入账的公共基础设施计提折旧，实际成本确定后不需调整原已计提的折旧额。

3. 计提公共基础设施折旧的年限

单位应当根据公共基础设施的性质和使用情况，合理确定公共基础设施的折旧年限。单位确定公共基础设施折旧年限，应当考虑下列因素：

（1）设计使用年限或设计基准期。

（2）预计实现服务潜力或提供经济利益的期限。

（3）预计有形损耗和无形损耗。

（4）法律或者类似规定对资产使用的限制。

公共基础设施的折旧年限一经确定，一般不得随意变更。

对于单位接受无偿调入、捐赠的公共基础设施，应当考虑该项资产的新旧程度，按照其尚可使用的年限计提折旧。

4. 计提公共基础设施折旧的方法

单位一般应当采用年限平均法或者工作量法计提公共基础设施折旧。

在确定公共基础设施的折旧方法时，应当考虑与公共基础设施相关的服务潜力或经济利益的预期实现方式。

公共基础设施折旧方法一经确定，不得随意变更。

5. 计提公共基础设施折旧的时点

公共基础设施应当按月计提折旧，并计入当期费用。

当月增加的公共基础设施，当月开始计提折旧；当月减少的公共基础设施，当月不再计提折旧。

6. 计提公共基础设施折旧的期间

(1) 处于改建、扩建等建造活动期间的公共基础设施，应当暂停计提折旧。

因改建、扩建等原因而延长公共基础设施使用年限的，应当按照重新确定的公共基础设施的成本和重新确定的折旧年限计算折旧额，不需调整原已计提的折旧额。

(2) 公共基础设施提足折旧后，无论能否继续使用，均不再计提折旧；已提足折旧的公共基础设施，可以继续使用的，应当继续使用，并规范实物管理。

提前报废的公共基础设施，不再补提折旧。

对于确认为公共基础设施的单独计价入账的土地使用权，单位应当参照计提无形资产摊销的相关规定计提公共基础设施摊销。

(二) 公共基础设施的处置

1. 无偿调出、对外捐赠公共基础设施

单位按规定报经批准无偿调出、对外捐赠公共基础设施的，应当将公共基础设施的账面价值予以转销。无偿调出、对外捐赠中发生的归属于调出方、捐出方的相关费用应当计入当期费用。

2. 公共基础设施报废或遭受重大毁损

公共基础设施报废或遭受重大毁损的，单位应当在报经批准后将公共基础设施账面价值予以转销，并将报废、毁损过程中取得的残值变价收入扣除相关费用后的差额按规定做应缴款项处理（差额为净收益时）或计入当期费用（差额为净损失时）。

五、公共基础设施的核算

(一)"公共基础设施"科目

单位为了核算其控制的公共基础设施的原值，应设置"公共基础设施"（资产类）科目。其借方登记取得的公共基础设施的实际成本，贷方登记处置的公共基础设施账面余额。期末借方余额，反映公共基础设施的原值。

"公共基础设施"科目应当按照公共基础设施的类别、项目等设置明细科目，进行明细核算。

(二)"公共基础设施累计折旧（摊销)"科目

单位为了核算其计提的公共基础设施累计折旧和累计摊销，应设置"公共基础设施累计折旧（摊销）"（资产类＼备抵账户）科目。其贷方登记按规定计提的折旧（摊销）额，借方登记处置的公共基础设置已提取的折旧（摊销）额。期末贷方余额，反映单位提取的公共基础设施折旧和摊销的累计数。

"公共基础设施累计折旧（摊销）"科目应当按照所对应公共基础设施的明细分类设置明细科目，进行明细核算。

【核算举例】 某事业单位 2019 年发生下列有关公共基础设施的业务，请根据有关凭证编制会计分录。

(1) 1 月 2 日，自行建造小型供电站，建造完工交付使用，结转建造期间累计归集的建造成本共计 98 000 000 元。

借：公共基础设施——市政基础设施　　98 000 000

贷：在建工程——供电站——建筑安装工程投资 98 000 000

（2）2 月 8 日，主管部门无偿调入垃圾处理设备一套，发票价款 5 600 000 元。设备已交付使用，通过银行转账支付运输费 3 500 元。

借：公共基础设施——市政基础设施 5 603 500
贷：无偿调拨净资产 5 600 000
银行存款 3 500

若调入的垃圾处理设备的成本无法确定，先在备查簿中暂时登记，待成本确定后再入账。

借：其他费用——运输费 3 500
贷：银行存款 3 500

预算

借：其他支出——运输费 3 500
贷：资金结存——货币资金 3 500

（3）2 月 22 日，接受大华公司无偿捐赠健身器材一套，器材价款 350 000 元。器材已交付使用，通过银行转账支付运输费 10 000 元。

借：公共基础设施——市政基础设施 360 000
贷：捐赠收入 350 000
银行存款 10 000

若捐赠的健身器材成本无法确定，先在备查簿中暂时登记，待成本确定后再入账。

借：其他费用——运输费 10 000
贷：银行存款 10 000

预算

借：其他支出——运输费 10 000
贷：资金结存——货币资金 10 000

（4）3 月 5 日，购买市政排水管道一批，通过银行转账支付价款 500 000 元。

借：公共基础设施——市政基础设施 500 000
贷：银行存款 500 000

预算

借：事业支出——财政拨款支出（基本支出）——专用设备购置费 500 000
贷：资金结存——货币资金 500 000

（5）4 月 15 日，通过银行转账支付公路养护费 200 000 元。

借：业务活动费用——商品和服务费用——维护费 200 000
贷：银行存款 200 000

预算

借：事业支出——财政拨款支出（基本支出）——维护费 200 000
贷：资金结存——货币资金 200 000

（6）4 月 18 日，某环境卫生监测设备账面余额 300 000 元，已累计计提折旧 100 000 元。为延长其使用年限决定对其进行升级改造，通过银行转账支付升级改造费 50 000 元。

借：在建工程——设备更新改造 200 000

公共基础设施累计折旧　　100 000
贷：公共基础设施——市政基础设施　　300 000
借：在建工程——设备更新改造　　50 000
贷：银行存款　　50 000
预算
借：事业支出——财政拨款支出（基本支出）——更新改造费　　50 000
贷：资金结存——货币资金　　50 000

（7）4 月 28 日，上述环境卫生监测设备升级改造完成，结转其升级改造成本。

借：公共基础设施——市政基础设施　　250 000
贷：在建工程——设备更新改造　　250 000

（8）5 月 5 日，某供电设备账面余额 600 000 元，预计使用寿命为 10 年，按平均年限法计算当月应计提公共基础设施累计折旧额 5 000 元。

借：业务活动费用——公共基础设施折旧费用　　5 000
贷：公共基础设施累计折旧　　5 000

（9）5 月 6 日，将一套污水处理设备无偿捐赠给对口扶贫村，该污水处理设备账面余额 400 000 元，累计已提折旧 30 000 元，通过银行转账支付运输费 4 000 元。

借：资产处置费用——公共基础设施　　374 000
公共基础设施累计折旧　　30 000
贷：公共基础设施——市政基础设施　　400 000
银行存款　　4 000
预算
借：其他支出——运输费　　4 000
贷：资金结存——货币资金　　4 000

（10）5 月 20 日，向所属某单位无偿调出供热设备一套，其账面余额 3 000 000 元，累计已提折旧 50 000 元。设备已交付使用，通过银行转账支付运输费 30 000 元。

借：无偿调拨净资产　　2 950 000
公共基础设施累计折旧　　50 000
贷：公共基础设施——市政基础设施　　3 000 000
借：资产处置费用——公共基础设施　　30 000
贷：银行存款　　30 000
预算
借：其他支出——运输费　　30 000
贷：资金结存——货币资金　　30 000

知识归纳

公共基础设施是指单位为满足社会公共需求而控制的有形资产。公共基础设施主要包括市政基础设施、交通基础设施、水利基础设施和其他公共基础设施等。

通常情况下，符合确认条件的公共基础设施，应当由按规定对其负有管理维护职责的单位予以确认。单位确认公共基础设施应同时满足两个条件，即与该公共基础设施相关的服务潜力很可能实现或者经济利益很可能流入单位；该公共基础设施的成本或者价值能够可靠地计量。

单位应当对除单位持续进行良好的维护使得其性能得到永久维持的公共基础设施和确认为公共基础设施的单独计价入账的土地使用权除外的所有公共基础设施计提折旧，应当合理确定公共基础设施的折旧年限，折旧年限一经确定一般不得随意变更。

单位公共基础设施主要通过“公共基础设施”和“公共基础设施累计折旧（摊销）”两个科目核算。

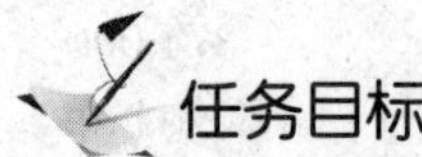

1. 什么是公共基础设施？公共基础设施有什么特征？
2. 公共基础设施包括哪些内容？公共基础设施与单位的固定资产有什么区别？
3. 公共基础设施的折旧年限和折旧范围是如何规定的？

任务八 政府储备物资

任务目标

◇ 了解政府储备物资的定义与内容。
◇ 熟悉政府储备物资的确认与计量。
◇ 学会政府储备物资的核算。

一、政府储备物资的定义

政府储备物资是指单位为满足实施国家安全与发展战略、进行抗灾救灾、应对公共突发事件等特定公共需求而控制的，同时具有下列特征的有形资产：

（1）在应对可能发生的特定事件或情形时动用。

（2）其购入、存储保管、更新（轮换）、动用等由政府及相关部门发布的专门管理制度规范。

二、政府储备物资的内容

政府储备物资包括战略及能源物资、抢险抗灾救灾物资、农产品、医药物资和其他重要商品物资，通常情况下，政府储备物资由按规定对政府储备物资负有行政管理职责的单位委托承储单位存储。

政府储备物资不包含企业以及纳入企业财务管理体系的事业单位接受政府委托收储并按企业会计准则核算的储备物资，也不包含单位的存货。

三、政府储备物资的确认

（一）政府储备物资确认的主体

通常情况下，符合确认条件的政府储备物资，应当由按规定对其负有行政管理职责的政府会计主体予以确认。所谓行政管理职责主要指提出或拟定收储计划、更新（轮换）计划、动用方案等。

相关行政管理职责由不同单位行使的政府储备物资，由负责提出收储计划的单位予以确认；对政府储备物资不负有行政管理职责但接受委托具体负责执行其存储保管等工作的单位，应当将受托代储的政府储备物资作为受托代理资产核算。

（二）政府储备物资确认的条件

政府储备物资同时满足下列条件的，应当予以确认：

（1）与该政府储备物资相关的服务潜力很可能实现或者经济利益很可能流入单位。

（2）该政府储备物资的成本或者价值能够可靠地计量。

四、政府储备物资的初始计量

政府储备物资在取得时应当按照成本进行初始计量。

（一）购入的政府储备物资

单位购入的政府储备物资，其成本包括购买价款和单位承担的相关税费、运输费、装卸费、保险费、检测费以及使政府储备物资达到目前场所和状态所发生的归属于政府储备物资成本的其他支出。

（二）委托加工的政府储备物资

单位委托加工的政府储备物资，其成本包括委托加工前物料成本、委托加工的成本（如委托加工费以及按规定应计入委托加工政府储备物资成本的相关税费等）以及单位承担的使政府储备物资达到目前场所和状态所发生的归属于政府储备物资成本的其他支出。

（三）接受捐赠的政府储备物资

单位接受捐赠的政府储备物资，其成本按照有关凭据注明的金额加上单位承担的相关税费、运输费等确定；没有相关凭据可供取得，但按规定经过资产评估的，其成本按照评估价值加上单位承担的相关税费、运输费等确定；没有相关凭据可供取得、也未经资产评估的，其成本比照同类或类似资产的市场价格加上单位承担的相关税费、运输费等确定。

（四）无偿调入的政府储备物资

单位接受无偿调入的政府储备物资，其成本按照调出方账面价值加上归属于单位的相关税费、运输费等确定。

（五）盘盈的政府储备物资

单位盘盈的政府储备物资，其成本按照有关凭据注明的金额确定；没有相关凭据，但按规定经过资产评估的，其成本按照评估价值确定；没有相关凭据、也未经资产评估的，其成本按照重置成本确定。

下列各项不计入政府储备物资成本：（1）仓储费用；（2）日常维护费用；（3）不能归属于使政府储备物资达到目前场所和状态所发生的其他支出。

五、政府储备物资的后续计量

（一）政府储备物资发出的计价方法

单位应当根据实际情况采用先进先出法、加权平均法或者个别计价法确定政府储备物资发出的成本。计价方法一经确定，不得随意变更。

对于性质和用途相似的政府储备物资，单位应当采用相同的成本计价方法确定发出物资的成本。

对于不能替代使用的政府储备物资、为特定项目专门购入或加工的政府储备物资，单位通常应采用个别计价法确定发出物资的成本。

（二）因动用而发出政府储备物资

因动用而发出无需收回的政府储备物资的，单位应当在发出物资时将其账面余额予以转销，计入当期费用。

因动用而发出需要收回或者预期可能收回的政府储备物资的，单位应当在按规定的质量验收标准收回物资时，将未收回物资的账面余额予以转销，计入当期费用。

（三）调拨政府储备物资

因行政管理主体变动等原因而将政府储备物资调拨给其他主体的，单位应当在发出物资时将其账面余额予以转销。

（四）对外销售政府储备物资

单位对外销售政府储备物资的，应当在发出物资时将其账面余额转销计入当期费用，并按规定确认相关销售收入或将销售取得的价款大于所承担的相关税费后的差额做应缴款项处理。

单位采取销售采购方式对政府储备物资进行更新（轮换）的，应当将物资轮出视为物资销售，按照对外销售政府储备物资处理；将物资轮入视为物资采购，按照购入政府储备物资处理。

（五）政府储备物资报废、毁损

政府储备物资报废、毁损的，单位应当按规定报经批准后将报废、毁损的政府储备物资的账面余额予以转销，确认应收款项（确定追究相关赔偿责任的）或计入当期费用（因储存年限到期报废或非人为因素致使报废、毁损的）；同时，将报废、毁损过程中取得的残值变价收入扣除单位承担的相关费用后的差额按规定作应缴款项处理（差额为净收益时）或计入当期费用（差额为净损失时）。

（六）政府储备物资盘亏

政府储备物资盘亏的，单位应当按规定报经批准后将盘亏的政府储备物资的账面余额予以转销，确定追究相关赔偿责任的，确认应收款项；属于正常耗费或不可抗力因素造成的，计入当期费用。

六、政府储备物资的核算

单位为了核算其控制的政府储备物资的成本，应设置“政府储备物资”（资产类）科目。其借方登记政府储备物资的入库成本，贷方登记政府储备物资的出库成本。期末借方余额，反映政府储备物资的成本。

“政府储备物资”科目应当按照政府储备物资的种类、品种、存放地点等设置明细科目，进行明细核算。单位根据需要，可在“政府储备物资”科目下设置“在库”“发出”等明细科目，进行明细核算。

【核算举例】 某事业单位2019年发生下列有关政府储备物资业务，请根据有关凭证编制会计分录。

(1) 1月2日，购入抢险抗灾救灾物资一批，价款1 000 000元，运杂费50 000元，价款及运杂费通过零余额账户转账支付。

借：政府储备物资——救灾物资 1 050 000

贷：零余额账户用款额度 1 050 000

预算

借：事业支出——财政拨款支出（基本支出）——物资储备费 1 050 000

贷：资金结存——零余额账户用款额度 1 050 000

(2) 1月3日，委托A单位加工完成的战略物资验收入库，该物资委托加工前成本为460 000元，A单位发生的委托加工成本为2 000 000元，运杂费为40 000元。结转完工入库的委托加工储备物资成本。

借：政府储备物资——战略物资 2 500 000

贷：加工物品——委托加工物品 2 500 000

(3) 1月8日，向某地震灾区发出储备的抢险抗灾救灾物资一批，账面余额为980 000元。

借：业务活动费用——商品和服务费用——物资储备费 980 000

贷：政府储备物资——抢险抗灾救灾物资 980 000

(4) 1月15日，邻省突发重大公共卫生事故，经批准给邻省发出储备的急救药品一批，账面价值为1 200 000元，预期可能收回。

借：政府储备物资——医药物资——发出 1 200 000

贷：政府储备物资——医药物资——在库 1 200 000

(5) 1月30日，上述发出的急救药品有部分未使用，按约定未使用且符合质量验收标准的急救药品890 000元予以收回，已使用的急救药品为310 000元。

借：政府储备物资——医药物资——在库 890 000

业务活动费用——商品和服务费用——物资储备费 310 000

贷：政府储备物资——医药物资——发出 1 200 000

(6) 2月5日，收到B单位无偿捐赠某种农产品一批，该批农产品发票价款为35 000元。按规定单位将该种农产品作为政府储备物资验收入库，通过网银转账支付运费2 000元。

借：政府储备物资——农产品 37 000

贷：捐赠收入 35 000

银行存款 2 000

预算

借：其他支出——运输费 2 000

贷：资金结存——货币资金 2 000

(7) 3月20日，上级主管部门无偿调入储备药品一批，价款800 000元。药品已验收入库，通过银行转账支付运费4 600元。

借：政府储备物资——医药物资 804 600

贷：无偿调拨净资产 800 000

银行存款 4 600

预算

借：其他支出——运输费 4 600

贷：资金结存——货币资金 4 600

(8) 4月1日，经上级部门批准，将储备的某种农产品调拨给某所属单位，其账面余额为500 000元。

借：无偿调拨净资产 500 000

贷：政府储备物资——农产品 500 000

(9) 4月6日，经批准将储备的某种急救药瓶一批出售，其账面余额7 000 000元，售价8 200 000元。药品已发出，款项通过网银转账收讫（销售收入纳入预算），同时通过网银转账支付相关税费50 000元。

借：业务活动费用——商品和服务费用——物资储备费 7 000 000

贷：政府储备物资——医药物资 7 000 000

借：银行存款 8 200 000

贷：事业收入 8 200 000

借：业务活动费用——商品和服务费用——相关税费 50 000

贷：银行存款 50 000

预算

借：资金结存——货币资金 8 200 000

贷：事业预算收入 8 200 000

借：事业支出——财政拨款支出（基本支出）——相关税费 50 000

贷：资金结存——货币资金 50 000

若销售收入扣除相关税费后应上缴财政，则：

借：资产处置费用——政府储备物资 7 000 000

贷：政府储备物资——医药物资 7 000 000

借：银行存款 8 200 000

贷：银行存款 50 000

应缴财政款 8 150 000

(10) 12月1日，资产资清查时发现储备的某种农产品毁损一袋，估价300元。

借：待处理财产损溢 300

贷：政府储备物资——农产品 300

(11) 12月1日，资产清查时盘盈抢险抗灾救灾物资一批，估价15 000元。

借：政府储备物资——抢险抗灾救灾物资 15 000

贷：待处理财产损溢 15 000

知识归纳

政府储备物资是指单位为满足实施国家安全与发展战略、进行抗灾救灾、应对公共突发事件等特定公共需求而控制的有形资产。政府储备物资包括战略及能源物资、抢险抗灾救灾物资、农产品、医药物资和其他重要商品物资。

政府储备物资由对其负有行政管理职责的政府会计主体予以确认。政府储备物资在取得时应当按照成本进行初始计量；单位应当根据实际情况采用先进先出法、加权平均法或者个别计价法确定政府储备物资发出的成本。计价方法一经确定，不得随意变更。

单位政府储备物资主要通过“政府储备物资”科目核算。

问题探究

1. 什么是政府储备物资？政府储备物资有什么特征？
2. 政府储备物资包括哪些内容？政府储备物资与单位的存货有什么区别？
3. 政府储备物资确认的主体及条件是什么？
4. 政府储备物资的计量与存货的计量有什么异同？

任务九 文物文化资产

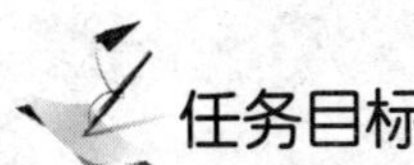

任务目标

◇ 了解文物文化资产的定义。
◇ 熟悉文物文化资产的确认与计量。
◇ 学会文物文化资产的核算。

一、文物文化资产的定义

文物文化资产是指单位为满足社会公共需求而控制的用于展览、教育或研究等目的的历史文物、艺术品以及其他具有文化或历史价值并作长期或永久保存的典藏等。

由于文物文化资产不介入单位业务活动过程，所以单位为满足自身开展业务活动或其他活动需要而控制的文物和陈列品属于单位固定资产管理与核算范围，不属于文物文化资产。

二、文物文化资产的确认与计量

（1）文物文化资产在取得时，应当按照其成本入账。

1）外购的文物文化资产，其成本按照购买价款、相关税费以及可归属于该项资产达到预定用途前所发生的其他支出（如运输费、安装费、装卸费等）确认。

2）接受其他单位无偿调入的文物文化资产，其成本按照该项资产在调出方的账面价值加上归属于调入方的相关费用确认。

3）接受捐赠的文物文化资产，其成本按照有关凭据注明的金额加上相关费用确定；没有相关凭据可供取得，但按照规定经过资产评估的，其成本按照评估价值加上相关费用确定；没有相关凭据可供取得也未经评估的，其成本比照同类或类似资产的市场价格加上相关费用确定。

4）对于成本无法可靠取得的文物文化资产，单位应当设置备查簿进行登记，待成本能够可靠确定后按照规定及时确认。

（2）与文物文化资产有关的后续支出，应当按照在建工程成本入账。

1）将文物文化资产转入改建、扩建时，按照文物文化资产的账面余额确认。

2）为增加文物文化资产使用效能或延长其使用年限而发生的改建、扩建等后续支出，在改建、扩建完成竣工验收交付使用时，按照在建工程成本确认。

3）为保证文物文化资产正常使用发生的日常维修等支出，直接列入相关费用，不列入文物文化资产成本。

（3）按照规定报经批准处置（对外捐赠和无偿调出）的文物文化资产，应当按照被处置文物文化资产账面余额确认。

（4）单位应当定期对文物文化资产进行清查盘点，每年至少盘点一次。对于发生的文物文化资产盘盈、盘亏、毁损或报废等，应当先记入“待处理财产损溢”科目，按照规定报经批准后及时进行后续账务处理。

1）盘盈的文物文化资产，其成本按照有关凭据注明的金额确定；没有相关凭据、但按照规定经过资产评估的，其成本按照评估价值确定；没有相关凭据也未经过评估的，其成本按照重置成本确定。盘盈的文物文化资产成本无法可靠取得的，单位应当设置备查簿进行登记，待成本确定后按照规定及时入账。

盘盈的文物文化资产，按照确定的入账成本确认。

2）盘亏、毁损或报废的文物文化资产，按照文物文化资产的账面余额确认。

三、文物文化资产的核算

单位为了核算其为满足社会公共需求而控制的文物文化资产的成本，应设置“文物文化资产”（资产类）科目。其借方登记文物文化资产的增加额，贷方登记文物文化资产的减少额。期末借方余额，反映文物文化资产的成本。

“文物文化资产”科目应当按照文物文化资产的类别、项目等设置明细科目，进行明细核算。

【核算举例】 某事业单位2019年发生下列有关文物文化资产的业务，请根据有关凭证编制会计分录。

（1）1月5日，购买展览用艺术品一件，价款250 000元，运费6 000元，价款及运费通过银行转账支付。

	借方	贷方
借：文物文化资产	256 000	
贷：银行存款		256 000
预算		
借：事业支出——财政拨款支出（基本支出）——其他	256 000	
贷：资金结存——货币资金		256 000

(2) 1月8日，接受上级主管部门无偿调入文物一件，市场估价 5 000 000 元，通过银行转账支付运费及安置费 10 000 元。

借：文物文化资产 5 010 000
　贷：无偿调拨净资产 5 000 000
　　银行存款 10 000

若无偿调入的文物文化资产成本无法确定，先在备查簿中暂时登记，待成本确定后再入账。

借：其他费用——运输费 10 000
　贷：银行存款 10 000

预算

借：其他支出——运输费 10 000
　贷：资金结存——货币资金 10 000

(3) 2月2日，接受丰宇公司无偿捐赠历史典藏一本，市场估价 200 000 元，通过银行转账支付公证费 2 000 元。

借：文物文化资产 202 000
　贷：捐赠收入 200 000
　　银行存款 2 000

若接受捐赠的文物文化资产成本无法确定，先在备查簿中暂时登记，待成本确定后再入账。

借：其他费用——公证费 2 000
　贷：银行存款 2 000

预算

借：其他支出——公证费 2 000
　贷：资金结存——货币资金 2 000

(4) 2月3日，将某艺术品无偿捐赠给某学校，该艺术品的账面余额 100 000 元，通过银行转账支付公证费 1 000 元。

借：资产处置费用——文物文化资产 101 000
　贷：文物文化资产 100 000
　　银行存款 1 000

预算

借：其他支出——公证费 1 000
　贷：资金结存——货币资金 1 000

(5) 2月20日，将单位某文物无偿调给某附属单位，该文物账面余额 2 500 000 元，通过银行转账支付公证费 20 000 元。

借：无偿调拨净资产 2 500 000
　贷：文物文化资产 2 500 000

借：资产处置费用——文物文化资产 20 000
　贷：银行存款 20 000

预算

借：其他支出——公证费 20 000

贷：资金结存——货币资金 20 000

(6) 12月1日，资产清查时盘盈艺术展品一件，该艺术展品市场价值为8 000元。

借：文物文化资产 8 000

贷：待处理财产损溢 8 000

(7) 12月1日，资产清查时发现毁损文物一件，该文物账面余额为15 000元。

借：待处理财产损溢——待处理财产价值 15 000

贷：文物文化资产 15 000

知识归纳

文物文化资产是指单位为满足社会公共需求而控制的用于展览、教育或研究等目的的历史文物、艺术品以及其他具有文化或历史价值并作长期或永久保存的典藏等。

文物文化资产在取得时，应当按照其成本入账；与文物文化资产有关的后续支出，应当按照在建工程成本入账；按照规定报经批准处置（对外捐赠和无偿调出）文物文化资产，应当按照被处置文物文化资产账面余额确认；单位应当定期对文物文化资产进行清查盘点，每年至少盘点一次。

单位文物文化资产主要通过“文物文化资产”科目核算。

问题探究

1. 什么是文物文化资产？
2. 文物文化资产与单位的固定资产有什么区别？
3. 单位取得文物文化资产时应如何确认与计量？

任务十 保障性住房

任务目标

◇ 了解保障性住房的定义、种类与特点。

◇ 熟悉保障性住房的计价。

◇ 学会保障性住房及其折旧的核算方法。

一、保障性住房的定义、种类与特点

保障性住房，指政府在对中低收入家庭实行分类保障过程中所提供的限定供应对象、建设标准、销售价格或租金标准，具有社会保障性质的住房。保障性住房包括两限商品住房、经济适用房、廉租房以及政策性租赁房。

（一）两限商品住房

两限商品住房即“限套型、限房价、竞地价、竞房价”。为降低房价，解决本地居民

自住需求，保证中低价位、中小套型普通商品住房土地供应。限价房的套型建筑面积一般为 90 平方米以下。

（二）经济适用房

经济适用房指具有社会保障性质的商品住宅，具有经济性和适用性的特点。经济性是指住宅价格相对于市场价格比较适中，能够适应中低收入家庭的承受能力；适用性是指在住房设计及建筑标准上强调住房的使用效果，而非建筑标准。经济适用房面积严格控制在中小套型，中套住房面积控制在 80 平方米左右，小套住房面积控制在 60 平方米左右。

（三）廉租房

廉租房只租不售，出租给城镇居民中最低收入者。廉租房户型设定以一居室、两居室为主，建筑面积原则上按一居室套型建筑面积 35 平方米，两居室套型建筑面积 45 平方米，三居室套型建筑面积 55 平方米。

（四）政策性租赁房

政策性租赁房指通过政府或政府委托的机构，按照市场租价向中低收入的住房困难家庭提供可租赁的住房，同时，政府对承租家庭按月支付相应标准的租房补贴。政策性租赁房的目的是解决家庭收入高于享受廉租房标准而又无力购买经济适用房的低收入家庭的住房困难，也可称为“租赁型经济适用房”，或称为“扩大版的廉租房”。

保障性住房是我国城镇住宅建设中较具特殊性的一种类型住宅，它通常是根据国家政策以及法律法规的规定，由政府统一规划、统筹，提供给特定的人群使用，并且对该类住房的建造标准和销售价格或租金标准给予限定，起社会保障作用的住房。

二、保障性住房的计价

（1）保障性住房在取得时，应当按其成本入账。

1）外购的保障性住房，其成本包括购买价款、相关税费以及可归属于保障性住房达到预定用途前所发生的其他支出。

2）自行建造的保障性住房交付使用时，按照在建工程成本转入。已交付使用但尚未办理竣工决算手续的保障性住房，按照估计价值入账，待办理竣工决算后再按照实际成本调整原来的暂估价值。

3）接受其他单位无偿调入的保障性住房，其成本按照保障性住房在调出方的账面价值加上归属于调入方的相关费用确定。

4）融资租赁取得的保障性住房，其成本按照租赁协议或者合同确定的租赁价款、相关税费以及保障性交付使用前所发生的可归属于保障性住房的相关费用确定。

5）按照规定跨年度分期付款购入保障性住房，其成本参照融资租赁取得的保障性住房确定。

6）接受捐赠取得的保障性住房，按照确定的成本或按名义金额入账。

（2）与保障性住房有关的后续支出，分以下两种情况：

1）符合保障性住房确认条件的后续支出，如改建、扩建，按照“在建工程”归集的成本入账。

2）不符合保障性住房确认条件的后续支出，为保证保障性住房正常使用发生的日常维修等支出，直接计入“业务活动费用”或“单位管理费用”。

（3）按照规定出租保障性住房的出租收入应上缴同级财政。

（4）按照规定报经批准处置保障性住房，应当分别以下情况处理：

1）报经批准无偿调出保障性住房，按照被处置保障性住房的账面余额冲减账面价值。

2）报经批准出售保障性住房，按照被出售保障性住房的账面余额冲减账面价值。

（5）单位应当定期对保障性住房进行清查盘点。对于发生的保障性住房盘盈、盘亏、毁损或报废等，按以下规定计价：

1）盘盈的保障性住房，其成本按照有关凭据注明的金额确定；没有相关凭据，但按照规定经过资产评估的，其成本按照评估价值确定。

没有相关凭据也未经过评估的，其成本按照重置成本确定。如无法采用上述方法确定盘盈保障性住房成本，按照名义金额（人民币 1 元）入账。

2）盘亏、毁损或报废的保障性住房，按照待处理保障性住房的账面余额确定。

三、保障性住房计提折旧的政策规定

单位保障性住房计提折旧参照固定资产计提折旧的相关规定，按月对其控制的保障性住房计提折旧。

四、保障性住房及其折旧的核算

（一）“保障性住房”科目

单位为核算其满足社会公共需求而控制的保障性住房的原值，应设置“保障性住房”（资产类）科目。其借方登记购进、建造、调入等增加保障性住房的成本，贷方登记调出、出售等减少保障性住房的成本。期末借方余额，反映保障性住房的原值。

“保障性住房”科目应当按照保障性住房的类别、项目设置明细科目，进行明细核算。

（二）“保障性住房累计折旧”科目

单位为核算其计提的保障性住房的累计折旧，应设置“保障性住房累计折旧”（资产类）科目。其借方登记处置保障性住房的已提折旧额，贷方登记计提的保障性住房折旧额。期末贷方余额，反映单位计提的保障性住房折旧累计数。

“保障性住房累计折旧”科目应当按照所对应保障性住房的类别设置明细科目，进行明细核算。

【核算举例】 某事业单位 2019 年发生下列有关保障性住房业务，请根据有关凭证编制会计分录。

（1）1 月 20 日，采用直接支付方式用政府性基金预算财政拨款购买经济适用房 100 套，每套均价 300 000 元，共计 30 000 000 元。

借：保障性住房——经济适用房 30 000 000
　贷：财政拨款收入——政府性基金预算财政拨款 30 000 000

预算

借：事业支出——财政拨款支出（项目支出） 30 000 000
　贷：财政拨款预算收入——项目支出——经济适用房 30 000 000

（2）2 月 20 日，自行建造的廉租房 100 套交付使用，每套竣工决算均价 280 000 元，共计 28 000 000 元。

借：保障性住房——廉租房 28 000 000
　贷：在建工程——廉租房 28 000 000

（3）3 月 5 日，主管部门无偿调入政策性租赁房 10 套，每套均价 240 000 元，共计 2 400 000 元。另外，通过银行转账支付相关税费共计 100 000 元。

借：保障性住房——政策性租赁房 2 500 000
　贷：银行存款 100 000
　　无偿调拨净资产——政策性租赁房 2 400 000

预算

借：其他支出——调入保障性住房税费 100 000
　贷：资金结存——货币资金 100 000

（4）3 月 30 日，计算出本季度廉租房应收租金共计 185 200 元。

借：应收账款——应收廉租房租金 185 200
　贷：应缴财政款——廉租房租金 185 200

（5）4 月 10 日，按规定出售经济适用房 10 套，账面均价 230 000 元，共计 2 300 000 元，累计已计提折旧 1 200 000 元。

借：资产处置费用——经济适用房出售费用 1 100 000
　　保障性住房累计折旧——经济适用房 1 200 000
　贷：保障性住房——经济适用房 2 300 000

（6）4 月 10 日，通过银行转账收到上述出售经济适用房价款 1 500 000 元，同时通过银行转账支付出售经济适用房应承担的相关税费 200 000 元。

借：银行存款 1 500 000
　贷：应缴财政款——出售经济适用房价款 1 300 000
　　银行存款 200 000

（7）5 月 20 日，按规定无偿调出经济适用房 10 套，账面均价 230 000 元，共计 2 300 000 元，累计已计提折旧 1 200 000 元。

借：无偿调拨净资产——经济适用房调出 1 100 000
　　保障性住房累计折旧——经济适用房 1 200 000
　贷：保障性住房——经济适用房 2 300 000

（8）5 月 20 日，通过银行转账支付上述无偿调出经济适用房相关税费 240 000 元。

借：资产处置费用——经济适用房调出费用 240 000
　贷：银行存款 240 000

预算

借：其他支出——经济适用房调出费用　　240 000
　　贷：资金结存——货币资金　　240 000

(9) 6 月 30 日，计算出当月各类保障性住房应计提折旧 568 000 元。

借：业务活动费用——保障性住房折旧费　　568 000
　　贷：保障性住房累计折旧　　568 000

(10) 12 月 10 日，资产清查表列明盘盈廉租房 1 套，账面价值 243 000 元。

借：保障性住房——廉租房　　243 000
　　贷：待处理财产损溢——待处理财产价值　　243 000

(11) 12 月 10 日，资产清查表列明盘亏政策性租赁房 1 套，账面余额 216 000 元，累计已计提折旧 104 000 元。

借：待处理财产损溢——待处理财产价值　　112 000
　　保障性住房累计折旧——政策性租赁房　　104 000
　　贷：保障性住房——政策性租赁房　　216 000

知识归纳

政策性保障性住房，指政府在对中低收入家庭实行分类保障过程中所提供的限定供应对象、建设标准、销售价格或租金标准，具有社会保障性质的住房。包括两限商品住房、经济适用房、政策性租赁房以及廉租房。

保障性住房在取得时，应当按其成本入账；符合保障性住房确认条件的后续支出；按照“在建工程”归集的成本入账；按照规定出租保障性住房的出租收入应上缴同级财政。

保障性住房计提折旧参照固定资产计提折旧的相关规定按月计提。

保障性住房及其折旧的核算设置“保障性住房”“保障性住房累计折旧”两个科目。

问题探究

1. 什么是保障性住房？目前保障性住房有哪几类？
2. 保障性住房的取得有哪几种渠道？各种取得的渠道分别如何计价？

任务十一　资产处置

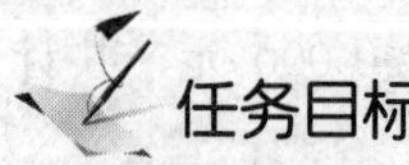

任务目标

◇ 了解资产处置的定义与范围。
◇ 熟悉资产处置的原则及处置收入的管理要求。
◇ 学会资产处置的核算方法。

一、资产处置概述

（一）资产处置的定义

资产处置，是指单位对其占有、使用的国有资产进行产权转让或者产权注销的行为。

（二）资产处置的形式

资产处置的形式按照规定包括无偿调拨、出售、出让、转让、置换、对外捐赠、报废、毁损以及货币性资产损失核销等。

（三）资产处置的范围

资产处置包括单位的全部财产，它不仅包含实物资产，而且包含无形资产，以及应收账款、对外投资形成的股权等货币性资产。具体包括：

（1）闲置资产。

（2）因技术原因并经过科学论证，确需报废、淘汰的资产。

（3）因单位分立、撤销、合并、改制、隶属关系改变等原因发生的产权或者使用权转移的资产。

（4）盘亏、呆账及非正常损失的资产。

（5）已超过使用年限无法使用的资产。

（6）依照国家有关规定需要进行资产处置的其他情形。

（四）资产处置的原则

资产处置应当遵循公开、公正、公平和竞争、择优的原则，严格履行相关审批程序。

（1）公开是指国有资产出售要信息公开透明，避免暗箱操作。

（2）公正是指处置国有资产时要严格遵守国有资产管理的有关规定，履行规定的程序。

（3）公平是指要对每一个购买者给予相同的待遇，不能有歧视和特殊的优惠。

（4）竞争、择优是指单位国有资产的出售、出让、转让、变卖等要逐步市场化，应通过竞价、多方案比较，选择、确定受让者，以实现转让资产价值的最大化。

对于处置资产数量较多或者价值较高的，必须通过拍卖、产权交易市场以公开竞价方式出售或转让。

二、资产处置的审批权限

（一）房屋建筑物、土地、车辆的处置和货币性资产损失核销的审批权限

对单位占有、使用的房屋建筑物、土地、车辆和货币性资产等主要资产的处置，直接影响到单位工作的正常开展，并且处置过程易受主观因素的影响，造成国有资产的流失，此类资产无论金额大小，一律报经主管部门审核同意后报财政部门审批。具体规定如下。

1. 房屋建筑物

对房屋建筑物的处置要区分具体情况进行审批。对于已达到使用年限的房屋建筑物的报废，单位要按照财务制度的有关规定，并附有关材料后报主管部门批复，主管部门将审批结果报财政部门备案即可。对未达到使用年限，但单位根据业务发展需要，需提前报废的房屋建筑物，在专业技术鉴定机构进行科学鉴定后，经主管部门审核后报财政部门审批。根据市政建设规划要求需要拆迁的，主管部门审核后报财政部门进行合规性批复，如市政规划建设需要处置的、基建立项需要原地拆除重建等。对于房屋建筑物的转让，应委托中介机构进行评估后，按照规定履行报批。

为充分体现主管部门资产管理的责任，提高资产管理工作效率，对按照上述思路需要报财政部门审批的房屋建筑物处置事项，财政部门也可根据工作需要，授予主管部门一定的审批权限，即限额以下的处置事项由主管部门审批，报财政部门备案。主管部门在审批后应当加强收益的监缴，保证将资产处置收益上缴财政专户。

2. 土地

土地资产的配置和处置由国土资源等部门管理，其处置较为复杂，也较特殊，国家相关的法律、部门行政法规均有规定，具体处置要按照现行的有关规定执行。但土地作为单位的重要资产，在办理土地处置手续前，主管部门和财政部门应进行前置性审批（审核）。即单位应在主管部门和财政部门同意处置此类资产事项后，才能办理土地处置手续。没有财政部门和主管部门的审核意见，单位不得擅自申请办理土地处置事项。财政部门和主管部门对这类资产的审批（审核）只是代表资产所有者对该资产是否应该处置所做出的一种判断和决定，并不代替国家相关法律、行政法规的程序性和实体性决定。

3. 车辆

车辆处置事项比较普遍，相对土地和房屋建筑物来讲较容易操作，具体可以分为两种情况：一是对达到法定报废年限或强制报废标准的车辆，各车辆占有、使用单位按国家有关强制规定处置后，凭相关部门的处置文书报财政部门和主管部门备案。二是对未达到报废年限的车辆，各车辆占有、使用单位应按规定报批（附有关材料）。其中，规定限额以下的，由授权主管部门审批；规定限额以上的，由财政部门审批。资产处置收益要上缴财政专户。

4. 货币性资产损失

在前面已予以表述，货币性资产损失无论金额大小，都要按照财务制度和《事业单位国有资产管理暂行办法》《行政单位国有资产管理暂行办法》的规定，经主管部门审核并报财政部门审批后，方可核销。

（二）非特定资产的处置审批

对于房屋建筑物、土地、车辆的处置和货币性资产以外的非特定资产，《事业单位国有资产管理暂行办法》《行政单位国有资产管理暂行办法》按拟处置资产金额的不同，明确了财政部门和主管部门不同的审批权限。即资产单位价值或者批量价值在规定限额以上资产的处置，经主管部门审核后报同级财政部门审批；规定限额以下资产的处置，报主管部门审批，主管部门将审批结果定期报同级财政部门备案。价值指的是单位资产的账面原值。

从单位的角度来看，非特定资产是指除房屋建筑物、土地、车辆、货币性资产以外的资产，如单位占有并使用的广播电视发射机、采编设备、计算机、体育器材、检查设备等专用设备以及专用仪器等。特别要强调的是，单位要加强对本单位专利权、商标权、著作权、土地使用权、非专利技术、商誉等无形资产的出售、转让行为的管理，防止无形资产流失。

同样，国家相关的法律、行政法规对部分类别的资产有规定使用年限和强制性报废规定的，依照其规定。即对于达到使用年限的专用设备，或达到国家强制性规定报废的资产处置事项，财政部门和主管部门不设置前置审批程序，各占有使用单位按国家有关强制规定处置后，凭相关部门的处置文书报财政部门和主管部门备案。但非正常报废的资产，须报主管部门或同级财政部门审批。

财政部门或者主管部门对单位固定资产处置事项的批复是财政部门重新安排单位有关资产配置预算项目的参考依据，是单位调整相关会计账目的凭证。

三、资产处置收入与资产处置费用

（一）资产处置收入

资产处置收入包括变价收入和残值收入，处置收入属于国家所有。资产处置收入按照政府非税收入管理的规定，实行“收支两条线”管理，即单位资产处置收入要及时、足额上缴同级财政专户或者国库。国家资产处置收入实行“收支两条线”管理是国家根据发展和改革需要来作出的统筹安排。

（二）资产处置费用

资产处置费用是指单位经批准处置资产时发生的费用，包括转销的被处置资产价值，以及在处置过程中发生的相关费用或者处置收入小于相关费用形成的净支出。

四、资产处置的核算

（一）“待处理财产损溢”科目

单位为了核算其在资产清查过程中查明的各种资产盘盈、盘亏和报废、毁损的价值，应设置“待处理财产损溢”科目（资产类）。其借方登记转入的准备予以核销的资产数及处置过程中发生的相关费用，贷方登记按规定报经批准予以核销的资产数及处置过程中收到的残值变价收入等。期末如为借方余额，反映尚未处理完毕的各种资产的净损失；期末如为贷方余额，反映尚未处理完毕的各种资产净溢余。年度终了报经批准处理后，本科目一般应无余额。

“待处理财产损溢”科目应当按照待处理资产项目设置明细科目，进行明细核算。对于在处理过程中取得收入或发生相关费用的项目，还应当设置“待处理财产价值”“处理净收入”明细科目。

单位资产清查中查明的资产盘盈、盘亏、报废和毁损，一般应当先计入“待处理财产损溢”，按照规定报经批准后及时进行账务处理。年末结账前一般应处理完毕。

（二）“资产处置费用”科目

单位为了核算其经批准处置资产时发生的费用，应设置“资产处置费用”（费用类）科目。其借方登记处置资产的账面价值及处置发生的费用，贷方登记期末结转数。期末结转后，应无余额。

“资产处置费用”科目应当按照处置资产的类别、资产处置的形式等设置明细科目，进行明细核算。

单位在资产清查中查明的资产盘亏、毁损以及资产报废等，应当先通过“待处理财产损溢”科目进行核算，再将处理资产价值和处理净支出计入“资产处置费用”科目。

【核算举例 1】 某事业单位 2019 年发生下列有关库存现金盘点业务，请根据有关凭证编制会计分录。

（1）11 月 10 日，现金盘点时发现长款 100 元。

借：库存现金　100
　贷：待处理财产损溢　100

预算

借：资金结存——货币资金　100
　贷：其他预算收入——现金盘盈收入　100

（2）11 月 15 日，经查上述现金长款属出纳疏忽少支付给李亮的借款。

借：待处理财产损溢　100
　贷：其他应付款——李亮　100

（3）11 月 20 日，将上述因疏忽少支付给李亮的款项支付给李亮。

借：其他应付款——李亮　100
　贷：库存现金　100

预算

借：其他预算收入——现金盘盈收入　100
　贷：资金结存——货币资金　100

（4）若截止到 12 月 31 日上述现金长款还没有查明原因，报经批准转列收入。

借：待处理财产损溢　100
　贷：其他收入——现金盘盈收入　100

（5）12 月 5 日，现金盘点时发现短缺 100 元。

借：待处理财产损溢　100
　贷：库存现金　100

预算

借：其他支出——现金盘亏损失　100
　贷：资金结存——货币资金　100

（6）12 月 10 日，经查上述现金短缺是因出纳王凯失误造成的，按规定应由其赔偿。

借：其他应收款——王凯　100
　贷：待处理财产损溢　100

（7）12 月 20 日，王凯交来 100 元赔偿上述短缺的现金。

借：库存现金　100
　贷：其他应收款——王凯　100

预算

借：资金结存——货币资金　100
　贷：其他支出——现金盘亏损失　100

（8）若截止到 12 月 31 日上述现金短缺还没有查明原因，报经批准核销。

借：资产处置费用——现金短缺处置　100
　贷：待处理财产损溢　100

“库存现金”短缺或溢余核算图示如图 3－9 所示。

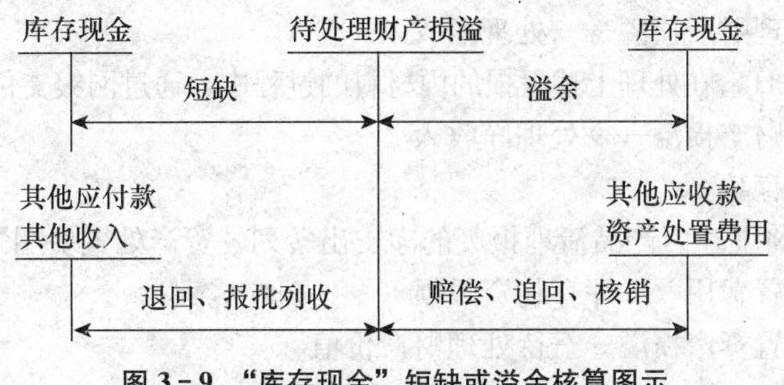

图3-9 “库存现金”短缺或溢余核算图示

【核算举例2】 某事业单位2019年12月份发生下列有关库存物资盘点业务，请根据有关凭证编制会计分录。

(1) 10日，“库存物资盘点表”列明甲材料盘盈150件，单价20元，价值3 000元。

借：库存物品——甲材料 3 000

贷：待处理财产损溢 3 000

(2) 31日，上述盘盈甲材料报经批准后冲销单位管理费用。

借：待处理财产损溢 3 000

贷：单位管理费用——公用经费——库存物资盘盈 3 000

(3) 10日，“库存物资盘点表”列明乙材料盘亏200件，单价10元，价值2 000元。

借：待处理财产损溢——待处理财产价值 2 000

贷：库存物品——乙材料 2 000

(4) 31日，上述盘亏乙材料报经批准后核销。

借：资产处置费用——库存物资盘亏 2 000

贷：待处理财产损溢——待处理财产价值 2 000

(5) 20日，经查上述盘亏乙材料按规定应由仓库保管员王强承担赔偿责任，经研究应由其赔偿500元。

借：其他应收款——王强 500

贷：待处理财产损溢——处理净收入 500

(6) 31日，按规定将上述王强应承担的500元赔偿款转入“应缴财政款”。

借：待处理财产损溢——处理净收入 500

贷：应缴财政款——库存物资盘亏收入 500

(7) 22日，“库存物资盘点表”列明丙材料由于保存不当发生毁损100件，单价30元，价值3 000元。

借：待处理财产损溢——待处理财产价值 3 000

贷：库存物品——丙材料 3 000

(8) 25日，上述丙产品经主管部门和财政部门批准同意予以报废。

借：资产处置费用——库存物资毁损 3 000

贷：待处置资产损溢——待处理财产价值 3 000

(9) 27日，在处理上述毁损的丙材料的过程中取得残料变价收入200元，以现金收讫。

借：库存现金 200

贷：待处理财产损溢——处理净收入 200

（10）12 月 28 日，在处理上述毁损的丙材料的过程中，通过网银支付清理费用 230 元。

借：待处理财产损溢——处理净收入 230

贷：银行存款 230

（11）31 日，将上述丙产品清理报废的净支出转列“资产处置费用”。

借：资产处置费用——库存物资毁损 30

贷：待处置资产损溢——待处理财产价值 30

预算

借：其他支出——物资毁损 30

贷：资金结存——货币资金 30

“库存物资”等非货币性流动资产盘盈、盘亏等核算图示如图 3-10 所示。

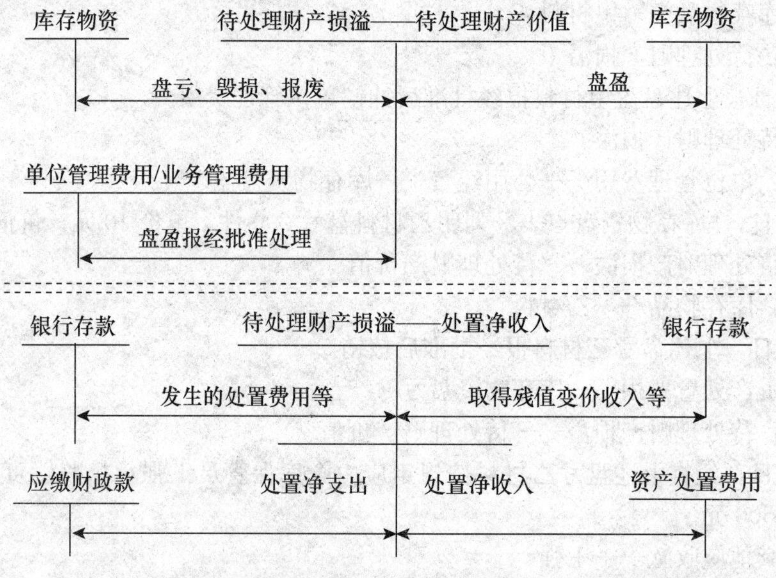

图 3-10 “库存物资”等非货币性流动资产盘盈、盘亏等核算图示

【核算举例 3】 某事业单位 2019 年 12 月份发生下列有关固定资产盘点业务，请根据有关凭证编制会计分录。

（1）1 日，资产清查表列明盘盈打印机 2 台，单价 4 210 元，共计 8 420 元。

借：固定资产——通用设备——打印机 8 420

贷：待处理财产损溢——待处理财产价值 8 420

（2）5 日，经查上述盘盈打印机属以前年度购置，按规定报经批准后列“以前年度盈余调整”。

借：待处理财产损溢——待处理财产价值 8 420

贷：以前年度盈余调整 8 420

经查若上述盘盈打印机属当年购置的，按当年购进设备补记入账。

借：待处理财产损溢——待处理财产价值 8 420

贷：财政拨款收入——一般公共预算财政拨款 8 420

预算

借：事业支出——财政拨款支出（项目支出）——设备购置　8 420

　贷：财政拨款预算收入——项目支出——设备购置　8 420

（3）10 日，资产清查表列明 4 年前 10 套多媒体设备已不能正常使用，每套账面价值 5 000 元，账面价值共计 50 000 元，累计已计提折旧 40 000 元，经研究准备上报主管部门和财政部门启动报废程序。

借：待处理财产损溢——待处理财产价值　10 000

　　固定资产累计折旧　40 000

　贷：固定资产——专用设备——多媒体设备　50 000

（4）15 日，上述多媒体设备经主管部门和财政部门批准同意予以报废。

借：资产处置费用——设备报废费用　10 000

　贷：待处理财产损溢——待处理财产价值　10 000

（5）18 日，为拆除上述多媒体设备转账支付拆除人工费 1 000 元。

借：待处理财产损溢——处理净收入　1 000

　贷：银行存款　1 000

（6）20 日，通过银行转账收到上述多媒体设备变价收入 800 元。

借：银行存款　800

　贷：待处理财产损溢——处理净收入　800

（7）25 日，将上述多媒体设备清理报废的净支出转列“资产处置费用”。

借：资产处置费用——设备报废费用　200

　贷：待处理财产损溢——处理净收入　200

预算

借：其他支出——设备报废支出　200

　贷：资金结存——货币资金　200

“固定资产”等盘盈、盘亏等处置核算图示如图 3－11 所示。

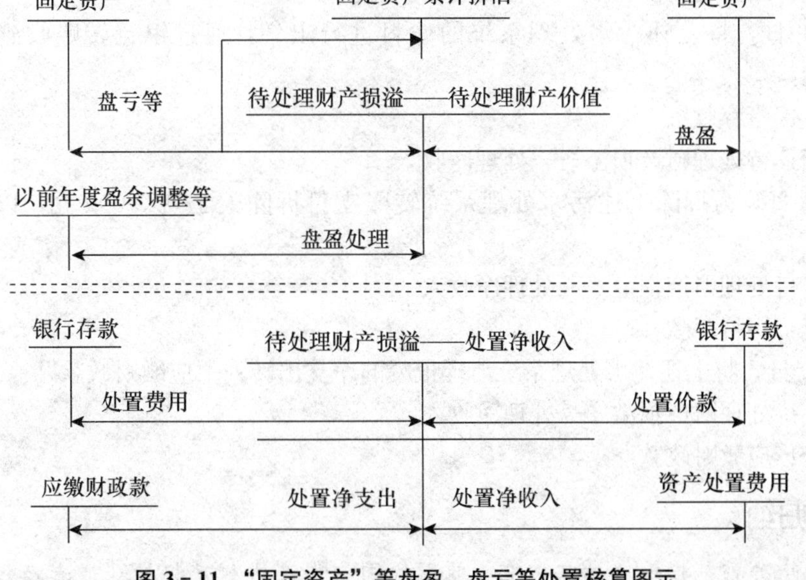

图 3－11　“固定资产”等盘盈、盘亏等处置核算图示

【核算举例 4】 某事业单位 2019 年 12 月份发生下列有关其他有关资产盘点业务，请根据有关凭证编制会计分录。

（1）1 日，政府储备物资清查时盘盈抢险抗灾救灾物资 3 件，同类物资估计售价为每件 5 000 元，共计 15 000 元。

借：政府储备物资　15 000
　贷：待处理财产损溢　15 000

（2）31 日，经查上述抢险抗灾救灾物资属于以前年度购置，按规定报经批准后列“以前年度盈余调整”。

借：待处理财产损溢——待处理财产价值　15 000
　贷：以前年度盈余调整　15 000

（3）2 日，文物文化资产清查时盘盈艺术展画 1 幅，评估价值为 8 000 元。

借：文物文化资产　8 000
　贷：待处理财产损溢　8 000

（4）31 日，经查上述艺术展画属于以前年度购置，按规定报经批准后列“以前年度盈余调整”。

借：待处理财产损溢——待处理财产价值　8 000
　贷：以前年度盈余调整　8 000

（5）5 日，公共基础设施清查时发现一污水处理系统由于技术处理不当报废，账面余额为 300 000 元，累计已计提折旧 250 000 元。

借：待处理财产损溢——待处理财产价值　50 000
　公共基础设施累计折旧　250 000
　贷：公共基础设施　300 000

（6）20 日，将上述污水处理系统经主管部门和财政部门批准同意予以报废。

借：资产处置费用——设备报废费用　50 000
　贷：待处理财产损溢——待处理财产价值　50 000

（7）21 日，将上述污水处理系统的残料进行出售，通过银行转账收到变价收入 10 000 元。

借：银行存款　10 000
　贷：待处理财产损溢——处理净收入　10 000

（8）21 日，为拆除上述污水处理系统转账支付拆除人工费 3 000 元，以银行转账付讫。

借：待处理财产损溢——处理净收入　3 000
　贷：银行存款　3 000

（9）30 日，将上述污水处理系统清理报废的净支出转列“应缴财政款”。

借：待处理财产损溢——处理净收入　7 000
　贷：应缴财政款　7 000

知识归纳

国有资产处置是指单位对其占有、使用的国有资产进行产权转让或者产权注销的行为。处置方式包括出售、出让、转让、对外捐赠、报废、报损以及货币性资产损失核销等。

国有资产处置应当遵循公开、公正、公平和竞争、择优的原则，严格履行相关审批程序。

国有资产处置收入按照政府非税收入管理的规定，实行“收支两条线”管理，即单位资产处置收入要及时、足额上缴同级财政专户或者国库。

“待处置资产损溢”科目核算单位在资产清查过程中查明的各种资产盘盈、盘亏和报废、毁损的价值。

问题探究

1. 国有资产处置包括哪些内容？
2. 国有资产处置应遵循哪些原则？
3. 国有资产处置的审批权限是如何规定的？

任务十二 受托代理业务

任务目标

◇ 了解受托代理业务的概念。
◇ 熟悉受托代理资产与负债的确认与计量。
◇ 学会受托代理业务的核算。

一、受托代理业务的概念

受托代理业务是指单位从委托方收到受托资产，并按照委托人的意愿将资产转赠给指定的其他组织或者个人的受托代理过程。

受托代理业务一般包括受托指定转赠的物资、受托存储保管的物资及单位管理的罚没物资等。

二、受托代理资产及负债的确认与计量

（一）受托转赠物资

（1）接受委托人委托需要转赠给受赠人的物资，其成本按照有关凭据注明的金额确定。

（2）将受托转赠物资交付受赠人时，按照转赠物资的成本确定。

（3）转赠物资的委托人取消了对捐赠物资的转赠要求，且不再收回捐赠物资时，按照转赠物资的成本将转赠物资转为单位的存货、固定资产等。

（二）受托存储保管物资

（1）接受委托人委托存储保管的物资，其成本按照有关凭据注明的金额确定。

（2）根据委托人要求交付或发出受托存储保管的物资时，按照发出物资的成本确定。

（三）罚没物资

（1）取得罚没物资时，其成本按照有关凭据注明的金额确定。罚没物资成本无法可靠确定的，单位应当设置备查簿进行登记。

（2）按照规定处置或移交罚没物资时，按照罚没物资的成本确定。

三、受托代理业务的核算

（一）“受托代理资产”科目

单位为了核算其接受委托方委托管理的各项资产，应设置“受托代理资产”（资产类）科目。其借方登记接受委托受托代理资产的成本，贷方登记按委托方要求转出受托代理资产的成本。期末借方余额，反映单位受托代理实物资产的成本。

“受托代理资产”科目应当按照资产的种类和委托人设置明细科目，进行明细核算；属于转赠资产的，还应当按照受赠人设置明细科目，进行明细核算。

单位管理的罚没物资也应当通过“受托代理资产”科目核算。

单位收到的受托代理资产为现金和银行存款的，不通过“受托代理资产”科目核算，应当通过“库存现金”“银行存款”科目进行核算。

（二）“受托代理负债”科目

单位为了核算其接受委托取得受托管理资产时形成的负债，应设置“受托代理负债”（负债类）科目。其贷方登记接受委托受托代理资产的成本，借方按委托方要求转出受托代理资产的成本。期末贷方余额，反映单位尚未交付或发出受托代理资产形成的受托代理负债金额。

“受托代理负债”科目应当按照资产的种类和委托人设置明细科目，进行明细核算；属于转赠资产的，还应当按照受赠人设置明细科目，进行明细核算。

单位收到的受托代理资产为现金和银行存款的，通过“受托代理负债”科目核算。

【核算举例】 某事业单位2019年发生下列有关受托代理业务，请根据有关凭证编制会计分录。

（1）1月6日，与慈善基金会签订受托协议，接受基金会委托将一台实验设备转赠给黄河学校，该设备价值30 000元，设备已交付并验收入库。

借：受托代理资产——实验设备　　30 000

　贷：受托代理负债——慈善基金会　　30 000

（2）1月7日，通过网银转账支付上述实验设备运输费1 000元。

借：其他费用——运输费　　1 000

　贷：银行存款　　1 000

预算

借：其他支出——运输费　　1 000

　贷：资金结存——货币资金　　1 000

（3）2月5日，将上述受托转赠的实验设备实际交付给黄河学校。

借：受托代理负债——慈善基金会　　30 000

贷：受托代理资产——实验设备 30 000

若慈善基金会取消对黄河学校转赠实验设备的要求，且不收回该实验设备，则：

借：受托代理负债——慈善基金会 30 000

贷：受托代理资产——实验设备 30 000

借：库存物品——实验设备 30 000

贷：其他收入 30 000

(4) 2月8日，接受A单位委托为其代管某专用设备三个月，设备的成本为650 000元。

借：受托代理资产——专用设备 650 000

贷：受托代理负债——A单位 650 000

(5) 5月8日，通过网银转账支付上述受托保管专用设备保管费2 000元。

借：其他费用——保管费 2 000

贷：银行存款 2 000

预算

借：其他支出——保管费 2 000

贷：资金结存——货币资金 2 000

(6) 5月9日，上述委托保管专用设备到期，根据委托要求交付专用设备。

借：受托代理负债——A单位 650 000

贷：受托代理资产——专用设备 650 000

(7) 5月31日，没收过境人员随身携带的违章物品，根据物品市场价值确定其成本为13 500元。

借：受托代理资产——罚没物资 13 500

贷：受托代理负债 13 500

(8) 6月15日，上述罚没物品经检查属国家法律法规规定允许流通的物品，可以上市公开拍卖。通过银行转账收到公开拍卖所获价款11 236元。

借：受托代理负债 13 500

贷：受托代理资产——罚没物资 13 500

借：银行存款 11 236

贷：应缴财政款 11 236

知识归纳

受托代理业务一般包括受托指定转赠的物资、受托存储保管的物资及单位管理的罚没物资等。受托代理业务除受托代理的现金和银行存款外均同时通过“受托代理资产”和“受托代理负债”核算，受托代理的现金和银行存款通过“库存现金”“银行存款”和“受托代理负债”核算。

问题探究

1. 什么是受托代理业务?
2. 单位的受托代理业务一般包括哪些内容?
3. “受托代理资产”和“受托代理负债”科目核算的内容有什么差异?

项目四
负　债

负债基础知识

一、负债的定义与确认条件

负债是指单位过去的经济业务或者事项形成的，预期会导致经济资源流出单位的现时义务。

现时义务是指单位在现行条件下已承担的义务。未来发生的经济业务或者事项形成的义务不属于现时义务，不应当确认为负债。

符合上述负债定义的义务，在同时满足以下条件时，确认为负债：

（1）履行该义务很可能导致含有服务潜力或者经济利益的经济资源流出单位。

（2）该义务的金额能够可靠地计量。

二、负债的分类与科目设置

单位的负债按照流动性，分为流动负债和非流动负债。

（1）流动负债是指预计在1年内（含1年）偿还的负债，包括应付及预收款项、应付职工薪酬、应缴款项等。

（2）非流动负债是指流动负债以外的负债，包括长期应付款、应付政府债券和政府依法担保形成的债务等。

负债的种类及会计科目核算的内容如表4-1所示。

表4-1　　负债的种类及会计科目核算的内容

种类	会计科目	核算内容
流动负债	短期借款	核算事业单位经批准向银行或其他金融机构等借入的期限在1年内（含1年）的各种借款。
	应缴增值税	核算单位按照税法规定计算应缴纳的增值税。
	其他应交税费	核算单位按照税法等规定计算应缴纳的除增值税以外的各种税费，包括城市维护建设税、教育费附加、地方教育费附加、车船税、房产税、城镇土地使用税和企业所得税等。
	应缴财政款	核算单位取得或应收的按照规定应当上缴财政的款项，包括应缴国库的款项和应缴财政专户的款项。

续前表

种类	会计科目	核算内容
流动负债	应付职工薪酬	核算单位按照有关规定应付给职工（含长期聘用人员）及为职工支付的各种薪酬，包括基本工资、国家统一规定的津贴补贴、规范津贴补贴（绩效工资）、改革性补贴、社会保险费（如职工基本养老保险费、职业年金、基本医疗保险费等）、住房公积金等。
	应付票据	核算事业单位因购买材料、物资等而开出、承兑的商业汇票，包括银行承兑汇票和商业承兑汇票。
	应付账款	核算单位因购买物资、接受服务、开展工程建设等而应付的偿还期限在1年以内（含1年）的款项。
	应付政府补贴款	核算负责发放政府补贴的行政单位，按照规定应当支付给政府补贴接受者的各种政府补贴款。
	应付利息	核算事业单位按照合同约定应支付的借款利息，包括短期借款、分期付息到期还本的长期借款等应支付的利息。
	预收账款	核算事业单位预先收取但尚未结算的款项。
	其他应付款	核算单位除应交增值税、其他应交税费、应缴财政款、应付职工薪酬、应付票据、应付账款、应付政府补贴款、应付利息、预收账款以外，其他各项偿还期限在1年内（含1年）的应付及暂收款项，如收取的押金、存入保证金、已经报销但尚未偿还银行的本单位公务卡欠款等。
	预提费用	核算单位预先提取的已经发生但尚未支付的费用，如预提租金费用等。
长期负债	长期借款	核算事业单位经批准向银行或其他金融机构等借入的期限超过1年（不含1年）的各种借款本息。
	长期应付款	核算单位发生的偿还期限超过1年（不含1年）的应付款项，如以融资租赁方式取得固定资产应付的租赁费等。
	预计负债	核算单位对因或有事项所产生的现时义务而确认的负债，如对未决诉讼等确认的负债。
	受托代理负债	核算单位接受委托取得受托代理资产时形成的负债。

三、负债的计量属性

负债的计量属性主要包括历史成本、现值和公允价值。

（1）在历史成本计量下，负债按照因承担现时义务而实际收到的款项或者资产的金额，或者承担现时义务的合同金额，或者按照为偿还负债预期需要支付的现金计量。

（2）在现值计量下，负债按照预计期限内需要偿还的未来净现金流出量的折现金额计量。

（3）在公允价值计量下，负债按照市场参与者在计量日发生的有序交易中，转移负债所需支付的价格计量。

单位在对负债进行计量时，一般应当采用历史成本。采用现值、公允价值计量的，应当保证所确定的负债金额能够持续、可靠计量。

符合负债定义和负债确认条件的项目，应当列入资产负债表。

四、负债的管理

事业单位应当对不同性质的负债分类管理，及时清理并按照规定办理结算，保证各项负债在规定期限内归还。

事业单位应当建立健全财务风险控制机制，规范和加强借入款项管理，严格执行审批程序，不得违反规定举借债务和提供担保。

根据国家规定可以举借债务的单位应当建立健全债务内部管理制度，明确债务管理岗位的职责权限，不得由一人办理债务业务的全过程。大额债务的举借和偿还属于重大经济事项，应当进行充分论证，并由单位领导班子集体研究决定。

单位应当做好债务的会计核算和档案保管工作。加强债务的对账和检查控制，定期与债权人核对债务余额，进行债务清理，防范和控制财务风险。

任务一 借入款项

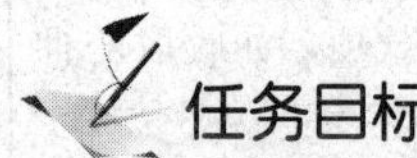

任务目标

◇ 了解事业单位借入款项的内容与分类。

◇ 熟悉短期借款和长期借款利息账务处理的规定。

◇ 学会短期借款和长期借款的本金和利息的核算。

一、借入款项的分类

事业单位借入款项按照期限长短可分为短期借款和长期借款。

（1）短期借款是指事业单位经批准向银行或其他金融机构等借入的期限在1年内（含1年）的各种款项。

（2）长期借款是指事业单位经批准向银行或其他金融机构等借入的期限超过1年（不含1年）的各种借款本息。

二、借入款项的计量

（一）短期借款的计量

（1）借入各种短期借款时，按照实际借入的金额确认。

（2）银行承兑汇票到期无力支付票款的，按照应付票据的账面余额确认。

（3）归还短期借款时，按照短期借款的本金确认。

（二）长期借款的计量

（1）借入各项长期借款时，按照实际借入的金额确认。

（2）为建造固定资产、公共基础设施等应支付的专门借款利息，按期计提利息时，分别以下情况确认：

1）属于工程项目建设期间发生的利息，计入在建工程成本。

2）属于工程项目完工交付使用后支付的，计入当期支出。

(3）其他用途的长期借款利息，计入当期支出。

(4）长期借款到期归还本金、利息时，按照本金、利息确认。

三、借入款项的核算

事业单位借入款项的核算设置“短期借款”“长期借款”“应付利息”“债务预算收入”“债务还本支出”等科目。

（一）“短期借款”科目

事业单位为了核算其经批准向银行或其他金融机构等借入的期限在1年内（含1年）的各种款项，应设置“短期借款”（负债类）科目。其贷方登记借入短期借款的本金数及无力支付到期银行承兑汇票的转入数，借方登记到期归还短期借款的本金数。期末贷方余额，反映事业单位尚未偿还的短期借款本金。

“短期借款”科目应当按照债权人和借款种类设置明细科目，进行明细核算。

（二）“长期借款”科目

事业单位为了核算其经批准向银行或其他金融机构等借入的期限超过1年（不含1年）的各种借款本息，应设置“长期借款”（负债类）科目。其贷方登记实际借入的长期借款的本金和到期一次还本付息借款的利息，借方登记到期归还长期借款的本金和利息。期末贷方余额，反映事业单位尚未偿还的长期借款本息金额。

“长期借款”科目一方面应当按照“本金”和“应计利息”设置明细科目，另一方面应按照贷款单位和贷款种类设置明细科目，进行明细核算。对于建设项目借款，还应按照具体项目设置明细科目，进行明细核算。

（三）“应付利息”科目

事业单位为了核算其按照合同约定应支付的借款利息，应设置“应付利息”（负债类）科目。其贷方登记短期借款、分期付息到期还本长期借款等应支付的利息，借方登记实际支付应付利息的金额。期末贷方余额，反映事业单位应付未付的利息金额。

“应付利息”科目应当按照债权人等设置明细科目，进行明细核算。

（四）“债务预算收入”科目

事业单位为了核算按照规定从银行或其他金融机构等借入的、纳入部门预算管理的、不以财政资金作为偿还来源的债务本金，应设置“债务预算收入”（预算收入类）科目。其贷方登记各项短期或长期借款实际借入的金额，借方登记年末结转额。年末结转后，应无余额。

“债务预算收入”科目应当按照贷款单位、贷款种类、《政府收支分类科目》中“支出功能分类科目”的项级科目等设置明细科目，进行明细核算。债务预算收入中如有专项资金收入，还应按照具体项目设置明细科目，进行明细核算。

（五）“债务还本支出”科目

事业单位为了核算其偿还自身承担的纳入预算管理的从金融机构举借的债务本金的现金流出，应设置“债务还本支出”（预算支出类）科目。其借方登记偿还各项短期或长期借款的借款本金额，贷方登记年末结转额。年末结转后，应无余额。

“债务还本支出”科目应当按照贷款单位、贷款种类、《政府收支分类科目》中“支出功能分类科目”的项级科目和“部门预算支出经济分类科目”的款级科目等设置明细科目，进行明细核算。

【核算举例 1】 某事业单位 2019 年发生下列有关短期借款业务，请根据有关凭证编制会计分录。

(1) 1 月 1 日，经上级部门批准，从建设银行借入为期 6 个月、年利率 4%的借款 120 000 元，合同约定按月计息并支付，款项已通过银行转账收讫。

借：银行存款　120 000
　贷：短期借款——建设银行　120 000

预算

借：资金结存——货币资金　120 000
　贷：债务预算收入——建设银行　120 000

(2) 1 月 31 日，计算并支付上述借款当月利息。

当月利息＝120 000×4%÷12＝400(元)

借：其他费用——利息支出　400
　贷：应付利息——建设银行　400

(3) 2 月 1 日，通过银行转账支付上述借款 1 月份利息。

借：应付利息——建设银行　400
　贷：银行存款　400

预算

借：其他支出——利息支出　400
　贷：资金结存——货币资金　400

(4) 6 月 30 日，通过银行转账偿还上述借款本金。

借：短期借款——建设银行　120 000
　贷：银行存款　120 000

预算

借：债务还本支出——建设银行　120 000
　贷：资金结存——货币资金　120 000

(5) 7 月 10 日，为开展非独立核算经营活动以前月份开出的一张金额为 20 000 元的工商银行承兑汇票到期，单位因资金周转困难暂时无力支付，按规定将其转为期限 3 个月，年利率 4.2%的借款。

借：应付票据——银行承兑汇票　20 000
　贷：短期借款——工商银行　20 000

预算

借：经营支出——某活动　20 000
　贷：债务预算收入——工商银行　20 000

【核算举例 2】 某事业单位 2019 年发生下列有关长期借款业务，请根据有关凭证编制会计分录。

(1) 1月1日，经上级主管部门批准，从建设银行借入为期两年、年利率4.5%的借款500 000元。合同约定每年年末支付当年利息，到期还本。款项已通过银行转账收讫。

借：银行存款　　500 000

　贷：长期借款——本金——建设银行　　500 000

预算

借：资金结存——货币资金　　500 000

　贷：债务预算收入——建设银行　　500 000

(2) 若上述借款用于办公楼改造项目，该项目建设期为1年6个月。2019年12月31日，计算并支付当年利息。

当年利息＝500 000×4.5%＝22 500(元)

借：在建工程——办公楼改造　　22 500

　贷：应付利息——建设银行　　22 500

借：应付利息——建设银行　　22 500

　贷：银行存款　　22 500

预算

借：其他支出——利息支出　　22 500

　贷：资金结存——货币资金　　22 500

(3) 2020年12月31日，计算并支付上述借款当年利息。

借：在建工程——办公楼改造　　11 250

　　其他费用——利息支出　　11 250

　贷：应付利息——建设银行　　22 500

借：应付利息——建设银行　　22 500

　贷：银行存款　　22 500

预算

借：其他支出——利息支出　　22 500

　贷：资金结存——货币资金　　22 500

(4) 若上述(1)借款用于单位日常业务，2019年12月31日，计算并支付当年利息。

当年利息＝500 000×4.5%＝22 500(元)

借：其他费用——利息支出　　22 500

　贷：应付利息——建设银行　　22 500

借：应付利息——建设银行　　22 500

　贷：银行存款　　22 500

预算

借：其他支出——利息支出　　22 500

　贷：资金结存——货币资金　　22 500

(5) 2020年12月31日，通过银行转账偿还上述借款本金。

借：长期借款——本金——建设银行　　500 000

贷：银行存款 500 000

预算

借：债务还本支出——建设银行 500 000

贷：资金结存——货币资金 500 000

知识归纳

事业单位借入款项按照期限长短可分为短期借款和长期借款。短期借款是指事业单位经批准向银行或其他金融机构等借入的期限在1年内（含1年）的各种款项；长期借款是指事业单位经批准向银行或其他金融机构等借入的期限超过1年（不含1年）的各种借款本息。

借入款项的核算设置“短期借款”“长期借款”“应付利息”三个科目。

问题探究

1. “短期借款”科目和“长期借款”科目核算的内容有什么不同？
2. 短期借款和长期借款的利息在账务处理上有什么区别？
3. 如果涉及基建借款，“长期借款”科目的明细科目应如何设置？

任务二 应付及预收款项

任务目标

◇ 了解应付职工薪酬、应付票据、应付账款、应付政府补贴款、预收账款、其他应付款、预提费用、长期应付款、预计负债的定义。

◇ 熟悉应付职工薪酬、应付票据、应付账款、应付政府补贴款、预收账款、其他应付款、预提费用、长期应付款、预计负债等的确认与计量依据。

◇ 学会应付职工薪酬、应付票据、应付账款、应付政府补贴款、预收账款、其他应付款、预提费用、长期应付款、预计负债等的核算。

一、应付职工薪酬

（一）应付职工薪酬的定义与内容

应付职工薪酬是指单位按照有关规定应付给职工（含长期聘用人员）及为职工支付的各种薪酬，包括基本工资、国家统一规定的津贴补贴、规范津贴补贴（绩效工资）、改革性补贴、社会保险费（如职工基本养老保险费、职业年金、基本医疗保险费等）、住房公积金等。

（二）应付职工薪酬的确认与计量

（1）计算确认当期应付职工薪酬时应包含单位为职工计算缴纳的社会保险费和住房公积金。

(2) 向职工支付工资、津贴补贴等薪酬时，按照实际支付的金额确认。

(3) 按照有关规定代扣职工个人应负担的款项时，按照实际扣除的金额确认。

(三)“应付职工薪酬”科目

单位为了核算其按照有关规定应付给职工（含长期聘用人员）及为职工支付的各种薪酬，应设置“应付职工薪酬”（负债类）科目。其贷方登记按有关规定计提的应付给职工（含长期聘用人员）及为职工支付的各种薪酬，借方登记实际支付数及代扣的应由职工个人承担的款项。期末贷方余额，反映单位应付未付的职工薪酬。

“应付职工薪酬”科目应当根据国家有关规定，按照“基本工资”（含离退休费）、“国家统一规定的津贴补贴”、“规范津贴补贴（绩效工资）”、“改革性补贴”、“社会保险费”、“住房公积金”、“其他个人收入”等设置明细科目，进行明细核算。其中，“社会保险费”“住房公积金”明细科目核算内容包括单位从职工工资中代扣代缴的社会保险费、住房公积金，以及单位为职工计算缴纳的社会保险费、住房公积金。

【核算举例】 某事业单位 2019 年发生下列有关从事专业业务活动及其辅助活动在职职工薪酬业务，请根据有关凭证编制会计分录。

(1) 1 月 31 日，计提本月从事专业及辅助活动的在职职工薪酬，其中：从事专业活动人员工资薪酬 200 000 元，从事后勤辅助活动人员工资薪酬 50 000 元；其中：基本工资 125 000 元，津贴补贴 50 000 元，绩效工资 75 000 元。

	借方	贷方
借：业务活动费用——工资福利费用	200 000	
单位管理费用——工资福利费用	50 000	
贷：应付职工薪酬——基本工资		125 000
——津贴补贴		50 000
——绩效工资		75 000

(2) 2 月 3 日，按规定计算出应付已与单位解除劳动合同关系的在职职工李华基本工资 5 210 元，津贴补贴 2 200 元，绩效工资 4 910 元。

	借方	贷方
借：单位管理费用——工资福利费用	12 320	
贷：应付职工薪酬——基本工资		5 210
——津贴补贴		2 200
——绩效工资		4 910

(3) 2 月 5 日，按照个人所得税法计算出应代扣代缴在职职工个人所得税 1 080.50 元。

	借方	贷方
借：应付职工薪酬——基本工资	1 080.50	
贷：其他应交税费——应交个人所得税		1 080.50

(4) 2 月 6 日，按照养老保险制度和住房公积金管理规定应代扣在职职工个人负担的社会保险费 25 503 元，住房公积金 30 000 元。

	借方	贷方
借：应付职工薪酬——基本工资	55 503	
贷：应付职工薪酬——社会保险费		25 503
——住房公积金		30 000

(5) 2 月 8 日，根据后勤部门要求应扣收为办公室李亮垫付的水电费、房租费用共计 3 000 元。

借：应付职工薪酬——基本工资　3 000

　　贷：其他应收款——李亮　3 000

(6) 2月15日，收到零余额账户代理银行盖章转回的工资发放明细表及财政授权支付到账通知书，发放上月基本工资、津贴补贴和绩效工资，其中：

实发基本工资＝125 000＋5 210－1 080.50－55 503－3 000＝70 626.5(元)

实发津贴补贴＝50 000＋2 200＝52 200(元)

实发绩效工资＝75 000＋4 910＝79 910(元)

借：应付职工薪酬——基本工资　70 626.5

　　　　　　　　——津贴补贴　52 200

　　　　　　　　——绩效工资　79 910

　　贷：零余额账户用款额度　202 736.50

预算

借：事业支出——财政拨款支出（基本支出）——工资福利费用　202 736.50

　　贷：资金结存——零余额账户用款额度　202 736.50

(7) 2月16日，通过银行转账给社保经办机构和住房资金管理中心支付职工负担的社会保险费25 503元，住房公积金30 000元。

借：应付职工薪酬——社会保险费　25 503

　　　　　　　　——住房公积金　30 000

　　贷：银行存款　55 503

预算

借：事业支出——财政拨款支出（基本支出）——工资福利费用　55 503

　　贷：资金结存——货币资金　55 503

二、应付票据

（一）应付票据的定义与种类

应付票据是指事业单位因购买材料、物资等而开出、承兑的商业汇票，包括银行承兑汇票和商业承兑汇票。

（二）应付票据的确认与计量

(1) 开出、承兑商业汇票时，按开出、承兑额确认。

(2) 以商业汇票抵付应付账款时，按实际抵付金额确认。

(3) 支付银行承兑汇票的手续费时，直接列入当期费用。

(4) 收到银行支付到期票据的付款通知时，按应支付金额确认。

(5) 票据到期单位无力支付票款时，按照应付票据账面余额确认。

（三）“应付票据”科目

事业单位为核算其因购买材料、物资等而开出、承兑的商业汇票，应设置“应付票据”（负债类）科目。其贷方登记开出、承兑的商业汇票，借方登记商业汇票到期收回数。期末贷方余额反映单位开出、承兑的尚未到期的商业汇票票面金额。

“应付票据”科目应当按照债权单位设置明细科目，进行明细核算。

单位应当设置应付票据备查簿，详细登记每一张应付票据的种类、号数、出票日期、到期日、票面金额、交易合同号、收款人姓名或单位名称，以及付款日期和金额等资料。应付票据到期结清票款后，应当在备查簿内逐笔注销。

【核算举例】 某事业单位为增值税一般纳税人，2019 年因在专业业务活动及其辅助活动之外开展非独立核算经营活动发生下列有关应付票据业务，请根据有关凭证编制会计分录。

(1) 6 月 2 日，开出面值为 35 100 元的商业承兑汇票支付购进甲材料款。甲材料价款 30 000 元，税款 4 800 元，已验收入库。

借：库存物品——甲材料 30 000
　　应交增值税——应交税金（进项税额） 4 800
　贷：应付票据 34 800

(2) 6 月 5 日，开出面值为 20 000 元的银行承兑汇票，支付前欠乙单位材料款 20 000 元，并支付 1‰的手续费。

借：应付账款——乙单位 20 000
　贷：应付票据 20 000
借：经营费用 20
　贷：银行存款 20
预算
借：经营支出 20
　贷：资金结存——货币资金 20

(3) 9 月 5 日，收到银行付款通知，通过银行转账支付上述到期的银行承兑汇票款 20 000 元。

借：应付票据 20 000
　贷：银行存款 20 000
预算
借：经营支出 20 000
　贷：资金结存——货币资金 20 000

(4) 10 月 10 日，因单位资金周转困难将面值为 20 000 元的到期银行承兑汇票转短期借款。

借：应付票据——银行承兑汇票 20 000
　贷：短期借款——工商银行 20 000
预算
借：经营支出 20 000
　贷：债务预算收入 20 000

(5) 10 月 20 日，因单位资金周转困难将面值为 34 800 元到期商业承兑汇票转为应付账款。

借：应付票据 34 800
　贷：应付账款——某单位 34 800

三、应付账款

（一）应付账款的定义与期限

应付账款是指单位因购买物资、接受服务、开展工程建设等而应付的偿还期限在1年以内（含1年）的款项。

（二）应付账款的确认与计量

（1）收到所购材料、物资、设备或服务以及确认完成工程进度但尚未付款时，根据发票及账单等有关凭证，按照应付未付款项的金额确认。

（2）偿付应付账款时，按照实际支付的金额确认。

（3）开出、承兑商业汇票抵付应付账款时，按实际抵付金额确认。

（4）无法偿付或债权人豁免偿还的应付账款，按照批准核销的金额确认。

（三）“应付账款”科目

单位为了核算其因购买物资等而应付的款项，应设置“应付账款”（负债类）科目。其贷方登记发生的应付未付账款数，借方登记应付账款归还数。期末贷方余额，反映单位尚未支付的应付账款金额。

“应付账款”科目应当按照债权人设置明细科目，进行明细核算。对于建设项目，还应设置“应付器材款”“应付工程款”等明细科目，并按照具体项目进行明细核算。

【核算举例】 某事业单位为增值税一般纳税人，2019年发生下列有关应付账款业务，请根据有关凭证编制会计分录。

（1）6月2日，从丙公司购入不需要安装的A设备一台，价款100 000元，税款16 000元。设备已到货验收，货款尚未支付。

借：固定资产——A设备	100 000	
应交增值税——应交税金（进项税额）	16 000	
贷：应付账款——丙公司		116 000

（2）6月10日，收到“财政直接支付到账通知书”，支付上述购入A设备款116 000元。

借：应付账款——丙公司	116 000	
贷：财政拨款收入		116 000

预算

借：事业支出	116 000	
贷：财政拨款预算收入		116 000

（3）6月15日，开出面值为20 000元的银行承兑汇票，用以支付前欠乙供应商材料款23 200元。

借：应付账款——乙供应商	20 000	
贷：应付票据		20 000

四、应付政府补贴款

（一）应付政府补贴款的定义

应付政府补贴款是指负责发放政府补贴的行政单位，按照规定应当支付给政府补贴接受者的各种政府补贴款。

（二）应付政府补贴款的确认与计量

（1）发生应付政府补贴时，按照依规定计算确定的应付政府补贴金额确认。

（2）支付应付政府补贴款时，按照支付金额确认。

（三）“应付政府补贴款”科目

负责发放政府补贴的行政单位为了核算其按照规定应当支付给政府补贴接受者的各种政府补贴款，应设置“应付政府补贴款”（负债类）科目。其贷方登记计算确定的应付政府补贴金额，借方登记支付的应付政府补贴金额。期末贷方余额，反映应付未付的政府补贴金额。

“应付政府补贴款”科目应当按照应支付的政府补贴种类设置明细科目，进行明细核算。单位还应当根据需要按照补贴接受者进行明细核算，或者建立备查簿对补贴接受者予以登记。

【核算举例】 某行政单位 2019 年 7 月份发生下列有关应付政府补贴款业务，请根据有关凭证编制会计分录。

（1）1 日，根据当地精准扶贫政策规定计算出本月应付扶贫款 90 000 元。

借：业务活动费用——基本支出	90 000	
贷：应付政府补贴款——贫困救济		90 000

（2）5 日，通过零余额账户向扶贫对象转账支付上述扶贫款。

借：应付政府补贴款——贫困救济	90 000	
贷：零余额账户用款额度		90 000

预算

借：行政支出	90 000	
贷：资金结存——零余额账户用款额度		90 000

五、预收账款

（一）预收账款的定义

预收账款是指事业单位预先收取但尚未结算的款项。

（二）预收账款的确认与计量

（1）从付款方预收款项时，按照实际预收的金额确认。

（2）确认有关收入时，按照预收账款账面余额确认。

（3）无法偿付或债权人豁免偿还的预收账款，按照经批准的核销额确认。

（三）“预收账款”科目

事业单位为了核算其预先收取但尚未结算的款项，应设置“预收账款”（负债类）科目。其贷方登记实际预收的款项，借方登记应确认的收入及无法偿付或债权人豁免的预收账款额。期末贷方余额，反映预收但尚未实际结算的款项金额。

“预收账款”科目应当按照债权人设置明细科目，进行明细核算。

核销的预收账款应在备查簿中保留登记。

【核算举例】 某事业单位为增值税一般纳税人，2019 年发生下列有关预收账款业务，请根据有关凭证编制会计分录。

（1）6 月 2 日，与丁公司签订专业技术服务合同，合同价款 100 000 元，期限两个月。合同约定丁公司于合同生效后预付合同价款 30%的定金。收到丁公司通过网银转账交来定金 30 000 元。

借：银行存款　　30 000

　贷：预收账款——丁公司　　30 000

预算

借：资金结存——货币资金　　30 000

　贷：经营预算收入　　30 000

（2）8 月 2 日，合同到期履约完毕，丁公司通过网银转账交来余款 86 000 元。

借：预收账款——丁公司　　30 000

　　银行存款　　86 000

　贷：经营收入　　100 000

　　　应交增值税——应交税金（销项税额）　　16 000

预算

借：资金结存——货币资金　　70 000

　贷：经营预算收入　　70 000

六、其他应付款

（一）其他应付款的定义及内容

其他应付款是指单位除应交增值税、其他应交税费、应缴财政款、应付职工薪酬、应付票据、应付账款、应付政府补贴款、应付利息、预收账款以外，其他各项偿还期限在 1 年内（含 1 年）的应付及暂收款项，如收取的押金、存入保证金、已经报销但尚未偿还银行的本单位公务卡欠款等。

其他应付款也包括同级政府财政部门预拨的下期预算款和没有纳入预算的暂付款项，以及采用实拨资金方式通过本单位转拨给下属单位的财政拨款。

（二）其他应付款的确认与计量

（1）发生其他应付及暂收款项时，按实际收到的金额确认。

（2）支付（或退回）其他应付及暂收款项时，按实际支付（或退回）的金额确认。

（3）将暂收款项转为收入时，按实际转入的金额确认。

（4）收到同级政府财政部门预拨的下期预算款和没有纳入预算的暂付款项，按照实际收到的金额确认；下一预算期或批准纳入预算时，按实际转入的金额确认。

（5）采用实拨资金方式通过本单位转拨给下属单位的财政拨款，按照实际收到的金额确认；向下属单位转拨财政拨款时，按照转拨的金额确认。

（6）本单位公务卡持卡人报销时，按照审核报销的金额确认；偿还公务卡欠款时，按照欠款金额确认。

（7）购入固定资产扣留期在 1 年以内（含 1 年）质量保证金的，按照扣留的质量保证金数额确认；质保期满支付质量保证金时，按照实际支付的金额确认。

(8) 无法偿付或债权人豁免偿还的其他应付款项，按照经批准核销的金额确认。

(三)“其他应付款”科目

单位为了核算其发生的其他应付及暂收款项业务，应设置“其他应付款”(负债类)科目。其贷方登记发生的其他各项应付及暂收款项数，借方登记结算数。期末贷方余额，反映单位尚未支付的其他应付款金额。

“其他应付款”科目应当按照其他应付款的类别以及债权人等设置明细科目，进行明细核算。

核销的其他应付款应在备查簿中保留登记。

【核算举例】 某事业单位2019年发生下列有关其他应付款业务，请根据有关凭证编制会计分录。

(1) 3月2日，通过网银转账收到乙公司租用某设备交来的押金10 000元。

借：银行存款 10 000

　贷：其他应付款——乙公司 10 000

(2) 5月2日，乙公司租用某设备到期归还，但因操作不当致使设备受损，按合同约定扣收押金6 000元，通过网银转账退回4 000元。

借：其他应付款——乙公司 10 000

　贷：事业收入 6 000

　　银行存款 4 000

预算

借：资金结存 6 000

　贷：事业预算收入 6 000

(3) 5月20日，通过网银收到财政部门预拨下月预算款200 000元。

借：银行存款 200 000

　贷：其他应付款 200 000

(4) 6月2日，将上述预拨款转为本月预算拨款。

借：其他应付款 200 000

　贷：财政拨款收入 200 000

预算

借：资金结存 200 000

　贷：财政拨款预算收入 200 000

(5) 6月25日，从丙公司租入专用设备一台，合同约定租期一年，租金10 000元。

借：业务活动费用 10 000

　贷：其他应付款——丙公司 10 000

(6) 通过网银转账支付租金10 000元。

借：其他应付款——丙公司 10 000

　贷：银行存款 10 000

预算

借：事业支出 10 000

贷：资金结存 10 000

(7) 6 月 28 日，应付丁单位货款 5 000 元已确认无法支付，按规定转入其他收入。

借：其他应付款——丁单位 5 000

贷：其他收入——无法偿付的应付及预收款项 5 000

七、预提费用

（一）预提费用的定义

预提费用是指单位预先提取的已经发生但尚未支付的费用，如预提租金费用等。

预提费用也包括事业单位按规定从科研项目收入中提取的项目间接费用或管理费。

预提费用不包括事业单位计提的借款利息费用。

（二）预提费用的确认与计量

(1) 按规定从科研项目收入中提取项目间接费用或管理费时，按照提取的金额确认。

(2) 实际使用计提的项目间接费用或管理费时，按照实际支付的金额确认。

(3) 按期预提租金等费用时，按照预提的金额确认。

(4) 实际支付预提租金等费用时，按照支付金额确认。

（三）“预提费用”科目

单位为了核算其预先提取的已经发生但尚未支付的费用，应设置“预提费用”（负债类）科目。其贷方登记按规定预提的金额，借方登记实际支付的金额。期末贷方余额，反映单位已预提但尚未支付的各项费用。

“预提费用”科目应当按照预提费用的种类设置明细科目，进行明细核算。对于提取的项目间接费用或管理费，应当在“预提费用”科目下设置“项目间接费用或管理费”明细科目，并按项目进行明细核算。

【核算举例】 某事业单位为增值税一般纳税人，2019 年发生下列有关预提费用业务，请根据有关凭证编制会计分录。

(1) 6 月 3 日，按规定为单位信息部门承担的信息网络系统升级改造工程计提项目管理费 25 000 元。

借：单位管理费用 25 000

贷：预提费用——项目间接费用或管理费 25 000

预算

借：非财政拨款结转——项目间接费用或管理费 25 000

贷：非财政拨款结余——项目间接费用或管理费 25 000

(2) 6 月 5 日，通过网银转账支付单位信息部门信息网络系统升级改造零星材料款 12 000 元。

借：预提费用——项目间接费用或管理费 12 000

贷：银行存款 12 000

预算

借：事业支出 12 000

贷：资金结存 12 000

八、长期应付款

（一）长期应付款的定义

长期应付款是指单位发生的偿还期限超过1年（不含1年）的应付款项，如以融资租赁方式取得固定资产应付的租赁费等。

（二）长期应付款的确认与计量

（1）发生长期应付款时，按照实际发生额确认。

（2）支付长期应付款时，按照实际支付的金额确认。

（3）无法偿付或债权人豁免偿还的长期应付款，按照经批准核销的金额确认。

（4）购入固定资产扣留期超过1年质量保证金的，按照扣留的质量保证金数额确认；质保期满支付质量保证金时，按照实际支付的金额确认。

（三）“长期应付款”科目

单位为了核算其发生的偿还期限超过1年（不含1年）的应付款项，应设置“长期应付款”（负债类）科目。其贷方登记发生的长期应付款金额，借方登记结算的长期应付款金额。期末贷方余额，反映尚未支付的各种长期应付款金额。

“长期应付款”科目应当按照长期应付款的类别以及债权人设置明细科目，进行明细核算。

核销的长期应付款应在备查簿中保留登记。

【核算举例】 某事业单位为增值税一般纳税人，2019年发生下列有关长期应付款的业务，请根据有关凭证编制会计分录。

（1）6月2日，政府采购中心给单位以分期付款方式从甲公司购进商务用车一辆，价款500 000元，税款80 000元。合同约定价款分5年付清，每年支付100 000元。税款80 000元通过零余额账户转账支付，车辆已交付使用。

借：固定资产——专用设备　500 000
　　应交增值税——应交税金（进项税额）　80 000
　贷：长期应付款——甲公司　500 000
　　　零余额账户用款额度　80 000

（2）6月3日，收到政府采购中心“财政直接支付到账通知书”，支付上述购进商务用车当年应付款100 000元。

借：长期应付款——甲公司　100 000
　贷：财政拨款收入　100 000

预算

借：事业支出　100 000
　贷：财政拨款预算收入　100 000

（3）五年后若甲公司豁免单位最后一年的购车款100 000元。

借：长期应付款——甲公司　100 000
　贷：其他收入——无法偿付的应付及预收款项　100 000

九、预计负债

（一）预计负债的定义

预计负债是指单位对因或有事项所产生的现时义务而确认的负债，如对未决诉讼等确认的负债。

（二）预计负债的确认与计量

（1）确认预计负债时，按照预计的金额确认。

（2）实际偿付预计负债时，按照偿付的金额确认。

（3）需要对已确认的预计负债账面余额进行调整的，按照调整的金额确认。

（三）“预计负债”科目

单位为了核算其对因或有事项所产生的现时义务而确认的负债，应设置“预计负债”（负债类）科目。其贷方登记确认的预计负债及调增金额，借方登记实际偿付的预计负债及调减金额。期末贷方余额，反映单位已确认但尚未支付的预计负债金额。

【核算举例】 某事业单位为增值税一般纳税人，2019 年发生下列有关预计负债业务，请根据有关凭证编制会计分录。

（1）6 月 6 日，与乙单位签订期限为 3 个月的专业技术服务合同，合同金额 200 000 元。合同约定单位若不能按期提供服务，应按照合同的 10％支付违约金。截至 8 月 30 日，尚未提供合同约定的服务项目。

借：经营费用　　20 000

　贷：预计负债——乙单位　　20 000

（2）9 月 1 日，经双方友好协商，同意在违约金中扣除已支付的成本 5 000 元。

借：预计负债——乙单位　　5 000

　贷：经营费用　　5 000

（3）9 月 5 日，单位未按照合同约定提供专业技术服务，通过网银转账支付乙单位违约金 15 000 元。

借：预计负债——乙单位　　15 000

　贷：银行存款　　15 000

预算

借：经营支出　　15 000

　贷：资金结存——货币资金　　15 000

知识归纳

应付职工薪酬是指单位按照有关规定应付给职工及为职工支付的各种薪酬，包括基本工资、国家统一规定的津贴补贴、规范津贴补贴、改革性补贴、社会保险费、住房公积金等。

应付票据是指事业单位因购买材料、物资等而开出、承兑的商业汇票，包括银行承兑汇票和商业承兑汇票。

应付账款是指单位因购买物资、接受服务、开展工程建设等而应付的偿还期限在 1 年以内（含1年）的款项。

应付政府补贴款是指负责发放政府补贴的行政单位，按照规定应当支付给政府补贴接受者的各种政府补贴款。

预收账款是指事业单位预先收取但尚未结算的款项。

其他应付款是指单位除应交增值税、其他应交税费、应缴财政款、应付职工薪酬、应付票据、应付账款、应付政府补贴款、应付利息、预收账款以外，其他各项偿还期限在1年内（含1年）的应付及暂收款项，如收取的押金、存入保证金、已经报销但尚未偿还银行的本单位公务卡欠款等。

预提费用是指单位预先提取的已经发生但尚未支付的费用，如预提租金费用等。

长期应付款是指单位发生的偿还期限超过1年（不含1年）的应付款项，如以融资租赁方式取得固定资产应付的租赁费等。

预计负债是指单位对因或有事项所产生的现时义务而确认的负债，如对未决诉讼等确认的负债。

单位应付及预收款项的核算主要通过“应付职工薪酬”“应付票据”“应付账款”“应付政府补贴款”“预收账款”“其他应付款”“预提费用”“长期应付款”“预计负债”等科目。

问题探究

1. 单位应付职工薪酬科目主要核算哪些内容?
2. 单位其他应付款科目主要核算哪些内容?

任务三 应缴款项

任务目标

◇ 了解应交增值税、其他应交税费、应缴财政款的内容与区别。
◇ 熟悉应交增值税、其他应交税费、应缴财政款的核算内容。
◇ 学会应交增值税、其他应交税费、应缴财政款的核算方法。

一、应交增值税

（一）应交增值税的定义

应交增值税是指单位按照税法规定计算应缴纳的增值税。

（二）应交增值税的确认与计量

1. 单位[①]取得资产或接受劳务等业务

(1) 采购等业务进项税额允许抵扣额的确认。

① 如不特别说明，“应交增值税”中的“单位”均指增值税一般纳税人。

单位购买用于增值税应税项目的资产或服务等时，按照当月已认证的可抵扣增值税额确认“进项税额”，按照当月未认证的可抵扣增值税额确认“待认证进项税额”。

（2）采购等业务进项税额不得抵扣额的确认。

单位购进资产或服务等，用于简易计税方法计税项目、免征增值税项目、集体福利或个人消费等，按照待认证的增值税进项税额确认“待认证进项税额”。

（3）购进不动产或不动产在建工程按照规定进项税额分年抵扣额的确认。

单位取得应税项目为不动产或者不动产在建工程，按照当期可抵扣的增值税额确认“进项税额”，按照以后期间可抵扣的增值税额确认“待抵扣进项税额”。尚未抵扣的进项税额待以后期间允许抵扣时，按照允许抵扣的金额确认“进项税额”及“待抵扣进项税额”。

（4）进项税额抵扣情况发生改变的确认。

单位因发生非正常损失或改变用途等，原已计入“进项税额”、“待抵扣进项税额”或“待认证进项税额”，但按照现行增值税制度规定不得从销项税额中抵扣的，按照不得抵扣额分别确认“进项税额转出”“待抵扣进项税额”“待认证进项税额”；原不得抵扣且未抵扣进项税额的固定资产、无形资产等，因改变用途等用于允许抵扣进项税额的应税项目的，应按照允许抵扣的进项税额确认“进项税额”。

单位购进时已全额计入进项税额的货物或服务等转用于不动产在建工程的，对于结转以后期间的进项税额，应按照结转额分别确认“待抵扣进项税额”“进项税额转出”。

（5）购买方作为扣缴义务人的确认。

按照现行增值税制度规定，境外单位或个人在境内发生应税行为，在境内未设有经营机构的，以购买方为增值税扣缴义务人。境内一般纳税人购进服务或资产时，按照可抵扣的增值税额确认“进项税额”，按照应代扣代缴的增值税额确认“代扣代缴增值税”。实际缴纳代扣代缴增值税时，按照代扣代缴的增值税额确认“代扣代缴增值税”。

2. 单位销售资产或提供服务等业务

（1）销售资产或提供服务业务。

单位销售资产或提供服务，按照现行增值税制度规定计算的销项税额（或采用简易计税方法计算的应纳增值税额）确认“销项税额”或“简易计税”。

按照《政府单位会计制度》及相关政府会计准则确认收入的时点早于按照增值税制度确认增值税纳税义务发生时点的，应先按相关销项税额确认“待转销项税额”，待实际发生纳税义务时再确认“销项税额”或“简易计税”。

按照增值税制度确认增值税纳税义务发生时点早于按照《政府单位会计制度》及相关政府会计准则确认收入的时点的，应按照应纳增值税额确认“销项税额”或“简易计税”。

（2）金融商品转让按照规定以盈亏相抵后的余额作为销售额。

金融商品实际转让月末，如产生转让收益，则按照应纳税额确认“转让金融商品应交增值税”；如产生转让损失，则按照可结转下月抵扣税额确认“转让金融商品应交增值税”。缴纳增值税时，按应交金额确认“转让金融商品应交增值税”。

3. 月末转出多交增值税和未交增值税

月度终了，对于当月应交未交的增值税，按照未交金额分别确认“转出未交增值税”“未交税金”；对于当月多交的增值税，按照多交金额分别确认“未交税金”“转出多交增值税”。

4. 缴纳增值税

(1) 缴纳当月应交增值税。

单位缴纳当月应交的增值税，按照应交金额确认“已交税金”。

(2) 缴纳以前期间未交增值税。

单位缴纳以前期间未交的增值税，按照未交金额确认“未交税金”。

(3) 预交增值税。

单位预交增值税时，按照预交金额确认“预交税金”。

(4) 减免增值税。

对于当期直接减免的增值税，按照减免金额确认“减免税款”。

(三)“应交增值税”科目

单位为了核算其按照税法规定计算应交纳的增值税，应设置“应交增值税”(负债类)科目。其借方登记进项税额及已交或减免税额，贷方登记应交(提取)的税额或销项税额以及进项税转出额等。期末贷方余额，反映单位应交未交的增值税；期末如为借方余额，反映单位尚未抵扣或多交的增值税。

属于增值税一般纳税人的单位，应当在“应交增值税”科目下设置“应交税金”“未交税金”“预交税金”“待抵扣进项税额”“待认证进项税额”“待转销项税额”“简易计税”“转让金融商品应交增值税”“代扣代缴增值税”等明细科目，进行明细核算。

(1)“应交税金”明细账内应当设置“进项税额”“已交税金”“转出未交增值税”“减免税款”“销项税额”“进项税额转出”“转出多交增值税”等专栏。其中：

1)“进项税额”专栏，记录单位购进货物、加工修理修配劳务、服务、无形资产或不动产而支付或负担的、准予从当期销项税额中抵扣的增值税额。

2)“已交税金”专栏，记录单位当月已缴纳的应交增值税额。

3)“转出未交增值税”和“转出多交增值税”专栏，分别记录一般纳税人月度终了转出当月应交未交或多交的增值税额。

4)“减免税款”专栏，记录单位按照现行增值税制度规定准予减免的增值税额。

5)“销项税额”专栏，记录单位销售货物、加工修理修配劳务、服务、无形资产或不动产应收取的增值税额。

6)“进项税额转出”专栏，记录单位购进货物、加工修理修配劳务、服务、无形资产或不动产等发生非正常损失以及其他原因而不应从销项税额中抵扣、按照规定转出的进项税额。

(2)“未交税金”明细科目，核算单位月度终了从“应交税金”或“预交税金”明细科目转入当月应交未交、多交或预交的增值税额，以及当月缴纳以前期间未交的增值税额。

(3)“预交税金”明细科目，核算单位转让不动产、提供不动产经营租赁服务等，以及其他按照现行增值税制度规定应预交的增值税额。

(4)“待抵扣进项税额”明细科目，核算单位已取得增值税扣税凭证并经税务机关认证，按照现行增值税制度规定准予以后期间从销项税额中抵扣的进项税额。

(5)“待认证进项税额”明细科目，核算单位由于未经税务机关认证而不得从当期销项税额中抵扣的进项税额。包括：一般纳税人已取得增值税扣税凭证并按规定准予从销项税额中抵扣，但尚未经税务机关认证的进项税额；一般纳税人已申请稽核但尚未取得稽核相符结果的海关缴款书进项税额。

(6)“待转销项税额”明细科目，核算单位销售货物、加工修理修配劳务、服务、无形资产或不动产，已确认相关收入（或利得）但尚未发生增值税纳税义务而需于以后期间确认为销项税额的增值税额。

(7)“简易计税”明细科目，核算单位采用简易计税方法发生的增值税计提、扣减、预交、缴纳等业务。

(8)“转让金融商品应交增值税”明细科目，核算单位转让金融商品发生的增值税额。

(9)“代扣代缴增值税”明细科目，核算单位购进在境内未设经营机构的境外单位或个人在境内的应税行为代扣代缴的增值税。属于增值税小规模纳税人的单位只需在“应交增值税”科目下设置“转让金融商品应交增值税”“代扣代缴增值税”明细科目。

【核算举例】 某事业单位作为增值税一般纳税人在专业业务活动及其辅助活动之外从事非独立核算的生产经营性活动，2019 年发生下列有关应交增值税业务，请根据有关凭证编制会计分录。

(1) 1 月 2 日，从甲公司购进打印纸一批，价款 20 000 元，税款 3 200 元，当月已认证；从乙公司购进文具一批，价款 13 000 元，税款 2 080 元，当月未认证。发票账单已到，材料已验收入库，款项通过银行转账支付。

借：库存物品——打印纸	20 000
——文具	13 000
应交增值税——应交税金（进项税额）	3 200
应交增值税——待认证进项税额	2 080
贷：银行存款	38 280

预算

借：经营支出——专用材料费	33 000
贷：资金结存——货币资金	33 000

(2) 2 月 15 日，税务机关认证，上述购进的文具不允许抵扣进项税额。

借：应交增值税——应交税金（进项税额）	2 080
贷：应交增值税——待认证进项税额	2 080

同时：

借：业务活动费用	2 080
贷：应交增值税——应交税金（进项税额转出）	2 080

(3) 2 月 16 日，自行改造办公楼，设计费价款 2 000 000 元，税款 120 000 元，当月未认证；采购材料价款 4 000 000 元，税额 640 000 元，当月认证通过；施工工时费价款 2 000 000 元，税款 60 000 元，当月认证通过。以上款项均通过银行转账支付。(按照现行税法规定，在建工程的进项税额自取得之日起分 2 年从销项税额中抵扣，第一年抵扣比例为 60%，第二年抵扣比例为 40%)

第一年抵扣额＝700 000×60%＝420 000(元)

第二年抵扣额＝700 000×40%＝280 000(元)

借：在建工程——建筑安装工程投资——办公楼改造 8 000 000
　　应交增值税——应交税金（进项税额） 420 000
　　应交增值税——待抵扣进项税额 280 000
　　应交增值税——待认证进项税额 120 000
　贷：银行存款 8 820 000

预算

借：经营支出——办公楼建造 8 000 000
　贷：资金结存——货币资金 8 000 000

（4）3 月 18 日，上述设计费进项税额 120 000 元经税务机关认证，准予抵扣。

第一年抵扣额＝120 000×60％＝72 000(元)

第二年抵扣额＝120 000×40％＝48 000(元)

借：应交增值税——应交增值税（进项税额） 72 000
　　应交增值税——待抵扣进项税额 48 000
　贷：应交增值税——待认证进项税额 120 000

（5）若到 2020 年 4 月，抵扣剩余增值税进项税额 328 000（280 000＋48 000）元。

借：应交增值税——应交增值税（进项税额） 328 000
　贷：应交增值税——待抵扣进项税额 328 000

（6）4 月 20 日，购进计算机耗材一批，价款 200 000 元，税款 32 000 元，运费 10 000 元，税款 1 000 元，当月已认证。材料已验收入库，款项均通过银行转账支付。

借：库存物品 210 000
　　应交增值税——应交税金（进项税额） 33 000
　贷：银行存款 243 000

预算

借：经营支出——专用材料购置费 210 000
　贷：资金结存——货币资金 210 000

（7）5 月 10 日，若上述耗材因故发生意外损失，报经批准将已抵扣的税额转出。

借：待处理财产损溢——待处理财产价值 243 000
　贷：应交增值税——应交税金（进项税额转出） 33 000
　　　库存物品 210 000

（8）5 月 15 日，半年前购进宿办楼一栋，其账面余额为 50 000 000 元，累计已计提折旧为 1 250 000 元。因宿办楼带有福利性质，当时购进时进项税额未予抵扣。现经批准将其完全改为办公楼，并允许抵扣其进项税额。

允许抵扣的进项税额＝固定资产净值÷(1＋适用税率)×适用税率
＝(50 000 000－1 250 000)÷(1＋16％)×16％
＝48 750 000÷(1＋16％)×16％
＝6 724 137.931(元)

借：应交增值税——应交税金（进项税额） 6 724 137.931
　贷：固定资产——房屋构筑物 6 724 137.931

(9) 5月19日，上月购进装饰材料一批，价款680 000元，税款108 800元，税额已全额抵扣。现决定将上述装饰材料用于办公楼改造项目，按照税法规定其已抵扣进项税额的40%部分，计入待抵扣进项税额，并于转用的当月起第13个月从销项税额中抵扣。

待抵扣进项税额＝108 800×40%＝43 520(元)

借：应交增值税——待抵扣进项税额　43 520

　贷：应交增值税——应交税金（进项税额）　43 520

(10) 若到2020年6月19日，将上述进项税额43 520元从销项税额中进行抵扣。

借：应交增值税——应交增值税（进项税额）　43 520

　贷：应交增值税——待抵扣进项税额　43 520

(11) 5月22日，从境外购进某商标权，价值为106 000元。因销售方在境内未设有经营机构，单位履行增值税代扣代缴义务。代扣税款以外的款项通过银行转账支付。

应扣缴税额＝购买方支付的价款÷(1＋税率)×税率

＝106 000÷(1＋6%)×6%

＝6 000(元)

可以抵扣的进项税额为6 000元。

借：无形资产——商标权　100 000

　　应交增值税——应交税金（进项税额）　6 000

　贷：银行存款　100 000

　　　应交增值税——代扣代缴增值税　6 000

预算

借：经营支出——无形资产购置费　100 000

　贷：资金结存——货币资金　100 000

(12) 6月16日，通过网银转账缴纳上述代扣代缴增值税6 000元。

借：应交增值税——代扣代缴增值税　6 000

　贷：银行存款　6 000

预算

借：经营支出——代扣代缴增值税　6 000

　贷：资金结存——货币资金　6 000

(13) 6月18日，销售给A公司甲产品一批，价款10 000元，税款1 600元。收到A公司承兑的期限为3个月的无息商业汇票，其面值为11 600元。

借：应收票据——A公司　11 600

　贷：经营收入　10 000

　　　应交增值税——应交税金（销项税额）　1 600

(14) 6月25日，将上一年度购买的国债转让，购买成本260 000元，转让价264 000元。转让国债的增值税税率为6%。

转让国债应交增值税＝净收益÷(1＋适用税率)×适用税率

=(264 000−260 000)÷(1+6%)×6% =226.42(元)

借：投资收益 226.42

贷：应交增值税——转让金融商品应交增值税 226.42

若转让价款为 254 000 元，则产生损失：

转让国债应交增值税=净损失÷(1+适用税率)×适用税率

=(260 000−254 000)÷(1+6%)×6% =339.62(元)

借：应交增值税——转让金融商品应交增值税 339.62

贷：投资收益 339.62

(15) 7 月 16 日，通过横向联网电子缴税系统申报上述转让国债应交的增值税额，银行据以划缴税款 226.42 元。

借：应交增值税——转让金融商品应交增值税 226.42

贷：银行存款 226.42

预算

借：投资预算收益 226.42

贷：资金结存——货币资金 226.42

(16) 若到 12 月 30 日，“应交税费——转让金融商品应交增值税”科目有借方余额 230 元，说明本年度的金融商品转让损失无法弥补，且本年度的金融资产转让损失不可转入下年度继续扣减转让金融资产的收益。

借：投资收益 230

贷：应交增值税——转让金融商品应交增值税 230

(17) 7 月 20 日，本月增值税销项税额为 1 000 000 元，已认证的进项税额为 800 000 元，则转出本月未交增值税额为 200 000 元。

借：应交增值税——应交税金（转出未交增值税） 200 000

贷：应交增值税——未交税金 200 000

(18) 7 月 20 日，若本月增值税销项税额为 1 000 000 元，已认证的进项税额为 800 000 元，已交税额为 300 000 元，则转出本月多交增值税额为 100 000 元。

借：应交增值税——未交税金 100 000

贷：应交增值税——应交税金（转出多交增值税） 100 000

(19) 7 月 22 日，通过横向联网电子缴税系统申报本月应交增值税 200 000 元，银行据以划缴税款。

借：应交增值税——应交税金（已交税金） 200 000

贷：银行存款 200 000

预算

借：经营支出——增值税 200 000

贷：资金结存——货币资金 200 000

(20) 7 月 23 日，通过横向联网电子缴税系统申报上月未交增值税 50 000 元，银行据以划缴税款。

借：应交增值税——未交税金 50 000

贷：银行存款 50 000

预算

借：经营支出——增值税 50 000

贷：资金结存——货币资金 50 000

(21) 8月1日，通过横向联网电子缴税系统预缴增值税 100 000 元。

借：应交增值税——预交税金 100 000

贷：银行存款 100 000

(22) 8月30日，将“预交税金”明细科目余额转入“未交税金”明细科目。

借：应交增值税——未交税金 100 000

贷：应交增值税——预交税金 100 000

预算

借：经营支出——增值税 100 000

贷：资金结存——货币资金 100 000

(23) 9月14日，购买增值税税控系统专用设备以及支付技术维护费，价款 20 000 元，根据税法规定，允许在增值税应纳税额中全额抵减。

借：应交增值税——应交税金（减免税款） 20 000

贷：业务活动费用 20 000

【核算举例2】 某事业单位作为增值税小规模纳税人在专业业务活动及其辅助活动之外从事非独立核算的生产经营性活动，2019 年发生下列有关增值税业务，请根据有关凭证编制会计分录。

(1) 1月6日，购进墨盒一批，价款 17 000 元，税款 2 720 元。发票账单已到，材料已验收入库，款项通过银行转账支付。

借：库存物品等——墨盒 19 720

贷：银行存款 19 720

预算

借：经营支出——专用材料购置费 19 720

贷：资金结存——货币资金 19 720

(2) 2月8日，给某公司提供咨询服务，通过网银转账收到服务费 144 200 元。

应交增值税＝含税价款÷(1＋税率)×税率

＝144 200÷(1＋3%)×3%

＝4 200(元)

借：银行存款 144 200

贷：经营收入 140 000

应交增值税 4 200

预算

借：资金结存——货币资金 140 000

贷：经营预算收入 140 000

(3) 3月5日，将上月购进的国债转让，购买成本 1 005 000 元，转让价款 1 108 000。

小规模纳税人转让金融商品增值税征收率为3%。

$$转让金融商品应交增值税=(1\,108\,000-1\,005\,000)\div(1+3\%)\times3\%=3\,000(元)$$

借：投资收益　3 000

　贷：应交增值税——转让金融商品应交增值税　3 000

若转让价款为960 000元，则产生损失：

$$转让金融商品应交增值税=(1\,005\,000-960\,000)\div(1+3\%)\times3\%=1\,310.68(元)$$

借：应交增值税——转让金融商品应交增值税　1 310.68

　贷：投资收益　1 310.68

(4) 3月20日，通过横向联网电子缴税系统申报上述转让金融资产应交的增值税额，银行据以划缴税款。

借：应交增值税——转让金融商品应交增值税　3 000

　贷：银行存款　3 000

预算

借：投资预算收益　3 000

　贷：资金结存——货币资金　3 000

(5) 5月22日，通过横向联网电子缴税系统进行申报本月应交增值税4 200元，银行据以划缴税款。

借：应交增值税　4 200

　贷：银行存款　4 200

预算

借：经营支出——增值税　4 200

　贷：资金结存——货币资金　4 200

二、其他应交税费

(一) 其他应交税费的定义

其他应交税费是指单位按照税法等规定计算应缴纳的除增值税以外的各种税费，包括城市维护建设税、教育费附加、地方教育费附加、车船税、房产税、城镇土地使用税和企业所得税等。

其他应交税费也包括单位代扣代缴的个人所得税。

其他应交税费不包括单位应缴纳的印花税。

(二) 其他应交税费的确认与计量

(1) 发生城市维护建设税、教育费附加、地方教育费附加、车船税、房产税、城镇土地使用税等纳税义务的，按照税法规定计算的应缴税费金额确认。

(2) 按照税法规定计算应代扣代缴的个人所得税，按照应代扣代缴的金额确认。

(3) 发生企业所得税纳税义务时，按照税法规定计算的应交所得税额确认。

（4）单位实际缴纳上述各种税费时，按照实际缴纳的金额确认。

（三）“其他应交税费”科目

单位为了核算其按照税法等规定计算应缴纳的除增值税以外的各种税费，应设置“其他应交税费”（负债类）科目。其贷方登记按照税法等规定计算应缴纳的除增值税以外的各种税费及应代扣代缴的个人所得税金额，借方登记实际缴纳的各种税费。期末贷方余额，反映单位应交未交的除增值税以外的税费金额；期末如为借方余额，反映单位多缴纳的除增值税以外的税费金额。

“其他应交税费”科目应当按照应缴纳的税费种类设置明细科目，进行明细核算。

【核算举例】 某事业单位为增值税一般纳税人，2019 年发生下列有关其他应交税费的业务，请根据有关凭证编制会计分录。

（1）11 月 30 日，按税法规定计算出当月应交城市维护建设税 10 500 元，教育费附加 4 500 元。

借：业务活动费用　15 000

　贷：其他应交税费——应交城市维护建设税　10 500

　　　　　　　　——应交教育费附加　4 500

（2）12 月 5 日，通过网银转账缴纳上述城市维护建设税和教育费附加。

借：其他应交税费——应交城市维护建设税　10 500

　　　　　　　——应交教育费附加　4 500

　贷：银行存款　15 000

预算

借：事业支出——基本支出——其他　15 000

　贷：资金结存——货币资金　15 000

（3）12 月 30 日，计算出当年应交所得税 250 000 元。

借：所得税费用　250 000

　贷：其他应交税费——应交所得税　250 000

（4）12 月 31 日，通过网银转账缴纳上述所得税。

借：其他应交税费——应交所得税　250 000

　贷：银行存款　250 000

预算

借：非财政拨款结余——累计结余　250 000

　贷：资金结存——货币资金　250 000

三、应缴财政款

（一）应缴财政款的定义与种类

应缴财政款是指单位取得或应收的按照规定应当上缴财政的款项，包括应缴国库[①]的

---

① 应缴国库的款项上缴国库时采用缴款单位就地缴库或主管部门集中缴库两种形式。采用缴款单位就地缴库形式，由单位填开一般缴款书并将应缴款项缴入国库经收处。采用主管部门集中缴库形式，由基层单位逐级上缴，主管会计单位将下级会计单位缴来的款项加上本单位的应缴款项集中起来，按月填制一般缴款书，汇总缴入国库经收处。

款项和应缴财政专户[1]的款项。

应缴财政款不包括单位按照国家税法等有关规定应当缴纳的各种税费。

（二）应缴财政款的确认与计量

（1）单位取得或应收按照规定应缴财政的款项时，按照取得或应收金额确认。

（2）单位处置资产取得的应上缴财政的处置净收入，如果处理收入大于相关费用时，按照处理收入减去相关费用后的净收入金额确认。

（3）单位上缴应缴财政的款项时，按照实际上缴的金额确认。

（三）“应缴财政款”科目

单位为了核算其取得或应收的按照规定应当上缴财政的款项，应设置“应缴财政款”（负债类）科目。其贷方登记取得或应收的应缴财政款金额，借方登记上缴财政款金额。期末贷方余额，反映单位应当上缴财政但尚未缴纳的款项。年终清缴后，本科目一般应无余额。

“应缴财政款”科目应当按照应缴财政款项的类别设置明细账，进行明细核算。

【核算举例】 某事业单位 2019 年 7 月份发生下列有关应缴财政款的业务，请根据有关凭证编制会计分录。

（1）1 日，收到开户银行通知所属某单位交来的应上缴财政专户款 60 000 元。

借：银行存款	60 000	
贷：应缴财政款——应缴财政专户款		60 000

（2）2 日开出转账支票将上述所属单位缴来款项上缴财政专户。

借：应缴财政款——应缴财政专户款	60 000	
贷：银行存款等		60 000

知识归纳

应交增值税是指单位按照税法规定计算应缴纳的增值税；其他应交税费是指单位按照税法等规定计算应缴纳的除增值税以外的各种税费，包括城市维护建设税、教育费附加、地方教育费附加、车船税、房产税、城镇土地使用税和企业所得税等；应缴财政款是指单位取得或应收的按照规定应当上缴财政的款项，包括应缴国库的款项和应缴财政专户的款项。

单位应交款项主要通过“应交增值税”“其他应交税费”“应缴财政款”等科目核算。

属于增值税一般纳税人的单位，应当在“应交增值税”科目下设置“应交税金”“未交税金”“预交税金”“待抵扣进项税额”“待认证进项税额”“待转销项税额”“简易计税”“转让金融商品应交增值税”“代扣代缴增值税”等明细科目，进行明细核算。

问题探究

1. 什么是应交增值税？单位应交增值税的明细科目如何设置？
2. 什么是其他应交税费？单位的其他应交税费包括哪些内容？
3. 什么是应缴财政款？应缴国库和应缴财政专户的资金有什么区别？

---

① 财政专户是财政部门在国有商业银行开设的专门用于本级财政预算外资金收纳的专门账户。目前，各级财政部门规定将暂时没有纳入国库管理的政府非税收入纳入财政专户管理。

项目五
收入（预算收入）

收入（预算收入）基础知识

一、收入的定义、确认与计量、列示要求及会计科目

收入是指报告期内导致单位净资产增加的、含有服务潜力或者经济利益的经济资源的流入。收入的确认应当同时满足以下条件：

（1）与收入相关的含有服务潜力或者经济利益的经济资源很可能流入单位。

（2）含有服务潜力或者经济利益的经济资源流入会导致单位资产增加或者负债减少。

（3）流入金额能够可靠地计量。

符合收入定义和收入确认条件的项目，应当列入收入费用表。

收入类会计科目及其核算内容如表 5-1 所示。

表 5-1　收入类会计科目及其核算内容

会计科目	核算内容
财政拨款收入	核算单位从同级政府财政部门取得的各类财政拨款。
事业收入	核算事业单位开展专业业务活动及其辅助活动实现的收入，不包括从同级政府财政部门取得的各类财政拨款。
上级补助收入	核算事业单位从主管部门和上级单位取得的非财政拨款收入。
附属单位上缴收入	核算事业单位取得的附属独立核算单位按照有关规定上缴的收入。
经营收入	核算事业单位在专业业务活动及其辅助活动之外开展非独立核算经营活动取得的收入。
非同级财政拨款收入	核算单位从非同级政府财政部门取得的经费拨款，包括从同级政府其他部门取得的横向转拨财政款、从上级或下级政府财政部门取得的经费拨款等。
投资收益	核算事业单位股权投资和债券投资所实现的收益或发生的损失。
捐赠收入	核算单位接受其他单位或者个人捐赠取得的收入。
利息收入	核算单位取得的银行存款利息收入。
租金收入	核算单位经批准利用国有资产出租取得并按照规定纳入本单位预算管理的租金收入。

续前表

会计科目	核算内容
其他收入	核算单位取得的除财政拨款收入、事业收入、上级补助收入、附属单位上缴收入、经营收入、非同级财政拨款收入、投资收益、捐赠收入、利息收入、租金收入以外的各项收入，包括现金盘盈收入、按照规定纳入单位预算管理的科技成果转化收入、行政单位收回已核销的其他应收款、无法偿付的应付及预收款项、置换换出资产评估增值等。

二、预算收入的定义、确认与计量、列示要求及会计科目

预算收入是指单位在预算年度内依法取得的并纳入预算管理的现金流入。

预算收入一般在实际收到时予以确认，以实际收到的金额计量。

符合预算收入定义及其确认条件的项目应当列入政府决算报表。

预算收入类会计科目及其核算内容如表 5－2 所示。

表 5－2　预算收入类会计科目及其核算内容

会计科目	核算内容
财政拨款预算收入	核算单位从同级政府财政部门取得的各类财政拨款。
事业预算收入	核算事业单位开展专业业务活动及其辅助活动取得的现金流入。事业单位因开展科研及其辅助活动从非同级政府财政部门取得的经费拨款，也通过本科目核算。
上级补助预算收入	核算事业单位从主管部门和上级单位取得的非财政补助现金流入。
附属单位上缴预算收入	核算事业单位取得附属独立核算单位根据有关规定上缴的现金流入。
经营预算收入	核算事业单位在专业业务活动及其辅助活动之外开展非独立核算经营活动取得的现金流入。
债务预算收入	核算事业单位按照规定从银行和其他金融机构等借入的、纳入部门预算管理的、不以财政资金作为偿还来源的债务本金。
非同级财政拨款预算收入	核算单位从非同级政府财政部门取得的财政拨款，包括本级横向转拨财政款和非本级财政拨款。
投资预算收益	核算事业单位取得的按照规定纳入部门预算管理的属于投资收益性质的现金流入，包括股权投资收益、出售或收回债券投资所取得的收益和债券投资利息收入。
其他预算收入	核算单位除财政拨款预算收入、事业预算收入、上级补助预算收入、附属单位上缴预算收入、经营预算收入、债务预算收入、非同级财政拨款预算收入、投资预算收益之外的纳入部门预算管理的现金流入，包括捐赠预算收入、利息预算收入、租金预算收入、现金盘盈收入等。

三、收入与预算收入科目对照

收入与预算收入双重核算会计科目对应状况如表 5－3 所示。

表 5-3 收入与预算收入双重核算会计科目对应状况

<table>
<tr><td colspan="2">收入类科目</td><td>双重核算会计科目对应状况</td><td colspan="2">预算收入类科目</td></tr>
<tr><td>核算基础：</td><td>财政拨款收入</td><td>对应</td><td>财政拨款预算收入</td><td>核算基础：</td></tr>
<tr><td>权责发生制</td><td>事业收入</td><td>对应</td><td>事业预算收入</td><td>收付实现制</td></tr>
<tr><td>确认时点：</td><td>上级补助收入</td><td>对应</td><td>上级补助预算收入</td><td>确认时点：</td></tr>
<tr><td>确认收取权利时</td><td>附属单位上缴收入</td><td>对应</td><td>附属单位上缴预算收入</td><td>实际收到时</td></tr>
<tr><td>核算范围：</td><td>经营收入</td><td>对应</td><td>经营预算收入</td><td>核算范围：</td></tr>
<tr><td rowspan="7">导致净资产增加的、含有服务潜力或者经济利益的经济资源的流入</td><td></td><td></td><td>债务预算收入</td><td rowspan="7">纳入预算管理的现金流入</td></tr>
<tr><td>非同级财政拨款收入</td><td>对应</td><td>非同级财政拨款预算收入</td></tr>
<tr><td>投资收益</td><td>对应</td><td>投资预算收益</td></tr>
<tr><td>捐赠收入</td><td rowspan="4">对应</td><td rowspan="4">其他预算收入</td></tr>
<tr><td>利息收入</td></tr>
<tr><td>租金收入</td></tr>
<tr><td>其他收入</td></tr>
</table>

任务一 财政拨款（预算）收入

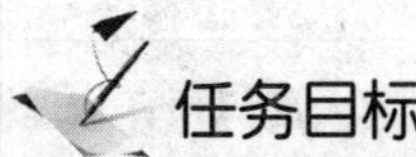

任务目标

◇ 了解财政拨款收入与财政拨款预算收入的定义。

◇ 掌握财政拨款收入与财政拨款预算收入确认与计量的依据。

◇ 学会财政拨款收入与财政拨款预算收入的核算。

一、财政拨款（预算）收入的定义

财政拨款收入是指单位从同级政府财政部门取得的各类财政拨款。

财政拨款预算收入是指单位从同级政府财政部门取得的各类财政拨款。财政拨款预算收入包括基本支出拨款和项目支出拨款。

（1）基本支出拨款是指单位为了保障其正常运转、完成日常工作任务，从同级财政部门取得的各类财政拨款，包括人员经费拨款和日常公用经费拨款。

（2）项目支出拨款是指单位为了完成特定工作任务和事业发展目标，在基本支出补助之外从同级财政部门取得的各类财政拨款。

二、财政拨款（预算）收入的确认与计量

（一）财政直接支付方式下的确认与计量

财政直接支付方式下，财政拨款收入和财政拨款预算收入均根据收到的“财政直接支付入账通知书”及相关原始凭证，按照通知书中的直接支付入账金额确认。

年末，根据本年度财政直接支付预算指标数与当年财政直接支付实际支付数的差额确认。

（二）财政授权支付方式下的确认与计量

财政授权支付方式下，财政拨款收入和财政拨款预算收入均根据收到的“财政授权支付额度到账通知书”，按照通知书中的授权支付额度确认。

年末，本年度财政授权支付预算指标数大于零余额账户用款额度下达数的，根据未下达的用款额度确认。

（三）其他支付方式下的确认与计量

其他方式下，财政拨款收入和财政拨款预算收入均根据实际收到的金额确认。

收到下期预算的财政预拨款，应当在下个预算期，按照预收的金额确认。

（四）因差错更正或购货退回等发生国库直接支付款项退回的确认与计量

因差错更正、购货退回等发生国库直接支付款项退回的，属于本年度支付的款项，财政拨款收入和财政拨款预算收入均按照退回金额冲回。

三、财政拨款（预算）收入的核算

（一）“财政拨款收入”科目

单位为了核算其从同级政府财政部门取得的各类财政拨款，应设置“财政拨款收入”（收入类）科目。其贷方登记直接支付方式下确认的入账金额及年末当年预算指标数与实际支付数的差额、授权支付方式下收到的授权支付额度及年末当年预算指标数大于零余额账户用款额度下达数的差额、其他方式下实际收到的财政拨款额，借方登记本年已支付的款项发生的退回数及期末结转额。期末结转后，应无余额。

同级政府财政部门预拨的下期预算款和没有纳入预算的暂付款项，以及采用实拨资金方式通过本单位转拨给下属单位的财政拨款，通过“其他应付款”科目核算，不通过“财政拨款收入”科目核算。

“财政拨款收入”科目可按照一般公共预算财政拨款、政府性基金预算财政拨款等拨款种类设置明细科目，进行明细核算。

三种方式下财政拨款收入核算图示，如图 5-1 所示。

（二）“财政拨款预算收入”科目

单位为了核算其从同级政府财政部门取得的各类财政拨款，应设置“财政拨款预算收入”（预算收入类）科目。其贷方登记直接支付方式下的支付金额及年末当年预算指标数与实际支出数的差额、授权支付方式下收到的授权支付额度及年末当年预算指标数大于零余额账户用款额度下达数的差额、其他方式下按照本期预算实际收到的财政拨款预算收入金额及收到下期预算的财政预拨款额，借方登记本年已支付的款项发生的退回数

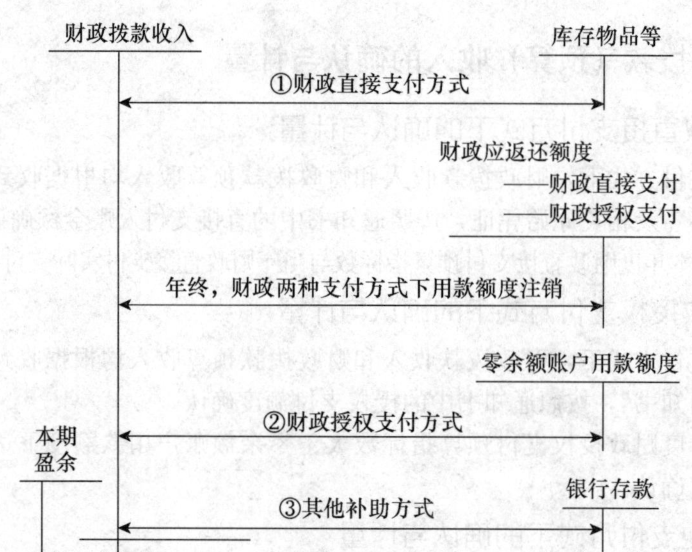

图 5-1　三种方式下财政拨款收入的核算图示

及年末结转额。年末结转后，应无余额。

“财政拨款预算收入”科目应当设置“基本支出”和“项目支出”两个明细科目，并按照《政府收支分类科目》中“支出功能分类科目”的项级科目设置明细科目，进行明细核算；同时，在“基本支出”明细科目下按照“人员经费”和“日常公用经费”设置明细科目进行明细核算，在“项目支出”明细科目下按照具体项目设置明细科目，进行明细核算。

有一般公共预算财政拨款、政府性基金预算财政拨款等两种或两种以上财政拨款的单位，还应当按照财政拨款的种类设置明细科目，进行明细核算。

“财政拨款预算收入”科目的明细科目设置示意，如图 5-2 所示。

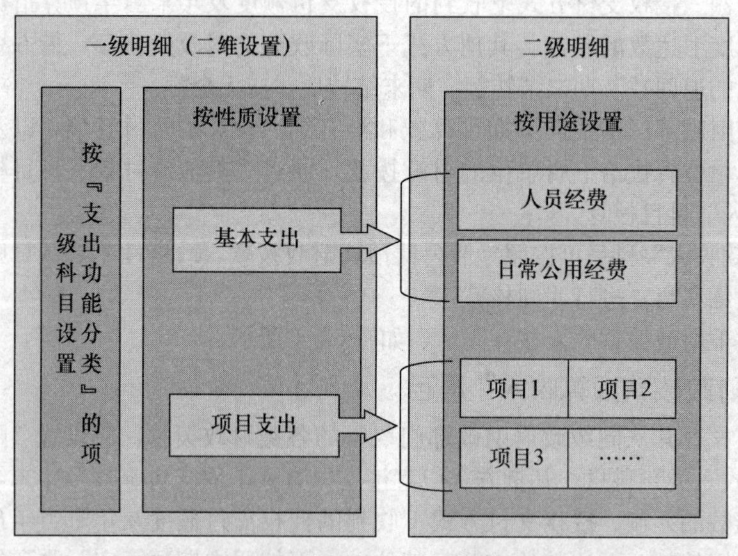

图 5-2 “财政拨款预算收入”明细科目设置示意

三种方式下财政拨款预算收入核算图示，如图 5－3 所示。

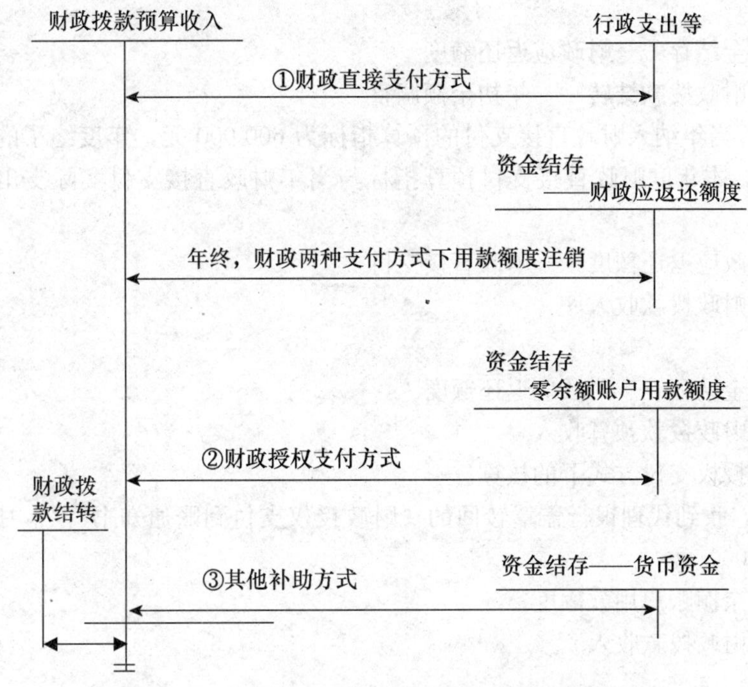

图 5－3 三种方式下财政拨款预算收入的核算图示

【核算举例】 某事业单位 2019 年 12 月份发生下列有关财政拨款业务，请根据有关凭证编制会计分录。

（1）财政直接支付方式下的核算。

1）10 日，收到工资发放代理银行转来“财政直接支付入账通知书”及盖章转回的工资发放明细表，列明当月应发工资为 87 543 元。

借：应付职工薪酬　　87 543

　　贷：财政拨款收入　　87 543

预算

借：事业支出　　87 543

　　贷：财政拨款预算收入　　87 543

2）16 日，收到政府集中采购代理银行转来的“财政直接支付入账通知书”，本月集中采购的一批材料发生退货，退回货款 20 000 元。

借：财政拨款收入　　20 000

　　贷：库存物品　　20 000

预算

借：财政拨款预算收入　　20 000

　　贷：事业支出　　20 000

3）22 日，收到政府集中采购代理银行转来的“财政直接支付入账通知书”，上年度购买的某种材料退货，退回货款 2 000 元（属于财政拨款结转资金）。

借：财政应返还额度——财政直接支付　　2 000

贷：库存物品 2 000

预算

借：资金结存——财政应返还额度 2 000

贷：财政拨款结转——年初余额调整 2 000

4）年末，当年纳入财政直接支付的预算指标为 600 000 元，年度终了的实际执行数为 550 000 元，本年度财政直接支付预算指标与当年财政直接支付实际支出数的差额为 50 000 元。

借：财政应返还额度——财政直接支付 50 000

贷：财政拨款收入 50 000

预算

借：资金结存——财政应返还额度 50 000

贷：财政拨款预算收入 50 000

（2）财政授权支付方式下的核算。

1）15 日，收到代理银行盖章转回的“财政授权支付到账通知书”，本月授权支付用款额度为 100 000 元。

借：零余额账户用款额度 100 000

贷：财政拨款收入 100 000

预算

借：资金结存——零余额账户用款额度 100 000

贷：财政拨款预算收入 100 000

2）当年纳入财政授权支付的预算指标为 680 000 元，年度终了零余额账户用款额度的实际下达数为 640 000 元，本年度财政授权支付预算指标与当年零余额账户用款额度下达数的差额为 40 000 元。

借：财政应返还额度——财政授权支付 40 000

贷：财政拨款收入 40 000

预算

借：资金结存——财政应返还额度 40 000

贷：财政拨款预算收入 40 000

（3）其他方式下的核算。

收到开户行转来的财政拨款到账通知，本月财政拨入基本支出经费 140 000 元。

借：银行存款 140 000

贷：财政拨款收入 140 000

预算

借：资金结存——货币资金 140 000

贷：财政拨款预算收入 140 000

知识归纳

财政拨款收入是指单位从同级政府财政部门取得的各类财政拨款；财政拨款预算收入是指单位从同级政府财政部门取得的各类财政拨款。

财政拨款（预算）收入分别按照财政直接支付方式下、财政授权支付方式下、其他支付方式下等取得财政拨款的情况确认与计量。

财政拨款（预算）收入的核算主要通过“财政拨款收入”和“财政拨款预算收入”两个总账科目核算。

问题探究

1. 什么是财政拨款收入和财政拨款预算收入？
2. 财政拨款收入和财政拨款预算收入在不同拨款方式下如何分别确认与计量？
3. 财政拨款收入和财政拨款预算收入核算时所对应的会计科目有什么区别？

任务二　事业（预算）收入

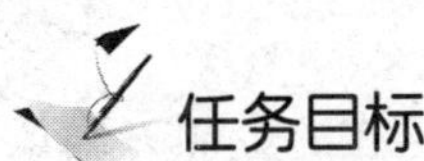

任务目标

◇ 了解事业收入和事业预算收入的定义。
◇ 熟悉事业收入和事业预算收入的管理方式。
◇ 熟悉事业收入和事业预算收入的确认与计量。
◇ 学会事业收入和事业预算收入的核算。

一、事业（预算）收入的定义

事业收入是指事业单位开展专业业务活动及其辅助活动实现的收入。事业收入不包括从同级政府财政部门取得的各类财政拨款；事业收入包括事业单位因开展科研及其辅助活动从非同级政府财政部门取得的经费拨款。

事业预算收入是指事业单位开展专业业务活动及其辅助活动取得的现金流入。事业预算收入包括事业单位因开展科研及其辅助活动从非同级政府财政部门取得的经费拨款。

二、事业（预算）收入的管理方式

事业（预算）收入是政府非税收入的重要组成部分。事业（预算）收入要按照政府非税收入管理的要求实行“收支两条线”管理。

所谓“收支两条线”管理，是指具有执收执罚职能的单位，根据国家法律、法规和规章收取的行政事业性收费（含政府性基金）和罚没收入，实行收入与支出两条线管理。即国家机关、单位、社会团体以及政府授权的其他经济组织，将按照国家有关规定依法取得的政府非税收入及其他收入全额缴入国库或者财政专户，支出通过编制预算由财政部门统筹安排，并通过国库或者财政专户拨付资金。其基本要求有：

(1) 收费主体是履行或代行政府职能的国家机关、单位和社会团体。罚没主体是指国家行政机关、司法机关和法律、法规授权的机构。

（2）各种收费、罚没项目的设立都必须有法律、法规依据。

（3）收费、罚没收入必须全部上缴财政，作为国家财政收入纳入财政预算管理。

（4）收费实行收缴分离，罚没实行罚缴分离，即实行执收执罚单位开票、银行缴款、财政统管的模式。

（5）执收执罚单位的开支，由财政部门按批准的预算拨付。

事业单位应当将开展专业业务活动及其辅助活动实现的收入全部纳入单位预算，统一核算，统一管理。事业单位对按照规定上缴国库或者财政专户的资金，应当按照国库集中收缴的有关规定及时足额上缴，不得隐瞒、滞留、截留、挪用和坐支。

按照“收支两条线管理”的要求，事业单位应当将实现的按规定应上缴国库或者财政专户的资金确认为负债；待财政专户核拨单位时或经核准不上缴国库或者财政专户时再确认为事业收入。

三、事业（预算）收入的确认与计量

事业（预算）收入的确认与计量具体分以下四种情况：

（1）采用财政专户返还方式管理的事业（预算）收入。

1）实现应上缴财政专户的事业（预算）收入时，按照实际收到或应收的金额先确认为应缴财政款。

2）按上述确认的应缴财政款向财政专户上缴当期应上缴的款项。

3）收到从财政专户返还的事业（预算）收入时，按照实际收到的返还金额再同时确认为事业收入和事业预算收入。

（2）采用预收款方式确认的事业（预算）收入。

1）实际收到预收款项时，按照收到的款项金额确认为事业预算收入。

2）按照基于合同完成进度计算的金额再分期确认为事业收入。

（3）采用应收款方式确认的事业（预算）收入。

1）根据合同完成进度计算出本期应收的款项时确认为事业收入。

2）实际收到应收款项时再确认为事业预算收入。

（4）其他方式下确认事业（预算）收入时，按照实际收到的金额同时确认为事业收入和事业预算收入。

四、事业（预算）收入的核算

（一）“事业收入”科目

事业单位为了核算其开展专业业务活动及其辅助活动实现的收入，应设置“事业收入”（收入类）科目。其贷方登记不同收入确认方式下确认的事业收入额，借方登记期末结转额。期末结转后，应无余额。

“事业收入”科目应当按照事业收入的类别、来源等设置明细科目，进行明细核算。

对于因开展科研及其辅助活动从非同级政府财政部门取得的经费拨款，应当在“事业收入”科目下单设“非同级财政拨款”明细科目进行核算。

不同收入方式下事业收入的核算如图 5-4 所示。

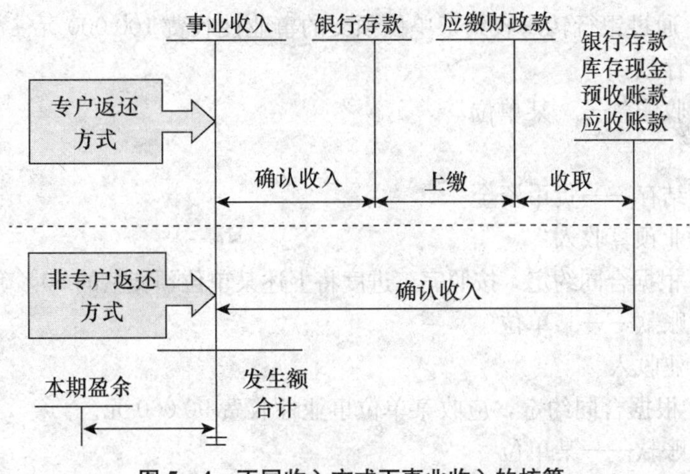

图 5-4 不同收入方式下事业收入的核算

（二）“事业预算收入”科目

事业单位为了核算其开展专业业务活动及其辅助活动取得的现金流入，应设置“事业预算收入”（预算收入类）科目。其贷方登记采用财政专户返还方式下实际收到的财政专户返还金额及实际收到的其他事业预算收入，借方登记年末结转额。年末结转后，应无余额。

年末，将其中的专项资金收入转入非财政拨款结转；将其中的非专项资金收入转入其他结余。

“事业预算收入”科目应当按照事业预算收入类别、项目、来源、《政府收支分类科目》中“支出功能分类科目”项级科目等设置明细科目，进行明细核算。

对于因开展科研及其辅助活动从非同级政府财政部门取得的经费拨款，应当在“事业预算收入”科目下单设“非同级财政拨款”明细科目进行明细核算；事业预算收入中如有专项资金收入，还应按照具体项目设置明细科目，进行明细核算。

【核算举例】 某事业单位 2019 年 12 月份发生下列有关事业（预算）收入的业务，请根据有关凭证编制会计分录。

（1）2 日，收到应上缴财政专户的事业性收费 6 000 元。

借：银行存款　　6 000

　贷：应缴财政款　　6 000

（2）3 日，开出转账支票将上述事业性收费上缴财政专户。

借：应缴财政款　　6 000

　贷：银行存款　　6 000

（3）20 日，收到开户银行到账通知书，财政专户返还款 6 000 元。

借：银行存款　　6 000

　贷：事业收入　　6 000

预算

借：资金结存——货币资金　　6 000

　贷：事业预算收入　　6 000

(4) 21 日，通过银行转账收到某单位预交的事业性收费 100 000 元。

借：银行存款　100 000

　贷：预收账款——某单位　100 000

预算

借：资金结存——货币资金　100 000

　贷：事业预算收入　100 000

(5) 23 日，根据合同约定，按照完工进度将上述某单位预交款的 50%确认为事业收入。

借：预收账款——某单位　50 000

　贷：事业收入　50 000

(6) 25 日，根据合同约定，应收某单位事业性收费 90 000 元。

借：应收账款——某单位　90 000

　贷：事业收入　90 000

(7) 27 日，收到上述某单位通过银行转账交来上述事业性收费 90 000 元。

借：银行存款　90 000

　贷：应收账款——某单位　90 000

预算

借：资金结存——货币资金　90 000

　贷：事业预算收入　90 000

(8) 28 日，通过银行转账收到某单位交来不需要上缴财政专户的事业性收费 3 100 元。

借：银行存款　3 100

　贷：事业收入　3 100

预算

借：资金结存——货币资金　3 100

　贷：事业预算收入　3 100

知识归纳

事业收入是指事业单位开展专业业务活动及其辅助活动实现的收入。事业预算收入是指事业单位开展专业业务活动及其辅助活动取得的现金流入。

事业（预算）收入是政府非税收入的重要组成部分。事业（预算）收入要按照政府非税收入管理的要求实行“收支两条线”管理。

事业收入和事业预算收入分别按照是否实行“收支两条线”管理方式确认与计量，实行收支两条线管理的在收到专户返还款时确认，其他形式的在确认收款权利或实际收到时确认。

事业（预算）收入的核算主要通过“事业收入”和“事业预算收入”科目核算。

问题探究

1. 什么是事业收入？什么是事业预算收入？
2. 什么是非税收入？什么是“收支两条线”管理？

3. 事业收入和事业预算收入的确认与计量有什么异同？

任务三 其他非财政（预算）收入

任务目标

◇ 了解上级补助收入与上级补助预算收入、附属单位上缴收入与附属单位上缴预算收入、经营收入与经营预算收入、非同级财政拨款收入与非同级财政拨款预算收入、捐赠收入与捐赠预算收入、利息收入与利息预算收入、租金收入与租金预算收入、其他收入与其他预算收入的定义。

◇ 熟悉上级补助收入与上级补助预算收入、附属单位上缴收入与附属单位上缴预算收入、经营收入与经营预算收入、非同级财政拨款收入与非同级财政拨款预算收入、捐赠收入与捐赠预算收入、利息收入与利息预算收入、租金收入与租金预算收入、其他收入与其他预算收入确认与计量的依据。

◇ 学会上级补助收入与上级补助预算收入、附属单位上缴收入与附属单位上缴预算收入、经营收入与经营预算收入、非同级财政拨款收入与非同级财政拨款预算收入、捐赠收入与捐赠预算收入、利息收入与利息预算收入、租金收入与租金预算收入、其他收入与其他预算收入的核算。

一、上级补助（预算）收入

（一）上级补助（预算）收入的定义

（1）上级补助收入是指事业单位从主管部门和上级单位取得的非财政拨款收入。

（2）上级补助预算收入是指事业单位从主管部门和上级单位取得的非财政补助现金流入。

（二）上级补助（预算）收入的确认与计量

（1）上级补助收入按照应收或实际收到的金额确认。

（2）上级补助预算收入按照实际收到的金额确认。

（三）上级补助（预算）收入的核算

1.“上级补助收入”科目

事业单位为了核算其从主管部门和上级单位取得的非财政拨款收入，应设置“上级补助收入”（收入类）科目。其贷方登记应收或实际收到的上级补助收入额，借方登记期末结转额。期末结转后，应无余额。

“上级补助收入”科目应当按照发放补助单位、补助项目等设置明细科目，进行明细核算。

2.“上级补助预算收入”科目

事业单位为了核算其从主管部门和上级单位取得的非财政补助现金流入，应设置

“上级补助预算收入”（预算收入类）科目。其贷方登记实际收到的上级补助预算收入额，借方登记年末结转额。年末，将其中的专项资金收入转入非财政拨款结转；将其中的非专项资金收入转入其他结余。年末结转后，应无余额。

“上级补助预算收入”科目应当按照发放补助单位、补助项目、《政府收支分类科目》中“支出功能分类科目”的项级科目等设置明细科目，进行明细核算。上级补助预算收入中如有专项资金收入，还应按照具体项目设置明细科目，进行明细核算。

【核算举例】 某事业单位 2019 年 6 月 23 日收到银行到账通知书，上级主管部门拨入非财政补助款项 5 600 元，请根据有关凭证编制会计分录。

借：银行存款　　5 600

　贷：上级补助收入　　5 600

预算

借：资金结存——货币资金　　5 600

　贷：上级补助预算收入　　5 600

二、附属单位上缴（预算）收入

（一）附属单位上缴（预算）收入的定义

（1）附属单位上缴收入是指事业单位取得的附属独立核算单位按照有关规定上缴的收入。

（2）附属单位上缴预算收入是指事业单位取得的附属独立核算单位根据有关规定上缴的现金流入。

（二）附属单位上缴（预算）收入的确认与计量

（1）附属单位上缴收入按照应收或实际收到的金额确认。

（2）附属单位上缴预算收入按照实际收到的金额确认。

（三）附属单位上缴（预算）收入的核算

1. “附属单位上缴收入”科目

事业单位为了核算其取得的附属独立核算单位按照有关规定上缴的收入，应设置“附属单位上缴收入”（收入类）科目。其贷方登记应收或收到的附属单位上缴收入额，借方登记期末结转额。期末结转后，应无余额。

“附属单位上缴收入”科目应当按照附属单位、缴款项目等设置明细科目，进行明细核算。

2. “附属单位上缴预算收入”科目

事业单位为了核算其取得附属独立核算单位根据有关规定上缴的现金流入，应设置“附属单位上缴预算收入”（预算收入类）科目。其贷方登记实际收到的附属单位上缴预算收入额，借方登记年末结转额。年末，将其中的专项资金收入转入非财政拨款结转；将其中的非专项资金收入转入其他结余。年末结转后，应无余额。

“附属单位上缴预算收入”科目应当按照附属单位、缴款项目、《政府收支分类科目》中“支出功能分类科目”的项级科目等设置明细科目，进行明细核算。附属单位上缴预算收入中如有专项资金收入，还应按照具体项目设置明细科目，进行明细核算。

【核算举例】 某事业单位2019年7月24日收到银行到账通知书，附属事业单位缴来款项600元，请根据有关凭证编制会计分录。

借：银行存款　600

　贷：附属单位上缴收入　600

预算

借：资金结存——货币资金　600

　贷：附属单位上缴预算收入　600

三、经营（预算）收入

（一）经营（预算）收入的定义

（1）经营收入是指事业单位在专业业务活动及其辅助活动之外开展非独立核算经营活动取得的收入。

（2）经营预算收入是指事业单位在专业业务活动及其辅助活动之外开展非独立核算经营活动取得的现金流入。

（二）经营（预算）收入的确认与计量

（1）经营收入应当在提供服务或发出存货，同时收讫价款或者取得索取价款的凭据时，按照实际收到或应收的金额予以确认。

（2）经营预算收入按照实际收到的金额确认。

（三）经营（预算）收入的核算

1.“经营收入”科目

事业单位为了核算其在专业业务活动及其辅助活动之外开展非独立核算经营活动取得的收入，应设置“经营收入”（收入类）科目。其贷方登记实际收到或确认应收的各项经营收入金额，借方登记期末结转额。期末结转后，应无余额。

“经营收入”科目应当按照经营活动类别、项目和收入来源等设置明细科目，进行明细核算。

2.“经营预算收入”科目

事业单位为了核算其在专业业务活动及其辅助活动之外开展非独立核算经营活动取得的现金流入，应设置“经营预算收入”（预算收入类）科目。其贷方登记实际收到的经营预算收入数，借方登记年末结转额。年末结转后，应无余额。

“经营预算收入”科目应当按照经营活动类别、项目、《政府收支分类科目》中“支出功能分类科目”的项级科目等设置明细科目，进行明细核算。

【核算举例】 某事业单位在专业业务活动及其辅助活动之外开展非独立核算的经营活动，2019年12月份发生下列有关经营业务，请根据有关凭证编制会计分录。

（1）1日，给某单位提供有偿服务，合同约定应收劳务费4 500元，款项暂未收到。

借：应收账款——某单位　4 500

　贷：经营收入——劳务费　4 500

（2）20日，收到银行到账通知，上述应收款项到账。

借：银行存款　4 500

贷：应收账款——某单位 4 500

预算

借：资金结存——货币资金 4 500

贷：经营预算收入 4 500

(3) 21日，销售甲产品100件，单价100元，总价款10 000元，增值税额1 600元，货已发出，款项已收到（若该单位属于增值税一般纳税人）。

借：银行存款 11 600

贷：经营收入——商品销售收入 10 000

应交增值税——应交税金（销项税额） 1 600

预算

借：资金结存——货币资金 11 600

贷：经营预算收入 11 600

(4) 若该单位属于增值税小规模纳税人，发生上述业务。

借：银行存款 11 600

贷：经营收入——商品销售收入 10 000

应交增值税 1 600

预算

借：资金结存——货币资金 11 600

贷：经营预算收入 11 600

四、非同级财政拨款（预算）收入

（一）非同级财政拨款（预算）收入的定义

(1) 非同级财政拨款收入是指单位从非同级政府财政部门取得的经费拨款，包括从同级政府其他部门取得的横向转拨财政款、从上级或下级政府财政部门取得的经费拨款等。

非同级财政拨款收入不包括事业单位因开展科研及其辅助活动从非同级政府财政部门取得的经费拨款。

(2) 非同级财政拨款预算收入是指单位从非同级政府财政部门取得的财政拨款，包括本级横向转拨财政款和非本级财政拨款。

（二）非同级财政拨款（预算）收入的确认与计量

(1) 非同级财政拨款收入按照应收或实际收到的金额确认。

(2) 非同级财政拨款预算收入按照实际收到的金额确认。

（三）非同级财政拨款（预算）收入的核算

1. “非同级财政拨款收入”科目

单位为了核算其从非同级政府财政部门取得的经费拨款，应设置“非同级财政拨款收入”（收入类）科目。其贷方登记应收或实际收到的非同级财政拨款收入金额，借方登记期末结转额。期末结转后，应无余额。

2. “非同级财政拨款预算收入”科目

单位为了核算其从非同级政府财政部门取得的财政拨款，应设置“非同级财政拨款预算收入”（预算收入类）科目。其贷方登记实际收到的非同级财政拨款预算收入，借方登记年末结转额。年末，将其中的专项资金收入转入非财政拨款结转；将其中的非专项资金收入转入其他结余。年末结转后，应无余额。

对于因开展科研及其辅助活动从非同级政府财政部门取得的经费拨款，应当通过“事业预算收入——非同级财政拨款”科目进行核算，不通过“非同级财政拨款预算收入”科目核算。

“非同级财政拨款预算收入”科目应当按照非同级财政拨款预算收入的类别、来源、《政府收支分类科目》中“支出功能分类科目”的项级科目等设置明细科目，进行明细核算。非同级财政拨款预算收入中如有专项资金收入，还应按照具体项目设置明细科目，进行明细核算。

【核算举例】　某事业单位于 2019 年 8 月 21 日收到银行到账通知，收到上级政府财政部门拨入的款项 60 000 元。

借：银行存款　　60 000

　　贷：非同级财政拨款收入　　60 000

预算

借：资金结存——货币资金　　60 000

　　贷：非同级财政拨款预算收入　　60 000

五、捐赠（预算）收入

（一）捐赠（预算）收入的定义

（1）捐赠收入是指单位接受其他单位或者个人捐赠取得的收入。

（2）捐赠预算收入是指单位接受其他单位或者个人捐赠取得的现金流入。捐赠预算收入是单位其他预算收入的重要内容之一。

（二）捐赠（预算）收入的确认与计量

（1）接受捐赠的货币资金，按照实际收到的金额确认。

（2）接受捐赠的存货、固定资产等非现金资产，按照确定的成本与发生的相关税费和运输费等合计数的差额确认。

（3）接受捐赠的资产按照名义金额入账的，按照名义金额确认。

（三）捐赠收入的核算

1. “捐赠收入”科目

单位为了核算其接受的各项捐赠收入，应设置“捐赠收入”（收入类）科目。其贷方登记实际收到或确认的捐赠收入额，借方登记期末结转额。期末结转后，应无余额。

“捐赠收入”科目应当按照捐赠资产的用途和捐赠单位等设置明细科目，进行明细核算。

2. “捐赠预算收入”科目

捐赠预算收入金额较大或业务较多的单位，“捐赠预算收入”科目可单独设置；捐赠预算收入金额较小或业务较少的单位，捐赠预算收入并入“其他预算收入”科目核算。

【核算举例】　某事业单位 2019 年 12 月份发生下列有关捐赠收入的业务，请根据有关凭证编制会计分录。

(1) 1日，收到银行到账通知，某机构捐赠款100 000元到账。

借：银行存款　100 000

　贷：捐赠收入　100 000

预算

借：资金结存——货币资金　100 000

　贷：其他预算收入（或捐赠预算收入）　100 000

(2) 2日，收到乙单位捐赠的价值168 000元的设备一台，现金支付相关税费1 000元。

借：固定资产　178 000

　贷：库存现金　1 000

　　捐赠收入　168 000

预算

借：其他支出　1 000

　贷：资金结存——货币资金　1 000

(3) 5日，收到捐赠的某种商品一批，捐赠单位没有相关凭证，单位也没有采购过同类商品，市场也没有同类商品，该批捐赠商品以名义金额入账，通过银行转账为该批商品支付运杂费1 200元（暂不考虑相关税费）。

借：库存物品　1

　贷：银行存款　1

借：其他费用　1 200

　贷：捐赠收入　1 200

预算

借：其他支出　1 200

　贷：资金结存——货币资金　1 200

六、利息（预算）收入

（一）利息（预算）收入的定义

(1) 利息收入是指单位取得的银行存款利息收入。

(2) 利息预算收入是指单位取得的银行存款利息现金流入。利息预算收入是单位其他预算收入的重要内容之一。

（二）利息（预算）收入的确认与计量

(1) 利息收入按照应收或实际收到的利息额确认。

(2) 利息预算收入按照实际收到的利息额确认。

（三）利息（预算）收入的核算

1. “利息收入”科目

单位为了核算其取得的银行存款利息收入，应设置“利息收入”（收入类）科目。其贷方登记实际收到的银行存款利息，借方登记期末结转额。期末结转后，应无余额。

2. “利息预算收入”科目

利息预算收入金额较大或业务较多的单位，“利息预算收入”科目可单独设置；利息预算收入金额较小或业务较少的单位，利息预算收入并入“其他预算收入”科目核算。

【核算举例】　某事业单位 2019 年 9 月 30 日，收到银行存款利息入账通知，本月银行存款利息为 4 115 元。

借：银行存款　　4 115

　贷：利息收入　　4 115

预算

借：资金结存——货币资金　　4 115

　贷：其他预算收入（或利息预算收入）　　4 115

七、租金（预算）收入

（一）租金（预算）收入的定义

（1）租金收入是指单位经批准利用国有资产出租取得并按照规定纳入本单位预算管理的租金收入。

（2）租金预算收入是指单位经批准利用国有资产出租取得并按照规定纳入本单位预算管理的租金现金流入。租金预算收入是单位其他预算收入的重要内容之一。

（二）租金（预算）收入的确认与计量

国有资产出租收入，应当在租赁期内各个期间按照直线法予以确认。

（1）采用预收租金方式的，预收租金时，先按照收到的金额确认为租金预算收入；分期确认租金收入时，按照各期租金金额确认租金收入。

（2）采用后付租金方式的，每期确认租金收入时，按照各期租金金额确认租金收入和应收账款；收到租金时，按照实际收到的金额确认租金预算收入。

（3）采用分期收取租金方式的，每期收取租金时，按照租金金额确认租金收入和租金预算收入。

（三）租金（预算）收入的核算

1.“租金收入”科目

单位为了核算其取得的租金收入，应设置“租金收入”（收入类）科目。其贷方登记按规定确认的租金收入，借方登记期末结转额。期末结转后，应无余额。

“租金收入”科目应当按照出租国有资产类别和收入来源等设置明细科目，进行明细核算。

2.“租金预算收入”科目

租金预算收入金额较大或业务较多的单位，“租金预算收入”科目可单独设置；租金预算收入金额较小或业务较少的单位，租金预算收入并入“其他预算收入”科目核算。

【核算举例】　某事业单位 2019 年 12 月份发生下列有关租金收入的业务，请根据有关凭证编制会计分录。

（1）采用预收租金方式收取租金。

1）9 日，通过银行转账收到承租人预付的全年租金 36 000 元。

借：银行存款　　36 000

　贷：预收账款　　36 000

预算

借：资金结存——货币资金 36 000

贷：其他预算收入（或租金预算收入） 36 000

2）31 日，按照直线法确认本月应确认的租金收入 3 000 元。

借：预收账款 3 000

贷：租金收入 3 000

（2）采用后付租金方式收取租金。

1）10 日，计算并确认本月应向承租人收取的租金收入为 2 000 元。

借：应收账款 2 000

贷：租金收入 2 000

2）31 日，通过银行转账收到承租人支付的本期租金 2 000 元。

借：银行存款 2 000

贷：应收账款 2 000

预算

借：资金结存——货币资金 2 000

贷：其他预算收入（或租金预算收入） 2 000

（3）31 日，采用分期收取租金方式，通过银行转账收到承租人支付的本期租金 1 000 元。

借：银行存款 1 000

贷：租金收入 1 000

预算

借：资金结存——货币资金 1 000

贷：其他预算收入（或租金预算收入） 1 000

八、其他（预算）收入

（一）其他（预算）收入的定义

（1）其他收入是指单位取得的除财政拨款收入、事业收入、上级补助收入、附属单位上缴收入、经营收入、非同级财政拨款收入、投资收益、捐赠收入、利息收入、租金收入以外的各项收入，包括现金盘盈收入、按照规定纳入单位预算管理的科技成果转化收入、行政单位收回已核销的其他应收款、无法偿付的应付及预收款项、置换换出资产评估增值等。

（2）其他预算收入是指单位除财政拨款预算收入、事业预算收入、上级补助预算收入、附属单位上缴预算收入、经营预算收入、债务预算收入、非同级财政拨款预算收入、投资预算收益之外的纳入部门预算管理的现金流入，包括捐赠预算收入、利息预算收入、租金预算收入、现金盘盈收入等。

（二）其他（预算）收入的确认与计量

（1）属于无法查明原因的现金溢余，报经批准后确认。

（2）按照规定留归本单位的科技成果转化收入，按照所取得收入扣除相关费用之后的净收益确认。

（3）行政单位已核销的其他应收款在以后期间收回时，按照实际收回的金额确认。

（4）无法偿付或债权人豁免偿还的应付账款、预收账款、其他应付款及长期应付款，按无法偿付或债权人豁免偿还的金额确认。

（5）置换换出资产评估增值时，按照评估价值高于资产账面价值或账面余额的金额确认。

以未入账的无形资产取得的长期股权投资，按照投资成本（评估价值加相关税费）发生的相关税费的差额确认。

（6）以上五项以外的其他收入发生时，按照应收或实际收到的金额确认。

（三）其他（预算）收入的核算

1.“其他收入”科目

单位为了核算其取得的各项其他收入，应设置“其他收入”（收入类）科目。其贷方登记各项其他收入确认数或实际收到数，借方登记收入退回数及期末结转额。期末结转后，应无余额。

“其他收入”科目应当按照其他收入的类别、来源等设置明细科目，进行明细核算。

2.“其他预算收入”科目

单位为了核算其收到的各项其他预算收入，应设置“其他预算收入”（预算收入类）科目。其贷方登记实际收到的各项其他预算收入，借方登记年末结转额。年末，将其中的专项资金收入转入非财政拨款结转；将其中的非专项资金收入转入其他结余。年末结转后，应无余额。

“其他预算收入”科目应当按照其他收入类别、《政府收支分类科目》中“支出功能分类科目”的项级科目等设置明细科目，进行明细核算。其他预算收入中如有专项资金收入，还应按照具体项目设置明细科目，进行明细核算。

【核算举例】　某事业单位2019年12月份发生下列有关其他收入业务，请根据有关凭证编制会计分录。

（1）11日，上季度库存现金长款180元无法查明原因，报经批准转列其他收入。

借：待处理财产损溢　　180

　　贷：其他收入——库存现金盘盈　　180

（2）12日，通过网银转账收到科技成果转化收入100 000元，按规定全部留归单位。

借：银行存款　　100 000

　　贷：其他收入　　100 000

预算

借：资金结存——货币资金　　100 000

　　贷：其他预算收入——科技成果转化收入　　100 000

（3）15日，按规定程序报经批准，将以前经营活动发生的应付某公司款项6 800元核销。

借：应付账款——某公司　　6 800

　　贷：其他收入　　6 800

“事业预算收入”等六个非财政拨款预算收入明细科目设置如图5-5所示。

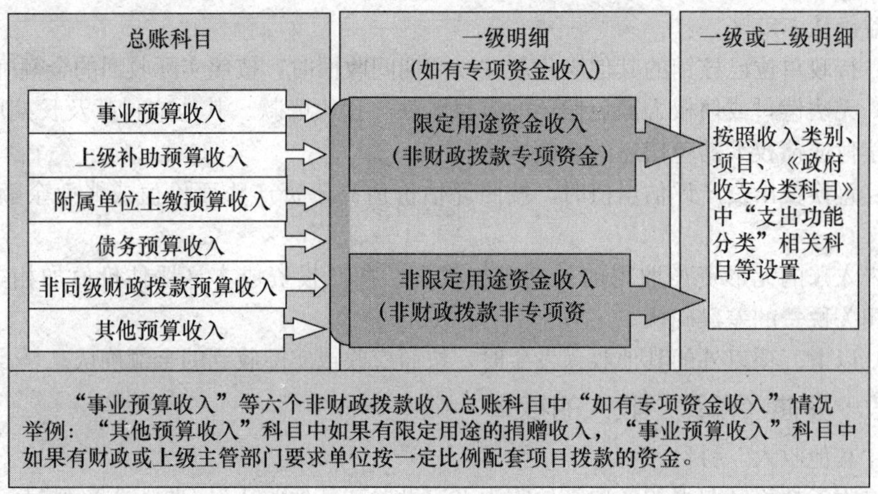

图 5－5 “事业预算收入”等六个非财政拨款预算收入明细科目设置图示

知识归纳

上级补助收入是指事业单位从主管部门和上级单位取得的非财政拨款收入；上级补助预算收入是指事业单位从主管部门和上级单位取得的非财政补助现金流入。

附属单位上缴收入是指事业单位取得的附属独立核算单位按照有关规定上缴的收入；附属单位上缴预算收入是指事业单位取得附属独立核算单位根据有关规定上缴的现金流入。

经营收入是指事业单位在专业业务活动及其辅助活动之外开展非独立核算经营活动取得的收入；经营预算收入是指事业单位在专业业务活动及其辅助活动之外开展非独立核算经营活动取得的现金流入。

非同级财政拨款收入是指单位从非同级政府财政部门取得的经费拨款，包括从同级政府其他部门取得的横向转拨财政款、从上级或下级政府财政部门取得的经费拨款等；非同级财政拨款预算收入是指单位从非同级政府财政部门取得的财政拨款，包括本级横向转拨财政款和非本级财政拨款。

捐赠收入是指单位接受其他单位或者个人捐赠取得的收入；捐赠预算收入是指单位接受其他单位或者个人捐赠取得的现金流入。捐赠预算收入是单位其他预算收入的重要内容之一。

利息收入是指单位取得的银行存款利息收入；利息预算收入是指单位取得的银行存款利息现金流入。利息预算收入是单位其他预算收入的重要内容之一。

租金收入是指单位经批准利用国有资产出租取得并按照规定纳入本单位预算管理的租金收入；租金预算收入是指单位经批准利用国有资产出租取得并按照规定纳入本单位预算管理的租金现金流入。租金预算收入是单位其他预算收入的重要内容之一。

其他收入是指单位取得的除财政拨款收入、事业收入、上级补助收入、附属单位上缴收入、经营收入、非同级财政拨款收入、投资收益、捐赠收入、利息收入、租金收入以外的各项收入，包括现金盘盈收入、按照规定纳入单位预算管理的科技成果转化收入、行政单位收回已核销的其他应收款、无法偿付的应付及预收款项、置换换出资产评估增值等；其他预算收入是指单位除财政拨款预算收入、事业预算收入、上级补助预算收入、附属单位上缴预算收入、经营预算收入、债务预算收入、非同级财政拨款预算收入、投资预算收益之外的纳入部门预算管理的现金流入，包括捐赠预算收入、利息预算收入、租金预算收入、现金盘盈收入等。

问题探究

1. 什么是上级补助收入与上级补助预算收入、附属单位上缴收入与附属单位上缴预算收入、经营收入与经营预算收入、非同级财政拨款收入与非同级财政拨款预算收入、捐赠收入与捐赠预算收入、利息收入与利息预算收入、租金收入与租金预算收入、其他收入与其他预算收入？

2. 上级补助收入与上级补助预算收入、附属单位上缴收入与附属单位上缴预算收入、经营收入与经营预算收入、非同级财政拨款收入与非同级财政拨款预算收入、捐赠收入与捐赠预算收入、利息收入与利息预算收入、租金收入与租金预算收入、其他收入与其他预算收入确认与计量的依据有什么区别？

项目六
费用（预算支出）

费用（预算支出）基础知识

一、费用的定义、确认与列示

费用是指报告期内导致单位净资产减少的，含有服务潜力或者经济利益的经济资源的流出。费用的确认应当同时满足以下条件：

（1）与费用相关的含有服务潜力或者经济利益的经济资源很可能流出单位。

（2）含有服务潜力或者经济利益的经济资源流出会导致单位资产减少或者负债增加。

（3）流出金额能够可靠地计量。

符合费用定义和费用确认条件的项目，应当列入收入费用表。

费用类会计科目及其核算内容如表6-1所示。

表6-1　费用类会计科目及其核算内容

会计科目	核算内容
业务活动费用	核算单位为实现其职能目标，依法履职或开展专业业务活动及其辅助活动所发生的各项费用。
单位管理费用	核算事业单位本级行政及后勤管理部门开展管理活动发生的各项费用，包括单位行政及后勤管理部门发生的人员经费、公用经费、资产折旧（摊销）等费用，以及由单位统一负担的离退休人员经费、工会经费、诉讼费、中介费等。
经营费用	核算事业单位在专业业务活动及其辅助活动之外开展非独立核算经营活动发生的各项费用。
资产处置费用	核算单位经批准处置资产时发生的费用，包括转销的被处置资产价值，以及在处置过程中发生的相关费用或者处置收入小于相关费用形成的净支出。资产处置的形式按照规定包括无偿调拨、出售、出让、转让、置换、对外捐赠、报废、毁损以及货币性资产损失核销等。
上缴上级费用	核算事业单位按照财政部门和主管部门的规定上缴上级单位款项发生的费用。

续前表

会计科目	核算内容
对附属单位补助费用	核算事业单位用财政拨款收入之外的收入对附属单位补助发生的费用。
所得税费用	核算有企业所得税缴纳义务的事业单位按规定缴纳企业所得税所形成的费用。
其他费用	核算单位发生的除业务活动费用、单位管理费用、经营费用、资产处置费用、上缴上级费用、对附属单位补助费用、所得税费用以外的各项费用，包括利息费用、坏账损失、罚没支出、现金资产捐赠支出以及相关税费、运输费等。

二、预算支出的定义、确认与列示

预算支出是指政府会计主体在预算年度内依法发生并纳入预算管理的现金流出。

预算支出一般在实际支付时予以确认，以实际支付的金额计量。

符合预算支出定义及其确认条件的项目应当列入政府决算报表。

预算支出类会计科目及其核算内容如表 6－2 所示。

表 6－2　　预算支出类会计科目及其核算内容

会计科目	核算内容
行政支出	核算行政单位履行其职责实际发生的各项现金流出。
事业支出	核算事业单位开展专业业务活动及其辅助活动实际发生的各项现金流出。
经营支出	核算事业单位在专业业务活动及其辅助活动之外开展非独立核算经营活动实际发生的各项现金流出。
上缴上级支出	核算事业单位按照财政部门和主管部门的规定上缴上级单位款项发生的现金流出。
对附属单位补助支出	核算事业单位用财政拨款预算收入之外的收入对附属单位补助发生的现金流出。
投资支出	核算事业单位以货币资金对外投资发生的现金流出。
债务还本支出	核算事业单位偿还自身承担的纳入预算管理的从金融机构举借的债务本金的现金流出。
其他支出	核算单位除行政支出、事业支出、经营支出、上缴上级支出、对附属单位补助支出、投资支出、债务还本支出以外的各项现金流出，包括利息支出、对外捐赠现金支出、现金盘亏损失、接受捐赠（调入）和对外捐赠（调出）非现金资产发生的税费支出、资产置换过程中发生的相关税费支出、罚没支出等。

三、费用与预算支出双重核算会计科目对应状况

费用与预算支出双重核算会计科目对应状况如表 6－3 所示。

表 6-3　　费用与预算支出双重核算会计科目对应状况

费用类科目		双重核算会计科目对应状况	预算支出类科目	
核算基础：	业务活动费用	对应	行政支出	核算基础：
权责发生制			事业支出	收付实现制
确认时点：	单位管理费用			确认时点：
确认支付义务时	经营费用	对应	经营支出	实际支付时
核算范围：	资产处置费用			核算范围：
导致净资产增加的、含有服务潜力或者经济利益的经济资源的流出	上缴上级费用	对应	上缴上级支出	纳入预算管理的现金流出
	对附属单位补助费用	对应	对附属单位补助支出	
	所得税费用			
			投资支出	
			债务还本支出	
	其他费用	对应	其他支出	

四、支出（费用）的管理

单位应当按照单位预算管理的要求，将各项支出全部纳入单位预算，建立健全支出管理制度，保障单位各项业务活动正常运转的资金需求。

（1）单位的支出应当严格执行国家有关财务规章制度规定的开支范围及开支标准；国家有关财务规章制度没有统一规定的，由单位规定，报主管部门和财政部门备案。单位的规定违反法律制度和国家政策的，主管部门和财政部门应当责令改正。

（2）事业单位在开展非独立核算经营活动中，应当正确归集实际发生的各项费用数；不能归集的，应当按照规定的比例合理分摊。

经营支出应当与经营收入配比。

（3）单位从财政部门和主管部门取得的有指定项目和用途的专项资金，应当专款专用、单独核算，并按照规定向财政部门或者主管部门报送专项资金使用情况；项目完成后，应当报送专项资金支出决算和使用效果的书面报告，接受财政部门或者主管部门的检查、验收。

（4）单位应当加强经济核算，可以根据开展业务活动及其他活动的实际需要，实行内部成本核算办法。

（5）单位应当严格执行国库集中支付制度和政府采购制度等有关规定。

（6）单位应当加强支出的绩效管理，提高资金使用的有效性。

（7）单位应当依法加强各类票据管理，确保票据来源合法、内容真实、使用正确，不得使用虚假票据。

五、常用部门预算支出经济分类科目（2018 年）

（一）工资福利支出

工资福利支出反映单位开支的在职职工和编制外长期聘用人员的各类劳动报酬，以及为上述人员缴纳的各项社会保险费等。

（1）基本工资。反映按规定发放的基本工资，包括公务员的职务工资、级别工资；机关工人的岗位工资、技术等级工资；事业单位工作人员的岗位工资、薪级工资；各类学校毕业生试用期（见习期）工资、新参加工作工人学徒期、熟练期工资；军队（武警）军官、文职干部的职务（专业技术等级）工资、军衔（级别）工资、基础工资和军龄工资；军队士官的军衔等级工资、基础工资和军龄工资等。

（2）津贴补贴。反映按规定发放的津贴、补贴，包括机关工作人员工作性津贴、生活性补贴、地区附加津贴、岗位津贴，机关事业单位艰苦边远地区津贴，事业单位工作人员特殊岗位津贴补贴，以及提租补贴、购房补贴、采暖补贴、物业服务补贴等。

（3）奖金。反映按规定发放的奖金，包括机关工作人员年终一次性奖金等。

（4）伙食补助费。反映单位发给职工的伙食补助费，因公负伤等住院治疗，住疗养院期间的伙食补助费，军队（含武警）人员的伙食费等。

（5）绩效工资。反映事业单位工作人员的绩效工资。

（6）机关事业单位基本养老保险缴费。反映单位为职工缴纳的基本养老保险费。由单位代扣的工作人员基本养老保险缴费，不在此科目反映。

（7）职业年金缴费。反映单位实际缴纳的职业年金（含职业年金补记支出）。由单位代扣的工作人员职业年金缴费，不在此科目反映。

（8）职工基本医疗保险缴费。反映单位为职工缴纳的基本医疗保险费。

（9）公务员医疗补助缴费。反映按规定可享受公务员医疗补助单位为职工缴纳的公务员医疗补助费。

（10）其他社会保障缴费。反映单位为职工缴纳的失业、工伤、生育、大病统筹等社会保险费，残疾人就业保障金，军队（含武警）为军人缴纳的退役养老、医疗等社会保险费。生育保险和职工基本医疗保险合并实施的地区，相关缴费不在此科目反映。

（11）住房公积金。反映单位按规定为职工缴纳的住房公积金。

（12）医疗费。反映未参加医疗保险单位的医疗经费和单位按规定为职工支出的其他医疗费用。

（13）其他工资福利支出。反映上述科目未包括的工资福利支出，如各种加班工资、病假两个月以上期间的人员工资、职工探亲旅费，困难职工生活补助，编制外长期聘用人员（不包括劳务派遣人员）劳务报酬及社保缴费，公务员及参照公务员法管理的事业单位工作人员转入企业工作并按规定参加企业职工基本养老保险后给予的一次性补贴等。

（二）商品和服务支出

商品和服务支出反映单位购买商品和服务的支出，不包括用于购置固定资产、战略性和应急性物资储备等资本性支出。

（1）办公费。反映单位购买日常办公用品、书报杂志等支出。

（2）印刷费。反映单位的印刷费支出。

（3）咨询费。反映单位咨询方面的支出。

（4）手续费。反映单位支付的各类手续费支出。

（5）水费。反映单位支付的水费、污水处理费等支出。

（6）电费。反映单位的电费支出。

（7）邮电费。反映单位开支的信函、包裹、货物等物品的邮寄费及电话费、电报费、传真费、网络通讯费等。

（8）取暖费。反映单位取暖用燃料费、热力费、炉具购置费、锅炉临时工的工资、节煤奖以及由单位支付的在职职工和离退休人员宿舍取暖费等。

（9）物业管理费。反映单位开支的办公用房以及未实行职工住宅物业服务改革的在职职工和离退休人员宿舍等的物业管理费，包括综合治理、绿化、卫生等方面的支出。

（10）差旅费。反映单位工作人员国（境）内出差发生的城市间交通费、住宿费、伙食补助费和市内交通费。

（11）因公出国（境）费用。反映单位公务出国（境）的旅费、国外城市间交通费、住宿费、伙食费、培训费、公杂费等支出。

（12）维修（护）费。反映单位日常开支的固定资产（不包括车船等交通工具）修理和维护费用，网络信息系统运行与维护费用，以及按规定提取的修购基金。

（13）租赁费。反映租赁办公用房、宿舍、专用通讯网以及其他设备等方面的费用。

（14）会议费。反映在会议期间按规定开支的住宿费、伙食费、会议场地租金、交通费、文件印刷费、医药费等。

（15）培训费。反映除因公出国（境）培训费以外的，在培训期间发生的师资费、住宿费、伙食费、培训场地费、培训资料费、交通费等各类培训费用。

（16）公务接待费。反映单位按规定开支的各类公务接待（含外宾接待）费用。

（17）专用材料费。反映单位购买日常专用材料的支出。具体包括药品及医疗耗材，农用材料，兽医用品，实验室用品，专用服装，消耗性体育用品，专用工具和仪器，艺术部门专用材料和用品，广播电视台发射台发射机的电力、材料等方面的支出。

（18）被装购置费。反映法院、检察院、公安、税务、海关等单位的被装购置支出。

（19）专用燃料费。反映用作业务工作设备的车（不含公务用车）、船设施等的油料支出。

（20）劳务费。反映支付给外单位和个人的劳务费用，如临时聘用人员、钟点工工资，稿费、翻译费，评审费等。

（21）委托业务费。反映因委托外单位办理业务而支付的委托业务费。

（22）工会经费。反映单位按规定提取或安排的工会经费。

（23）福利费。反映单位按规定提取的职工福利费。

（24）公务用车运行维护费。反映单位按规定保留的公务用车燃料费、维修费、过桥过路费、保险费、安全奖励费用等支出。

（25）其他交通费用。反映单位除公务用车运行维护费以外的其他交通费用。如公务交通补贴、租车费用、出租车费用，飞机、船舶等的燃料费、维修费、保险费等。

（26）税金及附加费用。反应单位提供劳务或销售产品应负担的税金及附加费用。包括消费税、城市维护建设税、资源税和教育费附加等。

（27）其他商品和服务支出。反映上述科目未包括的日常公用支出。如诉讼费、国内组织的会员费、来访费、广告宣传费以及离休人员特需费、离休人员公用经费等。

（三）对个人和家庭的补助

对个人和家庭的补助反映政府用于对个人和家庭的补助支出。

（1）离休费。反映机关事业单位和军队移交政府安置的离休人员的离休费、护理费以及提租补贴、购房补贴、采暖补贴、物业服务补贴等补贴。

（2）退休费。反映机关事业单位和军队移交政府安置的退休人员的退休费以及提租补贴、购房补贴、采暖补贴、物业服务补贴等补贴。

（3）退职（役）费。反映机关事业单位退职人员的生活补贴，一次性支付给职工或军官、军队无军籍退职职工、运动员的退职补助，一次性支付给军官、文职干部、士官、义务兵的退役费，按月支付给自主择业的军队转业干部的退役金。

（4）抚恤金。反映按规定开支的烈士遗属、牺牲病故人员遗属的一次性和定期抚恤金，伤残人员的抚恤金，离退休人员等其他人员的各项抚恤金，以及按规定开支的机关事业单位职工和离退休人员丧葬费。

（5）生活补助。反映按规定开支的优抚对象定期定量生活补助费，退役军人生活补助费，机关事业单位职工和遗属生活补助，长期赡养人员补助费，由于国家实行退耕还林、禁牧舍饲政策补偿给农牧民的现金、粮食支出，对农村党员、复员军人以及村干部的补助支出，人犯的伙食费、药费等。

（6）救济费。反映按规定开支的城乡困难群众、灾民、归侨、外侨及其他人员的生活救济费，包括城乡居民的最低生活保障费，随同资源枯竭矿山破产但未参加养老保险统筹的矿山所属集体企业退休人员按最低生活保障标准发放的生活费，特困救助供养对象、临时救助对象、贫困户、麻风病人的生活救济费，精简退职老弱残职工救济费，福利、救助机构发生的收养费以及救助支出等。实物形式的救济也在此科目反映。

（7）医疗费补助。反映机关事业单位和军队移交政府安置的离退休人员的医疗费，学生医疗费，优抚对象医疗补助，以及按国家规定资助居民参加城乡居民医疗保险和资助农民参加新型农村合作医疗、城镇居民参加城镇居民基本医疗保险的支出和对城乡贫困家庭的医疗救助支出。

（8）助学金。反映学校学生助学金、奖学金、学生贷款、出国留学（实习）人员生活费，青少年业余体校学员伙食补助费和生活费补贴，按照协议由我方负担或享受我方奖学金的来华留学生、进修生生活费等。

（9）奖励金。反映对个体私营经济的奖励、计划生育目标责任奖励、独生子女父母奖励等。

（10）个人农业生产补贴。反映对个人及新型农业经营主体（包括种粮大户、家庭农场、农民专业合作社等）发放的生产补贴支出，如国家对农民发放的农业生产发展资金以及发放给残疾人的各种生产经营补贴等。

（11）其他对个人和家庭的补助支出。反映未包括在上述科目的对个人和家庭的补助支出，如婴幼儿补贴、退职人员及随行家属路费、符合条件的退役回乡义务兵一次性建房补助、符合安置条件的城镇退役士兵自谋职业的一次性经济补助费、保障性住房租金补贴等。

（四）资本性支出

资本性支出反映各单位安排的资本性支出。切块由发改部门集中安排的基本建设支出不在此科目反映。

（1）房屋建筑物购建。反映用于购买、自行建造办公用房、仓库、职工生活用房、教学科研用房、学生宿舍、食堂等建筑物（含附属设施，如电梯、通讯线路、水气管道等）的支出。

（2）办公设备购置。反映用于购置并按财务会计制度规定纳入固定资产核算范围的办公家具和办公设备的支出，以及按规定提取的修购基金。

（3）专用设备购置。反映用于购置具有专门用途，并按财务会计制度规定纳入固定资产核算范围的各类专用设备的支出。如通信设备、发电设备、交通监控设备、卫星转发器、气象设备、进出口监管设备等，以及按规定提取的修购基金。

（4）基础设施建设。反映用于农田设施、道路、铁路、桥梁、水坝和机场、车站、码头等公共基础设施建设方面的支出。

（5）大型修缮。反映按财务会计制度规定允许资本化的各类设备、建筑物、公共基础设施等大型修缮的支出。

（6）信息网络及软件购置更新。反映用于信息网络和软件方面的支出。如服务器购置、软件购置、开发、应用支出等，如果购建的相关硬件、软件等不符合财务会计制度规定的固定资产确认标准的，不在此科目反映。

（7）物资储备。反映为应付战争、自然灾害或意料不到的突发事件而提前购置的具有特殊重要性的军事用品、石油、医药、粮食等战略性和应急性物质储备支出。

（8）土地补偿。反映按规定征地和收购土地过程中支付的土地补偿费。

（9）安置补助。反映按规定征地和收购土地过程中支付的安置补助费。

（10）地上附着物和青苗补偿。反映按规定征地和收购土地过程中支付的地上附着物和青苗补偿费。

（11）拆迁补偿。反映按规定征地和收购土地过程中支付的拆迁补偿费。

（12）公务用车购置。反映公务用车购置支出（含车辆购置税）。

（13）其他交通工具购置。反映除公务用车外的其他各类交通工具（如船舶、飞机等）购置支出（含车辆购置税、牌照费）。

（14）文物和陈列品购置。反映文物和陈列品购置支出。

（15）无形资产购置。反映著作权、商标权、专利权、土地使用权等无形资产购置支出。软件购置、开发、应用支出不在此科目反映。

（16）其他资本性支出。反映上述科目中未包括的资本性支出。

任务一　基本业务（管理）活动费用（支出）

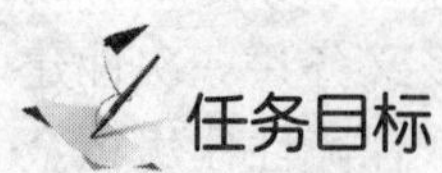

任务目标

◇ 了解业务活动费用、单位管理费用、行政支出、事业支出的定义。

◇ 熟悉业务活动费用、单位管理费用、行政支出、事业支出确认与计量的依据。

◇ 学会业务活动费用、单位管理费用、行政支出、事业支出的核算。

一、基本业务（管理）活动费用（支出）的定义与分类

（一）业务活动费用

业务活动费用是指单位为实现其职能目标，依法履职或开展专业业务活动及其辅助活动所发生的各项费用。

为了满足成本核算需要，单位可参照《政府收支分类科目》“部门预算支出经济分类”的类级科目，将业务活动费用分为工资福利费用、商品和服务费用、对个人和家庭的补助费用、对企业补助费用、固定资产折旧费、无形资产摊销费、公共基础设施折旧（摊销）费、保障性住房折旧费、计提专用基金等费用。

（二）单位管理费用

单位管理费用是指事业单位本级行政及后勤管理部门开展管理活动发生的各项费用。单位管理费用包括单位行政及后勤管理部门发生的人员经费、公用经费、资产折旧（摊销）等费用，以及由单位统一负担的离退休人员经费、工会经费、诉讼费、中介费等。

为了满足成本核算需要，单位可参照《政府收支分类科目》“部门预算支出经济分类”的类级科目，将单位管理费用分为工资福利费用、商品和服务费用、对个人和家庭的补助费用、对企业补助费用、固定资产折旧费、无形资产摊销费等费用。

（三）行政支出（事业支出）

行政支出是指行政单位履行其职责实际发生的各项现金流出；事业支出是指事业单位开展专业业务活动及其辅助活动实际发生的各项现金流出。

（1）行政支出（事业支出）按照支出的资金来源渠道分为财政拨款支出、非财政专项资金支出和其他资金支出。

1）财政拨款支出是指单位用财政拨款预算收入安排的支出。财政拨款支出应按照《政府收支分类科目》中“支出功能分类科目”的项级科目详细分类；还可按照财政拨款的种类分为一般公共预算财政拨款支出、政府性基金预算财政拨款支出等。

2）非财政专项资金支出是指单位用事业预算收入、上级补助预算收入、附属单位上缴预算收入、债务预算收入、非同级财政拨款预算收入、其他预算收入中的限定用途资金安排的支出。

3）其他资金支出是指单位用事业预算收入、上级补助预算收入、附属单位上缴预算收入、债务预算收入、非同级财政拨款预算收入、其他预算收入中的非限定用途资金安排的支出。

（2）行政支出（事业支出）按照支出的经济性质分为基本支出和项目支出。

1）基本支出是指单位为了保障其正常运转、完成日常工作任务而发生的人员支出和公用支出。

2）项目支出单位为了完成特定工作任务和事业发展目标，在基本支出之外发生的支出。

“基本支出”和“项目支出”还应当按照《政府收支分类科目》中“部门预算支出经

济分类科目”的款级科目详细分类。“项目支出”还应按照单位承担的具体项目分类。

二、基本业务（管理）活动费用（支出）的确认与计量

（一）业务活动费用的确认与计量

（1）为履职或开展业务活动人员计提薪酬时，按照计算确定的金额确认。

（2）为履职或开展业务活动发生外部人员劳务费时，按照计算确定的金额确认。

（3）为履职或开展业务活动领用库存物品，以及动用发出相关政府储备物资时，按照领用库存物品或发出相关政府储备物资的账面余额确认。

（4）为履职或开展业务活动所使用的固定资产、无形资产以及为所控制的公共基础设施、保障性住房计提折旧、摊销时，按照计提金额确认。

（5）为履职或开展业务活动发生城市维护建设税、教育费附加、地方教育费附加、车船税、房产税、城镇土地使用税等时，按照计算确定应缴纳的金额确认。

（6）为履职或开展业务活动发生其他各项费用时，按照费用确认金额确认。

（7）按照规定从收入中提取专用基金并计入费用时，一般按照预算会计下基于预算收入计算提取的金额确认。国家另有规定的，从其规定。

（8）发生当年购货退回等业务时，对于已计入本年业务活动费用的，按照收回或应收的金额确认。

（二）单位管理费用的确认与计量

（1）为管理活动人员计提薪酬时，按照计算确定的金额确认。

（2）为开展管理活动发生外部人员劳务费时，按照计算确定的费用金额确认。

（3）开展管理活动内部领用库存物品时，按照领用物品实际成本确认。

（4）为管理活动所使用固定资产、无形资产计提折旧、摊销时，按照应提折旧、摊销额确认。

（5）为开展管理活动发生城市维护建设税、教育费附加、地方教育费附加、车船税、房产税、城镇土地使用税等时，按照计算确定应缴纳的金额确认。

（6）为开展管理活动发生其他各项费用时，按照费用确认金额确定。

（7）发生当年购货退回等业务时，对于已计入本年单位管理费用的，按照收回或应收的金额确认。

（三）行政支出的确认与计量

（1）支付单位职工薪酬时，按照实际支付的金额确认。同时，按照规定代扣代缴的个人所得税以及代扣代缴或为职工缴纳的职工社会保险费、住房公积金等，按照实际缴纳的金额确认。

（2）支付外部人员劳务费时，按照实际支付给外部人员个人的金额确认。同时，代扣代缴的个人所得税按照实际缴纳的金额确认。

（3）为购买存货、固定资产、无形资产等以及在建工程支付相关款项时，按照实际支付的金额确认。

（4）发生预付账款时，按照实际支付的金额确认。对于暂付款项，在支付款项时可不做预算会计处理，待结算或报销时，按照结算或报销的金额确认。

(5) 发生其他各项支出时，按照实际支付的金额确认。

(6) 因购货退回等发生款项退回，或者发生差错更正时，属于当年支出收回的，按照收回或更正金额确认。

(四) 事业支出的确认与计量

(1) 支付单位职工（经营部门职工除外）薪酬时，按照实际支付的数额确认。同时，按照规定代扣代缴的个人所得税以及代扣代缴或为职工缴纳的职工社会保险费、住房公积金等按照实际缴纳的金额确认。

(2) 为专业业务活动及其辅助活动支付外部人员劳务费时，按照实际支付给外部人员个人的金额确认。同时，按照规定代扣代缴的个人所得税按照实际缴纳的金额确认。

(3) 开展专业业务活动及其辅助活动过程中为购买存货、固定资产、无形资产等以及在建工程支付相关款项时，按照实际支付的金额确认。

(4) 开展专业业务活动及其辅助活动过程中发生预付账款时，按照实际支付的金额确认。对于暂付款项，在支付款项时可不做预算会计处理，待结算或报销时，按照结算或报销的金额确认。

(5) 开展专业业务活动及其辅助活动过程中缴纳相关税费以及发生其他各项支出时，按照实际支付的金额确认。

(6) 开展专业业务活动及其辅助活动过程中因购货退回等发生款项退回，或者发生差错更正时，属于当年支出收回的，按照收回或更正金额确认。

三、基本业务（管理）活动费用（支出）的核算

(一)“业务活动费用”科目

单位为了核算其为实现其职能目标，依法履职或开展专业业务活动及其辅助活动所发生的各项费用，应设置“业务活动费用”（费用类）科目。其借方登记单位应计提的薪酬、发生外部人员劳务费、领用库存物资、动用相关政府储备物资、应计提固定资产、应计提无形资产摊销、应计提专用基金、发生其他费用等费用数，贷方登记发生当年购货退回及期末结转额。期末结转后，应无余额。

“业务活动费用”科目应当按照项目、服务或者业务类别、支付对象设置明细科目，进行明细核算。

为了满足成本核算需要，“业务活动费用”科目下还可按照“工资福利费用”“商品和服务费用”“对个人和家庭的补助费用”“对企业补助费用”“固定资产折旧费”“无形资产摊销费”“公共基础设施折旧（摊销）费”“保障性住房折旧费”“计提专用基金”等成本项目设置明细科目，归集能够直接计入业务活动或采用一定方法计算后计入业务活动的费用。

(二)“单位管理费用”科目

事业单位为了核算其本级行政及后勤管理部门开展管理活动发生的各项费用，应设置“单位管理费用”（费用类）科目。其借方登记直接或间接归集的各项管理活动费用额，贷方登记当年购货退回及期末结转额。期末结转后，应无余额。

“单位管理费用”科目应当按照项目、费用类别、支付对象等设置明细科目，进行明

细核算。

为了满足成本核算需要，“单位管理费用”科目下还可按照“工资福利费用”“商品和服务费用”“对个人和家庭的补助费用”“固定资产折旧费”“无形资产摊销费”等成本项目设置明细科目，归集能够直接计入单位管理活动或采用一定方法计算后计入单位管理活动的费用。

（三）“行政支出”科目

行政单位为了核算其履行其职责实际发生的各项现金流出，应设置“行政支出”（预算支出类）科目。其借方登记实际支付的单位职工薪酬、外部人员劳务费、购买存货、购买固定资产、购买无形资产、在建工程、预付账款和其他支出的相关款项，贷方登记当年因购货退回或差错更正应收回或更正金额。年末，应将本年发生额中的财政拨款支出转入财政拨款结转；将本年发生额中的非财政专项资金支出转入非财政拨款结转；将本科目本年发生额中的其他资金支出（非财政非专项资金支出）转入其他结余。年末结转后，应无余额。

“行政支出”科目应当分别按照“财政拨款支出”“非财政专项资金支出”和“其他资金支出”，“基本支出”和“项目支出”等设置明细科目进行明细核算，并按照《政府收支分类科目》中“支出功能分类科目”的项级科目设置明细科目进行明细核算；“基本支出”和“项目支出”明细科目下应当按照《政府收支分类科目》中“部门预算支出经济分类科目”的款级科目设置明细科目进行明细核算，同时在“项目支出”明细科目下按照具体项目设置明细科目进行明细核算。

有一般公共预算财政拨款、政府性基金预算财政拨款等两种或两种以上财政拨款的行政单位，还应当在“财政拨款支出”明细科目下按照财政拨款的种类设置明细科目进行明细核算。

对于预付款项，可通过在“行政支出”科目下设置“待处理”明细科目进行核算，待确认具体支出项目后再转入“行政支出”科目下相关明细科目。年末结账前，应将“行政支出”科目“待处理”明细科目余额全部转入“行政支出”科目下相关明细科目。

（四）“事业支出”科目

事业单位为了核算其开展专业业务活动及其辅助活动实际发生的各项现金流出，应设置“事业支出”（预算支出类）科目。其借方登记实际支付的单位职工（经营部门职工除外）薪酬、外部人员劳务费、购买存货、购买固定资产、购买无形资产、在建工程、预付账款和其他支出的相关款项，贷方登记当年因购货退回或差错更正应收回或更正金额。年末，应将本年发生额中的财政拨款支出转入财政拨款结转；将本年发生额中的非财政专项资金支出转入非财政拨款结转；将本科目本年发生额中的其他资金支出（非财政非专项资金支出）转入其他结余。年末结转后，应无余额。

单位发生教育、科研、医疗、行政管理、后勤保障等活动的，可在“事业支出”科目下设置相应的明细科目进行核算，或单设“7201 教育支出”“7202 科研支出”“7203 医疗支出”“7204 行政管理支出”“7205 后勤保障支出”等一级会计科目进行核算。

“事业支出”科目应当分别按照“财政拨款支出”、“非财政专项资金支出”和“其他资金支出”，“基本支出”和“项目支出”等设置明细科目进行明细核算，并按照《政府收支分类科目》中“支出功能分类科目”的项级科目设置明细科目进行明细核算；“基本支出”和“项目支出”明细科目下应当按照《政府收支分类科目》中“部门预算支出经济分类科目”的款级科目设置明细科目进行明细核算，同时在“项目支出”明细科目下按照具体项目设置明细科目进行明细核算。

有一般公共预算财政拨款、政府性基金预算财政拨款等两种或两种以上财政拨款的事业单位，还应当在“财政拨款支出”明细科目下按照财政拨款的种类设置明细科目进行明细核算。

对于预付款项，可通过在“事业支出”科目下设置“待处理”明细科目进行明细核算，待确认具体支出项目后再转入“事业支出”科目下相关明细科目。年末结账前，应将“事业支出”科目“待处理”明细科目余额全部转入“事业支出”科目下相关明细科目。

“行政支出”和“事业支出”科目明细科目的设置图示，如图 6－1 所示。

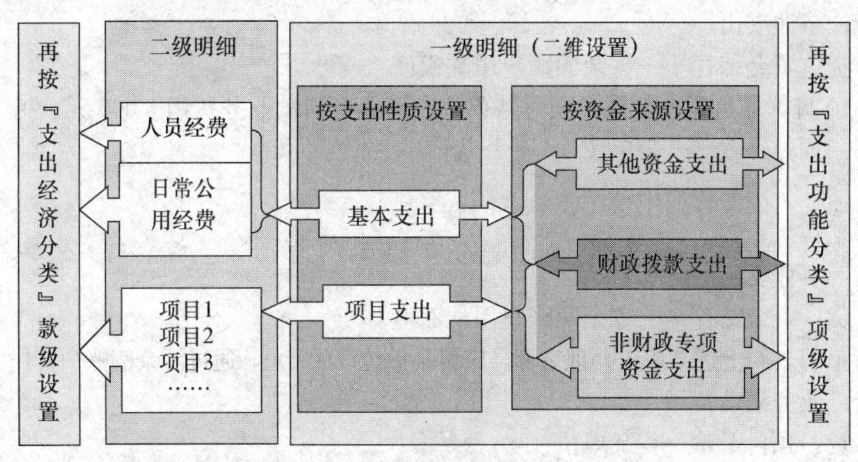

图 6－1　“行政支出”和“事业支出”科目明细科目设置图示

【核算举例 1】　某事业单位 2019 年 12 月份发生下列业务活动，请根据有关凭证编制会计分录。

（1）5 日，计提本月从事专业业务活动人员工资 254 000 元，应代扣个人所得税 9 000 元。

借：业务活动费用——工资福利费用　　254 000

　贷：应付职工薪酬　　254 000

借：应付职工薪酬　　9 000

　贷：其他应交税费——应交个人所得税　　9 000

（2）6 日，收到工资发放代理银行盖章转回的“财政直接支付入账通知书”及盖章转回的工资发放明细表，实发工资 245 000 元，代扣代缴个人所得税 9 000 元。

借：应付职工薪酬　　245 000

　　其他应交税费——应交个人所得税　　9 000

　贷：财政拨款收入　　254 000

预算

借：事业支出　　254 000

　贷：财政拨款预算收入　　254 000

（3）7 日，计提本月从事专业业务活动的外部人员的劳务费 59 000 元，应并代扣个人所得税 890 元。

借：业务活动费用——工资福利费用 59 000

贷：其他应付款 58 110

其他应交税费——应交个人所得税 890

（4）8 日，收到零余额账户代理银行盖章转回的"财政授权支付到账通知书"及盖章转回的外部人员的劳务费发放明细表，应付劳务费 59 000 元，其中代扣代缴个人所得税 890 元。

借：其他应付款 58 110

其他应交税费——应交个人所得税 890

贷：零余额账户用款额度 59 000

预算

借：事业支出 59 000

贷：资金结存——零余额账户用款额度 59 000

（5）10 日，通过零余额账户预付某单位专业业务活动业务费用 5 000 元。

借：预付账款——某单位 5 000

贷：零余额账户用款额度 5 000

预算

借：事业支出 5 000

贷：资金结存——零余额账户用款额度 5 000

（6）20 日，与上述某单位办理结算，应付某单位 5 600 元，通过零余额账户补付 600 元。

借：业务活动费用 5 600

贷：预付账款——某单位 5 000

零余额账户用款额度 600

预算

借：事业支出 600

贷：资金结存——零余额账户用款额度 600

（7）20 日，为开展专业业务活动，购入商品一批，通过零余额账户转账支付业务活动用甲材料款 21 000 元，材料已验收入库。

借：库存物品——甲材料 21 000

贷：零余额账户用款额度 21 000

预算

借：事业支出 21 000

贷：资金结存——零余额账户用款额度 21 000

（8）21 日，业务部门领用上述甲材料 21 000 元。

借：业务活动费用 21 000

贷：库存物品——甲材料 21 000

（9）21 日，资产管理部门转来折旧计算汇总表，本期应计提业务活动使用的固定资产折旧 5 890 元，应计提保障性住房折旧 96 000 元。

借：业务活动费用 101 890

贷：固定资产累计折旧 5 890

保障性住房累计折旧 96 000

(10) 21 日，按规定计算出本期开展业务活动应缴纳的相关税费 6 160 元。

借：业务活动费用 6 160

贷：其他应交税费 6 160

(11) 22 日，开出转账支票缴纳上述相关税费 6 160 元。

借：其他应交税费 6 160

贷：银行存款 6 160

预算

借：事业支出 6 160

贷：资金结存——货币资金 6 160

(12) 23 日，通过零余额账户转账支付业务活动维修费 3 000 元。

借：业务活动费用 3 000

贷：零余额账户用款额度 3 000

预算

借：事业支出 3 000

贷：资金结存——零余额账户用款额度 3 000

(13) 31 日，按当年事业收入累计发生额及上级主管部门的规定计算出当年应计提的专用基金 10 000 元。

借：业务活动费用 10 000

贷：专用基金 10 000

【核算举例 2】 某事业单位 2019 年 12 月份发生下列管理活动业务，请根据有关凭证编制会计分录。

(1) 5 日，计提本月管理人员工资 87 000 元，应代扣个人所得税 2 200 元。

借：单位管理费用——工资福利费用 87 000

贷：应付职工薪酬 87 000

借：应付职工薪酬 2 200

贷：其他应交税费——应交个人所得税 2 200

(2) 6 日，收到工资发放代理银行盖章转回的“财政直接支付入账通知书”及盖章转回的工资发放明细表，上卡工资 84 800 元，代扣代缴个人所得税 2 200 元。

借：应付职工薪酬 84 800

其他应交税费——应交个人所得税 2 200

贷：财政拨款收入 87 000

预算

借：事业支出 87 000

贷：财政拨款预算收入 87 000

(3) 7 日，计提本月从事管理活动的外部人员的劳务费 19 000 元。

借：单位管理费用——工资福利费用 19 000

贷：其他应付款 19 000

（4）8 日，收到零余额账户代理银行盖章转回的上述外部人员劳务费发放明细表。

借：其他应付款　19 000

　贷：零余额账户用款额度　19 000

预算

借：事业支出　19 000

　贷：资金结存——零余额账户用款额度　19 000

（5）11 日，通过财政直接支付方式预付某单位管理活动费用 6 000 元。

借：预付账款——某单位　6 000

　贷：财政拨款收入　6 000

预算

借：事业支出　6 000

　贷：财政拨款预算收入　6 000

（6）15 日，收到上述单位管理活动费用结算发票，实际应付管理费用为 6 100 元，余款 100 元通过财政直接支付补付。

借：单位管理费用　6 100

　贷：预付账款——某单位　6 000

　　财政拨款收入　100

预算

借：事业支出　100

　贷：财政拨款预算收入　100

（7）17 日，办公室某同志因公出差预借差旅费 3 000 元，通过网银转账付讫。

借：其他应收款——某同志　3 000

　贷：银行存款　3 000

（8）25 日，上述办公室某同志按规定报销差旅费 3 000 元。

借：单位管理费用　3 000

　贷：其他应收款——某同志　3 000

预算

借：事业支出　3 000

　贷：资金结存——货币资金　3 000

（9）31 日，收到资产管理部门转来固定资产折旧计算汇总表，本期应计提管理部门固定资产折旧共计 4 130 元。

借：单位管理费用　4 130

　贷：固定资产累计折旧　4 130

（10）31 日，仓库转来本月发出存货汇总表中列明，本月开展管理活动领用库存甲产品 1 900 元。

借：单位管理费用　1 900

　贷：库存物品　1 900

（11）31 日，计算出本期开展管理活动应缴纳的相关税费 1 300 元。

借：单位管理费用　1 300

贷：其他应交税费 1 300

(12) 31 日，通过网银转账支付上述税费。

借：其他应交税费 1 300

贷：银行存款 1 300

预算

借：事业支出 1 300

贷：资金结存——货币资金 1 300

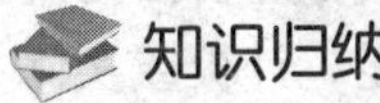

知识归纳

业务活动费用是指单位为实现其职能目标，依法履职或开展专业业务活动及其辅助活动所发生的各项费用；单位管理费用是指事业单位本级行政及后勤管理部门开展管理活动发生的各项费用；行政支出是指行政单位履行其职责实际发生的各项现金流出；事业支出是指事业单位开展专业业务活动及其辅助活动实际发生的各项现金流出。

单位基本业务活动、管理活动发生的费用（支出）主要通过“业务活动费用”“单位管理费用”“行政支出”“事业支出”科目核算。

问题探究

1. 什么是业务活动费用、单位管理费用、行政支出、事业支出？

2. 业务活动费用、单位管理费用、行政支出、事业支出确认与计量的依据有什么不同？

任务二 其他业务（管理）活动费用（支出）

任务目标

◇ 了解经营费用与经营支出、上缴上级费用与上缴上级支出、对附属单位补助费用与对附属单位补助支出、所得税费用、其他费用与其他支出的定义。

◇ 熟悉经营费用与经营支出、上缴上级费用与上缴上级支出、对附属单位补助费用与对附属单位补助支出、所得税费用、其他费用与其他支出确认与计量的依据。

◇ 学会经营费用与经营支出、上缴上级费用与上缴上级支出、对附属单位补助费用与对附属单位补助支出、所得税费用、其他费用与其他支出的核算。

一、经营费用（支出）

（一）经营费用（支出）的定义

(1) 经营费用是指事业单位在专业业务活动及其辅助活动之外开展非独立核算经营活动发生的各项费用。

(2) 经营支出是指事业单位在专业业务活动及其辅助活动之外开展非独立核算经营

活动实际发生的各项现金流出。

（二）经营费用（支出）的确认与计量

（1）经营费用按照计算确定、按规定计提或实际发生的费用额确认。

（2）经营支出按照实际发生额确认。

（三）经营费用（支出）的核算

1. “经营费用”科目

事业单位为了核算其在专业业务活动及其辅助活动之外开展非独立核算经营活动发生的各项费用，应设置“经营费用”（费用类）科目。其借方登记计算确定、计提或实际发生的各项经营费用，贷方登记发生当年购货退回等业务实际收回或应收的金额及期末结转额。期末结转后，本科目应无余额。

“经营费用”科目应当按照经营活动类别、项目、支付对象等设置明细科目，进行明细核算。

为了满足成本核算需要，“经营费用”科目下还可按照“工资福利费用”“商品和服务费用”“对个人和家庭的补助费用”“固定资产折旧费”“无形资产摊销费”等成本项目设置明细科目，归集能够直接计入单位经营活动或采用一定方法计算后计入单位经营活动的费用。

2. “经营支出”科目

事业单位为了核算其在专业业务活动及其辅助活动之外开展非独立核算经营活动实际发生的各项现金流出，应设置“经营支出”（预算支出类）科目。其借方登记实际发生的各项经营支出，贷方登记因购货退回等发生款项退回或者发生差错更正时当年支出收回的或更正金额以及年末结转额。年末结转后，应无余额。

“经营支出”科目应当按照经营活动类别、项目、《政府收支分类科目》中“支出功能分类科目”的项级科目和“部门预算支出经济分类科目”的款级科目等设置明细科目，进行明细核算。

对于预付款项，可通过在“经营支出”科目下设置“待处理”明细科目进行明细核算，待确认具体支出项目后再转入“经营支出”科目下相关明细科目。年末结账前，应将“经营支出”科目“待处理”明细科目余额全部转入“经营支出”科目下相关明细科目。

【核算举例】 某事业单位2019年12月份发生下列有关经营费用的业务，请根据有关凭证编制会计分录。

（1）5日，计提本月从事经营活动的人员工资17 000元，应代扣个人所得税180元。

借：经营费用——工资福利费用　　17 000
　贷：应付职工薪酬　　17 000
借：应付职工薪酬　　180
　贷：其他应交税费——应交个人所得税　　180

（2）6日，通过网银转账支付上述从事经营活动人员工资16 820元，代扣代缴个人所得税180元。

借：应付职工薪酬　　16 820

其他应交税费——应交个人所得税 180
贷：银行存款 17 000

预算

借：经营支出 17 000
贷：资金结存——货币资金 17 000

（3）10 日，为开展非独立核算的经营活动购入机器设备一台，价款 7 200 元，款项通过网银转账支付，发票已收到，设备已验收入库。

借：固定资产 7 200
贷：银行存款 7 200

预算

借：经营支出 7 200
贷：资金结存——货币资金 7 200

（4）15 日，仓库转来发出材料汇总表中，本月开展非独立核算的经营活动领用乙材料 1 000 元。

借：经营费用 1 000
贷：库存物品——乙材料 1 000

（5）16 日，为开展非独立核算的经营活动通过网银转账预付协作某单位劳务款 3 150 元。

借：预付账款——某单位 3 150
贷：银行存款 3 150

预算

借：经营支出 3 150
贷：资金结存——货币资金 3 150

（6）26 日，上述协作单位提供协作劳务，按合同应付劳务费 3 200 元，余款 50 元通过网银转账补付。

借：经营费用 3 200
贷：预付账款 3 150
银行存款 50

预算

借：经营支出 50
贷：资金结存——货币资金 50

（7）31 日，计提本月非独立核算经营活动用专利权的应提摊销为 2 000 元。

借：经营费用 2 000
贷：无形资产累计摊销 2 000

（8）31 日，按当年经营收入累计发生额及上级主管部门的规定计算出当年应计提的专用基金 10 000 元。

借：经营费用 10 000
贷：专用基金 10 000

二、上缴上级费用（支出）

（一）上缴上级费用（支出）的定义

（1）上缴上级费用是指事业单位按照财政部门和主管部门的规定上缴上级单位款项发生的费用。

（2）上缴上级支出是指事业单位按照财政部门和主管部门的规定上缴上级单位款项发生的现金流出。

（二）上缴上级费用（支出）的确认与计量

（1）上缴上级费用按照实际上缴的金额或者计算出应当上缴的金额确认。

（2）上缴上级支出按照实际上缴的金额确认。

（三）上缴上级费用（支出）的核算

1.“上缴上级费用”科目

事业单位为了核算其按照财政部门和主管部门的规定上缴上级单位款项发生的费用，应设置“上缴上级费用”（费用类）科目。其借方登记实际上缴或者计算出应当上缴的金额，贷方登记期末结转额。期末结转后，应无余额。

“上缴上级费用”科目应当按照收缴款项单位、缴款项目等设置明细科目，进行明细核算。

2.“上缴上级支出”科目

事业单位为了核算其按照财政部门和主管部门的规定上缴上级单位款项发生的现金流出，应设置“上缴上级支出”（预算支出类）科目。其借方登记实际上缴的金额，贷方登记年末结转额。年末结转后，应无余额。

“上缴上级支出”科目应当按照收缴款项单位、缴款项目、《政府收支分类科目》中“支出功能分类科目”的项级科目和“部门预算支出经济分类科目”的款级科目等设置明细科目，进行明细核算。

【核算举例】 某事业单位 2019 年 5 月 13 日按规定上缴上级单位款项 28 000 元，请根据有关凭证编制会计分录。

借：上缴上级费用　　28 000

　贷：银行存款　　28 000

预算

借：上缴上级支出　　28 000

　贷：资金结存——货币资金　　28 000

三、对附属单位补助费用（支出）

（一）对附属单位补助费用（支出）的定义

（1）对附属单位补助费用是指事业单位用财政拨款收入之外的收入对附属单位补助发生的费用。

（2）对附属单位补助支出是指事业单位用财政拨款预算收入之外的收入对附属单位补助发生的现金流出。

（二）对附属单位补助费用（支出）的确认与计量

（1）对附属单位补助费用按照实际补助的金额或者计算出应当对附属单位补助的金额确认。

（2）对附属单位补助支出按照实际补助的金额确认。

（三）对附属单位补助费用（支出）的核算

1.“对附属单位补助费用”科目

事业单位为了核算其用财政拨款收入之外的收入对附属单位补助发生的费用，应设置“对附属单位补助费用”（费用类）科目。其借方登记实际补助或者计算出应当补助的金额，贷方登记期末结转额。期末结转后，本科目应无余额。

“对附属单位补助费用”科目应当按照接受补助单位、补助项目等设置明细科目，进行明细核算。

2.“对附属单位补助支出”科目

事业单位为了核算其用财政拨款预算收入之外的收入对附属单位补助发生的现金流出，应设置“对附属单位补助支出”（预算支出类）科目。其借方登记实际补助的金额，贷方登记年末结转额。年末结转后，应无余额。

“对附属单位补助支出”科目应当按照接受补助单位、补助项目、《政府收支分类科目》中“支出功能分类科目”的项级科目和“部门预算支出经济分类科目”的款级科目等设置明细科目，进行明细核算。

【核算举例】　某事业单位 2019 年 3 月 21 日，用财政补助收入之外的收入对附属单位补助 18 000 元，请根据有关凭证编制会计分录。

借：对附属单位补助费用　　18 000
　贷：银行存款　　18 000

预算

借：对附属单位补助支出　　18 000
　贷：资金结存——货币资金　　18 000

四、所得税费用

（一）所得税费用的定义

所得税费用是指有企业所得税缴纳义务的事业单位按规定缴纳企业所得税所形成的费用。

（二）所得税费用的确认与计量

所得税费用按照税法规定的应交所得税额确认。

（三）所得税费用的核算

事业单位为了核算其按规定应缴纳的企业所得税额，应设置“所得税费用”（费用类）科目。其借方登记应交所得税额，贷方登记年末结转额。年末结转后，应无余额。

【核算举例】　某事业单位 2019 年 12 月份发生下列有关所得税业务，请根据有关凭证编制会计分录。

（1）30 日，按税法规定，计算出应缴纳企业所得税 6 200 元。

借：所得税费用 6 200

贷：其他应交税费——单位应交所得税 6 200

（2）31 日，通过网银转账缴纳上述税款。

借：其他应交税费——单位应交所得税 6 200

贷：银行存款 6 200

预算

借：非财政拨款结余——累计结余 6 200

贷：资金结存——货币资金 6 200

五、其他费用（支出）

（一）其他费用（支出）的定义

（1）其他费用是指单位发生的除业务活动费用、单位管理费用、经营费用、资产处置费用、上缴上级费用、附属单位补助费用、所得税费用以外的各项费用，包括利息费用、坏账损失、罚没支出、现金资产捐赠支出以及相关税费、运输费等。

（2）其他支出是指单位除行政支出、事业支出、经营支出、上缴上级支出、对附属单位补助支出、投资支出、债务还本支出以外的各项现金流出，包括利息支出、对外捐赠现金支出、现金盘亏损失、接受捐赠（调入）和对外捐赠（调出）非现金资产发生的税费支出、资产置换过程中发生的相关税费支出、罚没支出等。

（二）其他费用（支出）的确认与计量

（1）其他费用按照实际发生的金额或确定的应当支付的金额确认。

（2）其他支出按照实际发生的金额确认。

（三）其他费用（支出）的核算

1.“其他费用”科目

单位为了核算其发生的各项其他费用，应设置“其他费用”（费用类）科目。其借方登记按期计算确定、计提及发生的各项其他费用额，贷方登记冲减多提的坏账准备额及期末结转额。期末结转后，应无余额。

“其他费用”科目应当按照其他费用的类别等设置明细科目，进行明细核算。

单位发生的利息费用较多时，可以单独设置“利息费用”科目。

2.“其他支出”科目

单位为了核算其发生的各项其他支出，应设置“其他支出”（预算支出类）科目。其借方登记实际发生的各项其他支出数，贷方登记年末结转数。年末结转时，将其中的本年发生额中的财政拨款支出转入财政拨款结转；将本年发生额中的非财政专项资金支出转入非财政拨款结转；将本年发生额中的其他资金支出（非财政非专项资金支出）转入其他结余。年末结转后，本科目应无余额。

“其他支出”科目应当按照其他支出的类别“财政拨款支出”、“非财政专项资金支出”和“其他资金支出”，《政府收支分类科目》中“支出功能分类科目”的项级科目和“部门预算支出经济分类科目”的款级科目等进行明细核算。其他支出中如有专项资金支出，还应按照具体项目进行明细核算。

有一般公共预算财政拨款、政府性基金预算财政拨款等两种或两种以上财政拨款的事业单位，还应当在“财政拨款支出”明细科目下按照财政拨款的种类进行明细核算。

单位发生利息支出、捐赠支出等其他支出金额较大或业务较多时，可单独设置“利息支出”“捐赠支出”等科目。

【核算举例】 某事业单位 2019 年 12 月份发生下列其他零星业务，请根据有关凭证编制会计分录。

（1）15 日，通过网银转账支付对口扶贫单位 20 000 元。

借：其他费用——现金捐赠支出　20 000

　贷：银行存款　20 000

预算

借：其他支出　20 000

　贷：资金结存——货币资金　20 000

（2）16 日，通过网银转账支付环境部门执法罚款 10 000 元。

借：其他费用——罚没支出　10 000

　贷：银行存款　10 000

预算

借：其他支出　10 000

　贷：资金结存——货币资金　10 000

（3）31 日，计算出本期应计提坏账准备 3 000 元。

借：其他费用——坏账损失　3 000

　贷：坏账准备　3 000

（4）31 日，计算本月应付银行短期借款利息 5 000 元。

借：其他费用——利息费用　5 000

　贷：应付利息　5 000

（5）31 日，通过网银转账支付上述银行借款利息。

借：应付利息　5 000

　贷：银行存款　5 000

预算

借：其他支出　5 000

　贷：资金结存——货币资金　5 000

知识归纳

经营费用是指事业单位在专业业务活动及其辅助活动之外开展非独立核算经营活动发生的各项费用；经营支出是指事业单位在专业业务活动及其辅助活动之外开展非独立核算经营活动实际发生的各项现金流出。单位经营费用与经营支出分别通过“经营费用”和“经营支出”科目核算。

上缴上级费用是指事业单位按照财政部门和主管部门的规定上缴上级单位款项发生的费用；上缴上级支出是指事业单位按照财政部门和主管部门的规定上缴上级单位款项

发生的现金流出。单位的上缴上级费用与上缴上级支出分别通过“上缴上级费用”和“上缴上级支出”科目核算。

对附属单位补助费用是指事业单位用财政拨款收入之外的收入对附属单位补助发生的费用；对附属单位补助支出是指事业单位用财政拨款预算收入之外的收入对附属单位补助发生的现金流出。单位对附属单位补助费用与对附属单位补助支出分别通过“对附属单位补助费用”和“对附属单位补助支出”科目核算。

所得税费用是指有企业所得税缴纳义务的事业单位按规定缴纳企业所得税所形成的费用。单位的所得税费用通过“所得税费用”科目核算。

其他费用是指单位发生的除业务活动费用、单位管理费用、经营费用、资产处置费用、上缴上级费用、附属单位补助费用、所得税费用以外的各项费用，包括利息费用、坏账损失、罚没支出、现金资产捐赠支出以及相关税费、运输费等；其他支出是指单位除行政支出、事业支出、经营支出、上缴上级支出、对附属单位补助支出、投资支出、债务还本支出以外的各项现金流出，包括利息支出、对外捐赠现金支出、现金盘亏损失、接受捐赠（调入）和对外捐赠（调出）非现金资产发生的税费支出、资产置换过程中发生的相关税费支出、罚没支出等。单位的其他费用与其他支出分别通过“其他费用”和“其他支出”科目核算。

问题探究

1. 什么是经营费用与经营支出、上缴上级费用与上缴上级支出、对附属单位补助费用与对附属单位补助支出、所得税费用、其他费用与其他支出？

2. 经营费用与经营支出、上缴上级费用与上缴上级支出、对附属单位补助费用与对附属单位补助支出、其他费用与其他支出确认与计量的依据有什么区别？

项目七
预算结余

预算结余基础知识

一、预算结余的定义

预算结余是指政府会计主体预算年度内预算收入扣除预算支出后的资金余额，以及历年滚存的资金余额。

二、预算结余的种类

预算结余包括结余资金和结转资金。

(1) 结余资金是指年度预算执行终了，预算收入实际完成数扣除预算支出和结转资金后剩余的资金。

(2) 结转资金是指预算安排项目的支出年终尚未执行完毕或者因故未执行，且下年需要按原用途继续使用的资金。

三、结转与结余的辨析

(一) 结转与结余的定义

结转和结余是指单位年度收入与支出相抵后的余额。

(1) 结转资金是指当年预算已执行但未完成，或者因故未执行，下一年度需要按照原用途继续使用的资金。

(2) 结余资金是指当年预算工作目标已完成，或者因故终止，当年剩余的资金。

(二) 结转与结余的区别和联系

准确理解“结转”与“结余”的含义，要把握“一个前提、四个不同”。

“一个前提”是财务规则及会计制度等涉及单位财务管理与会计核算的相关规定。

“四个不同”一是指财政拨款预算收入与非财政拨款预算收入分类方法不同；二是指财政拨款预算收入中的基本支出与项目支出的分类方法不同；三是指非财政拨款预算收入中的限定用途资金与非限定用途资金的分类方法不同；四是指非财政拨款预算收入中的非限定用途资金中的其他业务活动与经营活动分类方法不同。

按照“一个前提、四个不同”，单位的结转结余区分为财政拨款结转结余、非财政拨款结转结余、专用结余、其他结余、经营结余。财政拨款结转结余分为财政拨款结转和财政拨款结余，财政拨款结转分为基本支出结转和项目支出结转，项目完成后的财政拨款项目支出结转资金可转入财政拨款结余；非财政拨款结转结余分为非财政拨款结转（即非财政限定用途资金收支差额）和非财政拨款结余，项目完成后的非财政拨款结转资金可转入非财政拨款结余；专用结余是按照规定从非财政拨款结余中提取的具有专门用途的资金；经营结余是经营活动收支相抵后的余额；其他结余除财政拨款收支、非同级财政专项资金收支和经营收支以外各项收支相抵后的余额（即非财政非限定用途资金收支差额）。

其中：财政拨款结转结余、非财政拨款结转结余不参与单位结余分配；经营结余、其他结余可以参与结余分配，年末应转入非财政拨款结余分配进行分配。

两种不同性质结转结余的分类如图 7－1 所示。

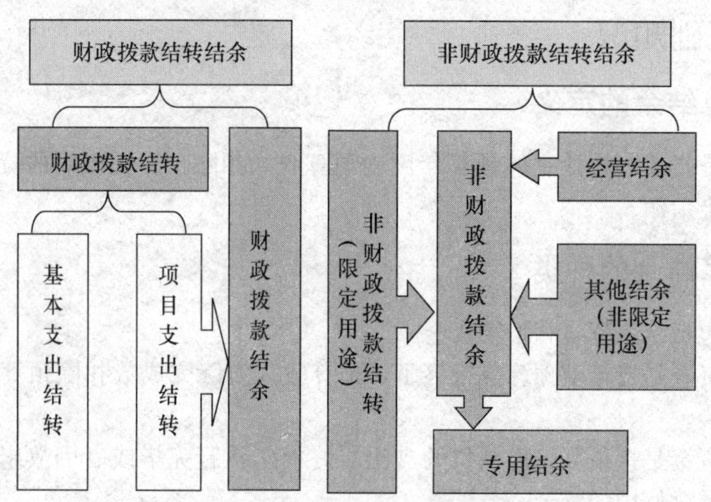

图 7－1　两种不同性质结转结余的分类

四、预算结余的确认

符合预算结余定义及确认条件的项目应当列入政府决算报表。

预算结余类会计科目及其核算内容如表 7－1 所示。

表 7－1　　预算结余类会计科目及其核算内容

会计科目	核算内容
资金结存	核算单位纳入部门预算管理的资金的流入、流出、调整和滚存等情况。
财政拨款结转	核算单位取得的同级财政拨款结转资金的调整、结转和滚存情况。
财政拨款结余	核算单位取得的同级财政拨款项目支出结余资金的调整、结转和滚存情况。
非财政拨款结转	核算单位除财政拨款收支、经营收支以外各非同级财政拨款专项资金的调整、结转和滚存情况。
非财政拨款结余	核算单位历年滚存的非限定用途的非同级财政拨款结余资金，主要为非财政拨款结余扣除结余分配后滚存的金额。

续前表

会计科目	核算内容
专用结余	核算事业单位按照规定从非财政拨款结余中提取的具有专门用途的资金的变动和滚存情况。
经营结余	核算事业单位本年度经营活动收支相抵后余额弥补以前年度经营亏损后的余额。
其他结余	核算单位本年度除财政拨款收支、非同级财政专项资金收支和经营收支以外各项收支相抵后的余额。
非财政拨款结余分配	核算事业单位本年度非财政拨款结余分配的情况和结果。

任务一　资金结存

任务目标

◇ 了解资金结存的定义。

◇ 熟悉资金结存包含的内容。

◇ 掌握资金结存的确认与计量。

◇ 学会资金结存的核算。

一、资金结存的定义与内容

资金结存是指单位纳入部门预算管理的资金。单位的资金结存包括以下内容：

（1）零余额账户用款额度，是指实行国库集中支付的单位收到财政部门批复的用款计划所列示的当期用款额度。

（2）货币资金，是指单位以库存现金、银行存款、其他货币资金形态存在的资金。

（3）财政应返还额度，是指实行国库集中支付的单位可以使用的以前年度财政直接支付资金额度和财政应返还的财政授权支付资金额度。

二、资金结存的确认与计量

（一）资金结存增加的确认与计量

（1）财政授权支付方式下，根据代理银行转来的财政授权支付额度到账通知书上列明的授权支付额度确认。

（2）以国库集中支付以外的其他支付方式取得预算收入时，按照实际收到的金额确认。

（3）从零余额账户退回现金时，按退回额确认。

（4）收到从其他单位调入的财政拨款结转资金的，按照实际调入资金数额确认。

（5）因购货退回、发生差错更正等退回国库直接支付、授权支付款项，或者收回货币资金的，按发生额确认。

（6）年末，根据本年度财政直接支付预算指标数与当年财政直接支付实际支出数的差额确认；年末，单位依据代理银行提供的对账单作注销额度的，按注销额度调整；本年度财政授权支付预算指标数大于零余额账户用款额度下达数的，根据未下达的用款额度确认。下年初，单位依据代理银行提供的额度恢复到账通知书作恢复额度的，按恢复额度调整。单位收到财政部门批复的上年末未下达零余额账户用款额度的，按未下达额度调整。

（二）资金结存减少的确认与计量

（1）财政授权支付方式下，发生相关支出时，按照实际支付的金额确认。

（2）从零余额账户提取现金时，按提现额确认。

（3）使用以前年度财政直接支付额度发生支出时，按照实际支付金额确认。

（4）以国库集中支付以外的其他支付方式下，发生相关支出时，按照实际支付的金额确认。

（5）按照规定上缴财政拨款结转结余资金或注销财政拨款结转结余资金额度的，按照实际上缴资金数额或注销的资金额度数额确认。

（6）按规定向原资金拨入单位缴回非财政拨款结转资金的，按照实际缴回资金数额确认。

（7）按照规定使用专用基金时，按照实际支付金额确认。

（8）有企业所得税缴纳义务的事业单位缴纳所得税时，按照实际缴纳金额确认。

三、资金结存的核算

单位为了核算其纳入部门预算管理的资金的流入、流出、调整和滚存等情况，应设置“资金结存”（预算结余类）科目。其借方登记资金流入额及调整增加额，贷方登记资金流出额及调整减少额。年末借方余额，反映单位预算资金的累计滚存情况。

“资金结存”科目应当设置下列明细科目：

（1）“零余额账户用款额度”核算实行国库集中支付的单位根据财政部门批复的用款计划收到和支用的零余额账户用款额度。年末结账后，应无余额。

（2）“货币资金”核算单位以库存现金、银行存款、其他货币资金形态存在的资金。年末借方余额，反映单位尚未使用的货币资金。

（3）“财政应返还额度”核算实行国库集中支付的单位可以使用的以前年度财政直接支付资金额度和财政应返还的财政授权支付资金额度。本明细科目下可设置“财政直接支付”“财政授权支付”两个明细科目进行明细核算。年末借方余额，反映单位应收财政返还的资金额度。

“资金结存”三个时点（时期）的核算图示，如图 7－2 所示。

【核算举例】 某事业单位 2019 年发生下列有关资金结存的业务，请根据有关凭证编制会计分录。

（1）3 月 3 日收到零余额账户代理银行盖章转回的“财政授权支付到账通知书”，并与当月分月用款计划核对，本月授权支付用款额度为 200 000 元。

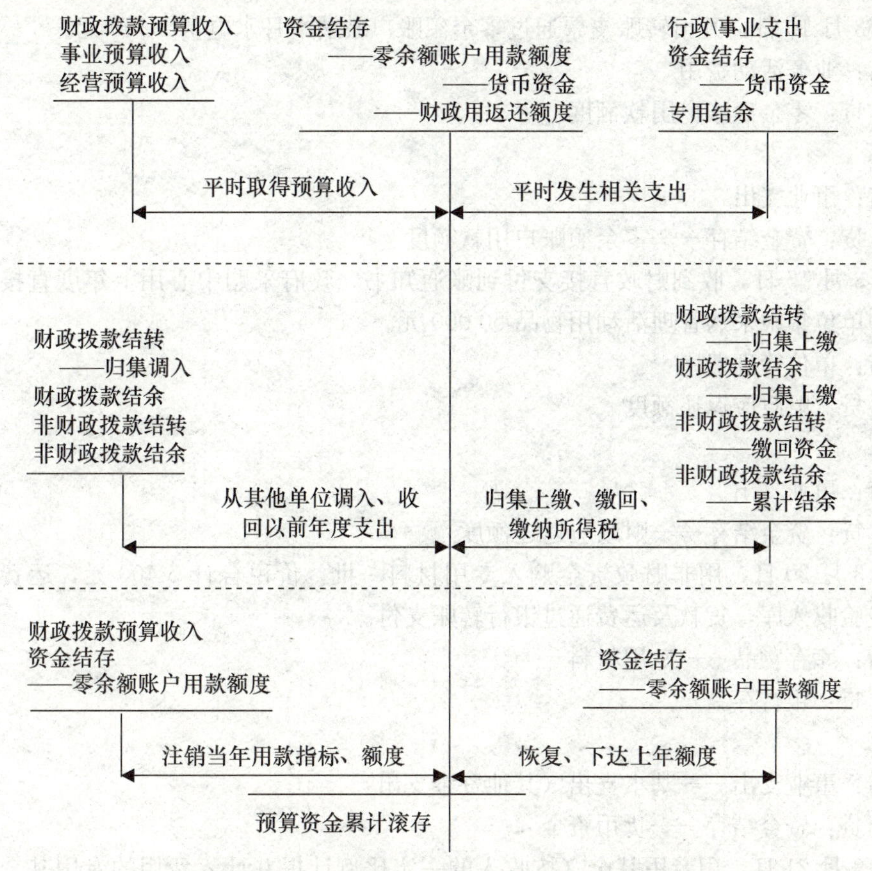

图 7-2 “资金结存”三个时点（期）核算图示

借：零余额账户用款额度　　200 000
　贷：财政拨款收入　　200 000

预算

借：资金结存——零余额账户用款额度　　200 000
　贷：财政拨款预算收入　　200 000

（2）3 月 5 日，收到开户行转来的财政拨款到账通知，本月基本支出经费 100 000 元。

借：银行存款　　100 000
　贷：财政拨款收入　　100 000

预算

借：资金结存——货币资金　　100 000
　贷：财政拨款预算收入　　100 000

（3）3 月 8 日，开出现金支票从零余额账户提现 5 000 元备用。

借：库存现金　　5 000
　贷：零余额账户用款额度　　5 000

预算

借：资金结存——货币资金　　5 000
　贷：资金结存——零余额账户用款额度　　5 000

（4）3月10日，开出转账支票通过零余额账户缴纳本月水电费3 600元。

借：业务活动费用　3 600

　贷：零余额账户用款额度　3 600

预算

借：事业支出　3 600

　贷：资金结存——零余额账户用款额度　3 600

（5）3月15日，收到财政直接支付到账通知书，政府采购中心用上年度直接支付结转资金为单位集中采购管理活动用物品50 000元。

借：单位管理费用　50 000

　贷：财政应返还额度　50 000

预算

借：事业支出　50 000

　贷：资金结存——财政应返还额度　50 000

（6）3月20日，用非财政资金购入专用材料一批，价税合计5 400元，运费80元。材料已经验收入库，货款及运费通过银行转账支付。

借：库存物品——专用材料　5 480

　贷：银行存款　5 480

预算

借：事业支出——基本支出（其他资金支出）　5 480

　贷：资金结存——货币资金　5 480

（7）3月21日，用专用基金（按收入的一定比例计提并计入费用的专用基金）购入不需要安装的某专用设备一台，价税合计9 000元，运费300元。货款及运费通过银行转账支付。

借：固定资产——专用设备　9 300

　贷：银行存款　9 300

借：专用基金　9 300

　贷：累计盈余　9 300

预算

借：事业支出——项目支出（其他资金支出）　9 300

　贷：资金结存——货币资金　9 300

（8）12月31日，按规定将财政拨款结余10 000元通过零余额账户上缴。

借：累计盈余　10 000

　贷：零余额账户用款额度　10 000

预算

借：财政拨款结余——归集上缴　10 000

　贷：资金结存——零余额账户用款额度　10 000

（9）12月31日，按规定将非财政拨款结转资金20 000元通过银行转账缴回。

借：累计盈余　20 000

　贷：银行存款　20 000

预算

借：非财政拨款结转——缴回资金　　20 000

贷：资金结存——货币资金　　20 000

(10) 12 月 31 日，通过零余额账户收到财政部门调入财政拨款结转资金 15 000 元。

借：零余额账户用款额度　　15 000

贷：累计盈余　　15 000

预算

借：资金结存——零余额账户用款额度　　15 000

贷：财政拨款结转——归集调入　　15 000

(11) 12 月 31 日，当年纳入财政直接支付的预算指标为 400 000 元，年度终了的实际执行数为 370 000 元，当年应注销的财政直接支付预算指标为 30 000 元。

借：财政应返还额度——财政直接支付　　30 000

贷：财政拨款收入　　30 000

预算

借：资金结存——财政应返还额度　　30 000

贷：财政拨款预算收入　　30 000

(12) 12 月 31 日，当年纳入财政授权支付的预算指标为 510 000 元，年度终了零余额账户用款额度的实际下达数为 500 000 元，当年应注销的财政授权支付预算指标为 10 000 元。

借：财政应返还额度——财政授权支付　　10 000

贷：财政拨款收入　　10 000

预算

借：资金结存——财政应返还额度　　10 000

贷：财政拨款预算收入　　10 000

(13) 12 月 31 日，年度终了零余额账户用款额度的实际下达数为 500 000 元，当年零余额账户实际支出累计数为 491 000 元，当年应注销的零余额账户用款额度为 9 000 元。

借：财政应返还额度——财政授权支付　　9 000

贷：零余额账户用款额度　　9 000

预算

借：资金结存——财政应返还额度　　9 000

贷：资金结存——零余额账户用款额度　　9 000

若下年初，收到“财政授权支付额度恢复通知书”，恢复上述注销的用款额度。

借：零余额账户用款额度　　9 000

贷：财政应返还额度——财政授权支付　　9 000

预算

借：资金结存——零余额账户用款额度　　9 000

贷：资金结存——财政应返还额度　　9 000

知识归纳

资金结存是指单位纳入部门预算管理的资金。单位的资金结存包括零余额账户用款额度、货币资金和财政应返还额度。

资金结存的增减分别根据不同的收付及结算方式确认与计量。

资金结存的核算主要通过“资金结存”科目进行，“资金结存”科目应设置零余额账户用款额度、货币资金和财政应返还额度三个明细科目。

问题探究

1. 什么是资金结存？资金结存包括哪些内容？
2. 简述不同支付方式下资金结存确认与计量的依据。

任务二 财政拨款结转结余

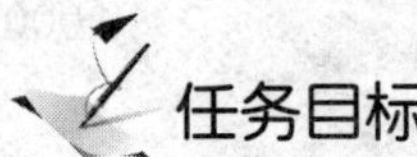

任务目标

◇ 了解财政拨款结转结余的定义。
◇ 掌握财政拨款结转结余的计算公式。
◇ 熟悉财政拨款结转结余的确认与计量。
◇ 学会财政拨款结转结余的核算。

一、财政拨款结转结余的定义

（一）财政拨款结转

财政拨款结转是指单位历年财政拨款预算收入与其相应支出相抵形成的滚存结转资金，具体包括当年财政拨款收支结转资金、从其他单位调入的财政结转资金以及从单位财政拨款结余调剂的资金。

（1）本年财政拨款收支结转计算公式如下：

本年财政拨款收支结转 = 财政拨款预算收入 − 行政支出（财政拨款支出）
事业支出（财政拨款支出）
其他支出（财政拨款支出）

（2）历年滚存财政拨款结转计算公式如下：

滚存财政拨款结转 = 本年财政拨款收支结转 ± 年初余额调整 + 归集调入 − 归集调出 − 归集上缴 + 单位内部调剂 − 年末结转转出

（二）财政拨款结余

财政拨款结余是指单位历年按规定从财政拨款结转结转转入的滚存资金。历年滚存财政拨款结余的计算公式如下：

历年滚存财政拨款结余=结转转入±年初余额调整-归集上缴-单位内部调剂

二、财政拨款结转结余的确认与计量

(1)按照规定从其他单位调入财政拨款结转资金的，按照实际调增的额度数额或调入的资金数额确认。

(2)按照规定向其他单位调出财政拨款结转资金的，按照实际调减的额度数额或调出的资金数额确认。

(3)按照规定上缴财政拨款结转结余资金或注销财政拨款结转结余资金额度的，按照实际上缴资金数额或注销的资金额度数额确认。

(4)经财政部门批准对财政拨款结余资金改变用途，调整用于本单位基本支出或其他未完成项目支出的，按照批准调剂的金额确认。

三、财政拨款结转结余的核算

(一)“财政拨款结转”科目

单位为了核算其取得的同级财政拨款结转资金的调整、结转和滚存情况，应设置“财政拨款结转”(预算结余类)科目。其借贷方登记的内容根据不同明细科目的核算内容分别确定。年末贷方余额，反映单位滚存的财政拨款结转资金数额。

“财政拨款结转”科目应当设置下列明细科目：

1. 与会计差错更正、以前年度支出收回相关的明细科目

“年初余额调整”核算因发生会计差错更正、以前年度支出收回等原因，需要调整财政拨款结转的金额。年末结账后，应无余额。

2. 与财政拨款调拨业务相关的明细科目

(1)“归集调入”核算按照规定从其他单位调入财政拨款结转资金时，实际调增的额度数额或调入的资金数额。年末结账后，应无余额。

(2)“归集调出”核算按照规定向其他单位调出财政拨款结转资金时，实际调减的额度数额或调出的资金数额。年末结账后，应无余额。

(3)“归集上缴”核算按照规定上缴财政拨款结转资金时，实际核销的额度数额或上缴的资金数额。年末结账后，应无余额。

(4)“单位内部调剂”核算经财政部门批准对财政拨款结余资金改变用途，调整用于本单位其他未完成项目等的调整金额。年末结账后，应无余额。

3. 与年末财政拨款结转业务相关的明细科目

(1)“本年收支结转”核算单位本年度财政拨款收支相抵后的余额。年末结账后，应无余额。

(2)“累计结转”核算单位滚存的财政拨款结转资金。年末贷方余额，反映单位财政拨款滚存的结转资金数额。

“财政拨款结转”科目还应当设置“基本支出结转”“项目支出结转”两个明细科目，并在“基本支出结转”明细科目下按照“人员经费”“日常公用经费”进行明细核算，在“项目支出结转”明细科目下按照具体项目进行明细核算；同时，“财政拨款结转”科目

还应按照《政府收支分类科目》中“支出功能分类科目”的相关科目设置明细科目，进行明细核算。其设置方法如图 7-3 所示。

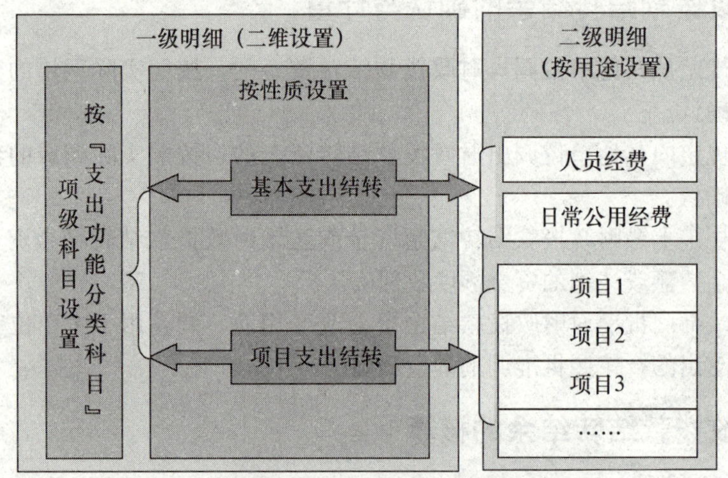

图 7-3 “财政拨款结转”科目明细科目设置示意

有一般公共预算财政拨款、政府性基金预算财政拨款等两种或两种以上财政拨款的，还应当在“财政拨款结转”科目下按照财政拨款的种类设置明细科目，进行明细核算。

“财政拨款结转——累计结转”的核算如图 7-4 所示。

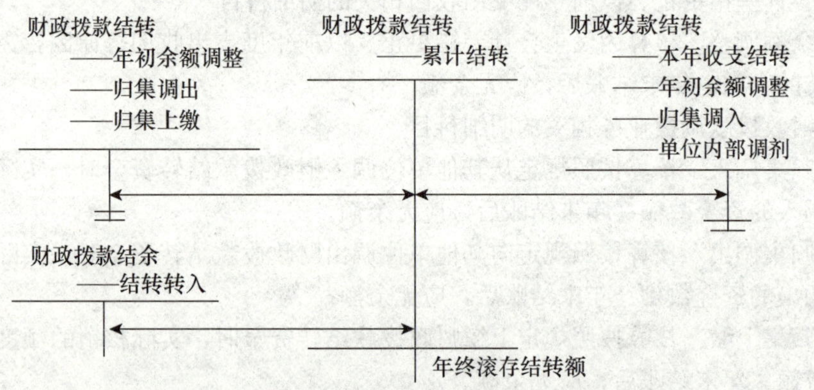

图 7-4 “财政拨款结转——累计结转”核算图示

【核算举例】 某事业单位 2019 年 12 月份发生下列有关财政拨款结转业务，请根据有关凭证编制会计分录。

(1) 1 日，通过银行转账收到某单位退回上年度已列支的购货款 1 000 元（属财政拨款结转资金）。

借：银行存款	1 000	
贷：以前年度盈余调整		1 000
预算		
借：资金结存——货币资金	1 000	
贷：财政拨款结转——年初余额调整		1 000

（2）2 日，收到代理银行“财政授权支付到账通知书”，从某单位调入财政拨款结转资金 10 000 元。

借：零余额账户用款额度　　10 000

　　贷：累计盈余　　10 000

预算

借：资金结存——零余额账户用款额度　　10 000

　　贷：财政拨款结转——归集调入　　10 000

（3）3 日，通过网银转账向某单位调出财政拨款结转资金 80 000 元。

借：累计盈余　　80 000

　　贷：银行存款　　80 000

预算

借：财政拨款结转——归集调出　　80 000

　　贷：资金结存——货币资金　　80 000

（4）31 日，通过网银转账将财政拨款结转资金 35 000 元上缴财政。

借：累计盈余　　35 000

　　贷：银行存款　　35 000

预算

借：财政拨款结转——归集上缴　　35 000

　　贷：资金结存——货币资金　　35 000

（5）31 日，按程序报经批准将财政拨款结余资金 10 000 元转入财政拨款结转。

借：财政拨款结余——单位内部调剂　　10 000

　　贷：财政拨款结转——单位内部调剂　　10 000

（6）31 日，结转财政拨款预算收入本年累计发生额 209 000 元。

借：财政拨款预算收入　　209 000

　　贷：财政拨款结转——本年收支结转　　209 000

（7）31 日，结转财政拨款预算支出本年累计发生额 200 000 元。

借：财政拨款结转——本年收支结转　　200 000

　　贷：事业支出——财政拨款支出　　200 000

（8）31 日，将财政拨款结转相关明细科目发生额结转到累计结转明细科目。

借：财政拨款结转——年初余额调整　　1 000

　　　　　　　　——归集调入　　100 000

　　　　　　　　——单位内部调剂　　10 000

　　　　　　　　——本年收支结转　　209 000

　　贷：财政拨款结转——累计结转　　320 000

借：财政拨款结转——累计结转　　315 000

　　贷：财政拨款结转——归集调出　　80 000

　　　　　　　　　　——本年收支结转　　200 000

　　　　　　　　　　——归集上缴　　35 000

（9）31 日，经分析当年财政拨款结转中有 5 000 元符合财政拨款结余性质，将其转入财政拨款结余。

借：财政拨款结转——累计结转 5 000

贷：财政拨款结余——结转转入 5 000

（二）“财政拨款结余”科目

单位为了核算其取得的同级财政拨款项目支出结余资金的调整、结转和滚存情况，应设置“财政拨款结余”（预算结余类）科目。其借贷方登记的内容根据不同明细科目的核算内容分别确定。年末贷方余额，反映单位滚存的财政拨款结余资金数额。

“财政拨款结余”科目应当设置下列明细科目：

1. 与会计差错更正、以前年度支出收回相关的明细科目

“年初余额调整”核算因发生会计差错更正、以前年度支出收回等原因，需要调整财政拨款结余的金额。年末结账后，应无余额。

2. 与财政拨款结余资金调整业务相关的明细科目

（1）“归集上缴”核算按照规定上缴财政拨款结余资金时，实际核销的额度数额或上缴的资金数额。年末结账后，本明细科目应无余额。

（2）“单位内部调剂”核算经财政部门批准对财政拨款结余资金改变用途，调整用于本单位其他未完成项目等的调整金额。年末结账后，应无余额。

3. 与年末财政拨款结余业务相关的明细科目

（1）“结转转入”核算单位按照规定转入财政拨款结余的财政拨款结转资金。年末结账后，应无余额。

（2）“累计结余”核算单位滚存的财政拨款结余资金。年末贷方余额，反映单位财政拨款滚存的结余资金数额。

“财政拨款结余”科目还应当按照具体项目、《政府收支分类科目》中“支出功能分类科目”的相关科目等设置明细科目，进行明细核算。

有一般公共预算财政拨款、政府性基金预算财政拨款等两种或两种以上财政拨款的，还应当在“财政拨款结余”科目下按照财政拨款的种类设置明细科目，进行明细核算。

【核算举例】 某事业单位2019年12月份发生下列有关财政拨款结余业务，请根据有关凭证编制会计分录。

（1）2日，收到“财政授权支付入账通知书”，某单位退回上年度已列支的购进材料款3 000元（属财政拨款结余资金）。

借：零余额账户用款额度 3 000

贷：以前年度盈余调整 3 000

预算

借：资金结存——零余额账户用款额度 3 000

贷：财政拨款结余——年初余额调整 3 000

（2）31日，通过网银转账将财政拨款结余资金16 000元上缴财政。

借：累计盈余 16 000

贷：银行存款 16 000

预算

借：财政拨款结余——归集上缴 16 000

贷：资金结存——货币资金 16 000

(3) 31 日，按程序报经批准将财政拨款结余资金 3 000 元转入财政拨款结转。

借：财政拨款结余——单位内部调剂 3 000

贷：财政拨款结转——单位内部调剂 3 000

(4) 31 日，经分析当年财政拨款结转中有 21 000 元符合财政拨款结余性质，将其转入财政拨款结余。

借：财政拨款结转——累计结转 21 000

贷：财政拨款结余——结转转入 21 000

(5) 31 日，将财政拨款结余相关明细科目发生额结转到累计结余明细科目。

借：财政拨款结余——年初余额调整 3 000

贷：财政拨款结余——累计结余 3 000

借：财政拨款结余——累计结余 19 000

贷：财政拨款结余——归集上缴 16 000

——单位内部调剂 3 000

借：财政拨款结余——结转转入 21 000

贷：财政拨款结余——累计结余 21 000

知识归纳

财政拨款结转是指单位历年财政拨款预算收入与其相应支出相抵形成的滚存结转资金，具体包括当年财政拨款收支结转资金、从其他单位调入的财政结转资金以及从单位财政拨款结余调剂的资金。财政拨款结余是指单位历年按规定从财政拨款结转转入的滚存资金。

单位主要财政拨款结转结余的核算主要设置“财政拨款结转”和“财政拨款结余”两个总账科目，两个总账科目之下根据结转结余影响结转结余增减变动的因素设置明细科目。

问题探究

1. 什么是财政拨款结转？影响年终财政拨款结转的因素有哪些？
2. 什么是财政拨款结余？影响年终财政拨款结余的因素有哪些？

任务三 非财政拨款结转结余

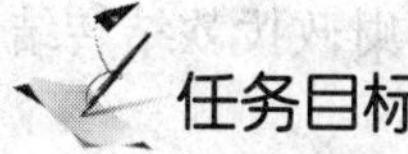

任务目标

◇ 了解非财政拨款结转结余的定义。

◇ 熟悉非财政拨款结转结余的计算公式。

◇ 学会非财政拨款结转结余的核算。

一、非财政拨款结转结余的定义

（一）非财政拨款结转

非财政拨款结转是指单位历年除财政拨款收支和经营收支以外各类非同级财政拨款专项资金与其相应支出相抵后形成的结转资金。

（1）本年非财政拨款收支结转计算公式如下：

$$\begin{array}{c}\text{本年非财政}\\\text{拨款收支结转}\end{array}=\begin{array}{l}\text{事业预算收入(专项)}\\\text{上级补助预算收入(专项)}\\\text{附属单位上缴预算收入(专项)}\\\text{非同级财政拨款预算收入(专项)}\\\text{债务预算收入(专项)}\\\text{其他预算收入(专项)}\end{array}-\begin{array}{l}\text{行政支出(非财专项)}\\\text{事业支出(非财专项)}\\\text{其他支出(非财专项)}\end{array}$$

（2）历年滚存非财政拨款结转计算公式如下：

$$\begin{array}{c}\text{历年滚存非财政}\\\text{拨款结转}\end{array}=\begin{array}{c}\text{本年非财政}\\\text{拨款收支结转}\end{array}+\begin{array}{c}\text{年初余额}\\\text{调整}\end{array}-\begin{array}{c}\text{项目间接费用}\\\text{或管理费}\end{array}-\begin{array}{c}\text{缴回资金年末}\\\text{结转转出}\end{array}$$

（二）非财政拨款结余

非财政拨款结余是指单位历年滚存的非限定用途的非同级财政拨款结余资金，主要为非财政拨款结余扣除结余分配后滚存的金额。

（1）行政单位历年滚存非财政拨款结余计算公式如下：

$$\begin{array}{c}\text{历年滚存非财政}\\\text{拨款结余}\end{array}=\begin{array}{c}\text{年末结转}\\\text{转入}\end{array}\pm\begin{array}{c}\text{年初余额}\\\text{调整}\end{array}+\begin{array}{c}\text{项目间接费用}\\\text{或管理费}\end{array}\pm\begin{array}{c}\text{其他}\\\text{结余}\end{array}$$

（2）事业单位历年滚存非财政拨款结余计算公式如下：

$$\begin{array}{c}\text{历年滚存非财政}\\\text{拨款结余}\end{array}=\begin{array}{c}\text{年末结转}\\\text{转入}\end{array}\pm\begin{array}{c}\text{年初余额}\\\text{调整}\end{array}+\begin{array}{c}\text{项目间接费用}\\\text{或管理费}\end{array}+\begin{array}{c}\text{缴纳}\\\text{所得税等}\end{array}\pm\begin{array}{c}\text{非财政拨款}\\\text{结余分配}\end{array}$$

二、非财政拨款结转结余的确认与计量

（1）按照规定从科研项目预算收入中提取项目管理费或间接费时，按照提取金额确认。

（2）因会计差错更正收到或支出非同级财政拨款货币资金，属于非财政拨款结转结余资金的，按照收到或支出的金额确认。

因收回以前年度支出等收到非同级财政拨款货币资金，属于非财政拨款结转结余资金的，按照收到的金额确认。

（3）按照规定缴回非财政拨款结转资金的，按照实际缴回资金数额确认。

(4) 有企业所得税缴纳义务的事业单位实际缴纳企业所得税时，按照缴纳金额确认。

(5) 将留归本单位使用的非财政拨款专项（项目已完成）剩余资金转入结余，按转入数确认。

三、非财政拨款结转结余的核算

(一)“非财政拨款结转”科目

单位为了核算其除财政拨款收支、经营收支以外各非同级财政拨款专项资金的调整、结转和滚存情况，应设置“非财政拨款结转”（预算结余类）科目。其借贷方登记的内容根据不同明细科目的核算内容分别确定。年末贷方余额，反映单位滚存的非同级财政拨款专项结转资金数额。

“非财政拨款结转”科目应当设置下列明细科目：

(1)“年初余额调整”：本明细科目核算因发生会计差错更正、以前年度支出收回等原因，需要调整非财政拨款结转的资金。

年末结账后，本明细科目应无余额。

(2)“缴回资金”：本明细科目核算按照规定缴回非财政拨款结转资金时，实际缴回的资金数额。

年末结账后，本明细科目应无余额。

(3)“项目间接费用或管理费”：本明细科目核算单位取得的科研项目预算收入中，按照规定计提项目间接费用或管理费的数额。

年末结账后，本明细科目应无余额。

(4)“本年收支结转”：本明细科目核算单位本年度非同级财政拨款专项收支相抵后的余额。

年末结账后，本明细科目应无余额。

(5)“累计结转”：本明细科目核算单位滚存的非同级财政拨款专项结转资金。

本明细科目年末贷方余额，反映单位非同级财政拨款滚存的专项结转资金数额。

“非财政拨款结转”科目还应当按照具体项目、《政府收支分类科目》中“支出功能分类科目”的相关科目等设置明细科目，进行明细核算。

“非财政拨款结转（累计结转）”的核算如图 7-5 所示。

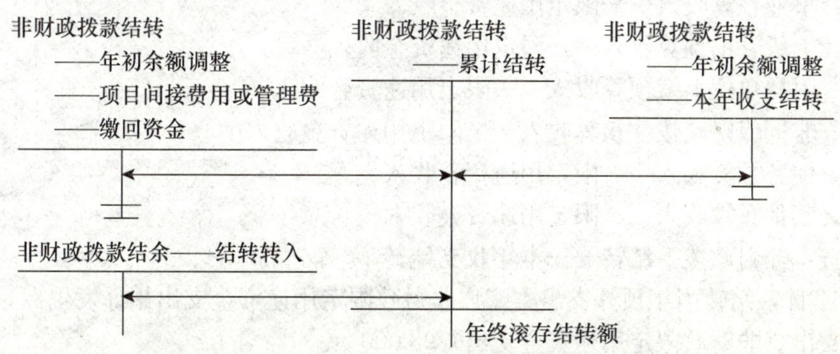

图 7-5 “非财政拨款结转——累计结转”核算图示

【核算举例】 某事业单位 2019 年 12 月份发生下列有关非财政拨款结转业务，请根据有关凭证编制会计分录。

（1）2 日，按规定从科研项目预算收入中提取项目间接费用 5 000 元。

借：单位管理费用 5 000

贷：预提费用——项目间接费用 5 000

预算

借：非财政拨款结转——项目间接费用 5 000

贷：非财政拨款结余——项目间接费用 5 000

（2）3 日，通过银行转账收到上年度购买专用材料的退货款 4 000 元（若按规定应调整非财政拨款结转）。

借：银行存款 4 000

贷：以前年度盈余调整 4 000

预算

借：资金结存——货币资金 4 000

贷：非财政拨款结转——年初余额调整 4 000

（3）5 日，通过网银转账缴回上级主管部门非财政拨款结转资金 10 000 元。

借：累计盈余 10 000

贷：银行存款 10 000

预算

借：非财政拨款结转——缴回资金 10 000

贷：资金结存——货币资金 10 000

（4）31 日，结转当年预算收入类账户非财政限定用途资金收入累计发生额，其中：

事业预算收入（限定用途资金收入）50 000 元；

上级补助预算收入（限定用途资金收入）30 000 元；

附属单位上缴预算收入（限定用途资金收入）10 000 元；

非同级财政拨款预算收入（限定用途资金收入）10 000 元；

债务预算收入（限定用途资金收入）20 000 元；

其他预算收入（限定用途资金收入）3 000 元。

借：事业预算收入——限定用途资金收入 50 000

上级补助预算收入——限定用途资金收入 30 000

附属单位上缴预算收入——限定用途资金收入 10 000

非同级财政拨款预算收入——限定用途资金收入 10 000

债务预算收入——限定用途资金收入 20 000

其他预算收入——限定用途资金收入 3 000

贷：非财政拨款结转——本年收支结转 123 000

（5）31 日，结转当年预算支出类账户非财政限定用途资金支出累计发生额，其中：

事业支出（非财政限定用途资金支出）98 000 元；

其他支出（非财政限定用途资金支出）4 000 元。

预算

借：非财政拨款结转——本年收支结转　　102 000

　贷：事业支出——非财政限定用途资金支出　　98 000

　　其他支出——非财政限定用途资金支出　　4 000

(6) 31 日，承 (1)-(5)，结转非财政拨款结转的累计结转。

借：非财政拨款结转——年初余额调整　　4 000

　　——本年收支结转　　123 000

　贷：非财政拨款结转——累计结转　　127 000

借：非财政拨款结转——累计结转　　117 000

　贷：非财政拨款结转——本年收支结转　　102 000

　　——缴回资金　　10 000

　　——项目间接费用　　5 000

(7) 31 日，上述非财政拨款结转资金留归单位，按规定将其转入非财政拨款结余。

借：非财政拨款结转——累计结转　　10 000

　贷：非财政拨款结余——结转转入　　10 000

（二）“非财政拨款结余”的科目

单位为了核算其历年滚存的非限定用途的非同级财政拨款结余资金，应设置“非财政拨款结余”（预算结余类）科目。其借贷方登记的内容根据不同明细科目的核算内容分别确定。年末贷方余额，反映单位非同级财政拨款结余资金的累计滚存数额。

“非财政拨款结余”科目应当设置下列明细科目：

(1)“年初余额调整”：本明细科目核算因发生会计差错更正、以前年度支出收回等原因，需要调整非财政拨款结余的资金。

年末结账后，本明细科目应无余额。

(2)“项目间接费用或管理费”：本明细科目核算单位取得的科研项目预算收入中，按照规定计提的项目间接费用或管理费数额。

年末结账后，本明细科目应无余额。

(3)“结转转入”：本明细科目核算按照规定留归单位使用，由单位统筹调配，纳入单位非财政拨款结余的非同级财政拨款专项剩余资金。

年末结账后，本明细科目应无余额。

(4)“累计结余”：本明细科目核算单位历年滚存的非同级财政拨款、非专项结余资金。

本明细科目年末贷方余额，反映单位非同级财政拨款滚存的非专项结余资金数额。

“非财政拨款结余”科目还应当按照《政府收支分类科目》中“支出功能分类科目”的相关科目设置明细科目，进行明细核算。

“非财政拨款结余（累计结余）”的核算如图 7-6 所示。

【核算举例】　某事业单位 2019 年 12 月发生下列有关非财政拨款结余业务，请根据有关凭证编制会计分录。

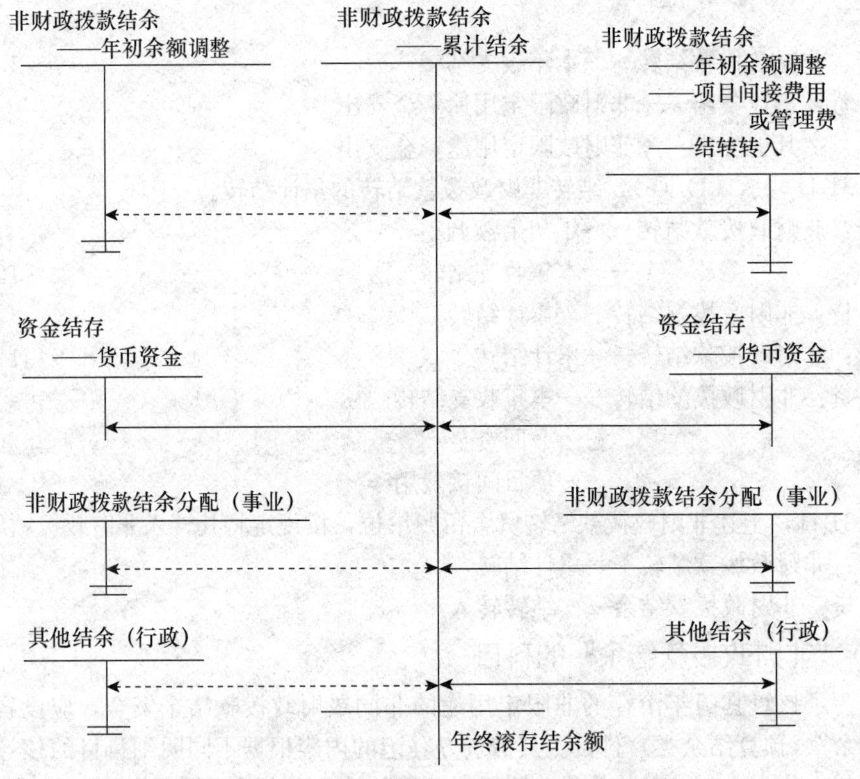

图 7-6 “非财政拨款结余——累计结余”核算图示

（1）25 日，将留归本单位使用的非财政拨款限定用途结转资金 6 000 元转入非财政拨款结余。

借：非财政拨款结转——累计结转　6 000
　贷：非财政拨款结余——结转转入　6 000

（2）10 日，按规定从科研项目预算收入中提取管理费 3 000 元。

借：单位管理费用　3 000
　贷：预提费用——项目管理费　3 000

预算

借：非财政拨款结转——项目管理费　3 000
　贷：非财政拨款结余——项目管理费　3 000

（3）20 日，通过网银转账收到上年度购买某种专用材料时发生的退货款 4 000 元（若按规定应调整非财政拨款结余）。

借：银行存款　4 000
　贷：以前年度盈余调整　4 000

预算

借：资金结存——货币资金　4 000
　贷：非财政拨款结余——年初余额调整　4 000

（4）31 日，结转非财政拨款结余的相关明细科目余额到累计结余。

借：非财政拨款结余——年初余额调整　4 000

——项目管理费 3 000

——结转转入 6 000

贷：非财政拨款结余——累计结余 13 000

（5）15 日，通过网银转账缴纳当年应交企业所得税 4 200 元。

借：其他应交税费——单位应交所得税 4 200

贷：银行存款 4 200

预算

借：非财政拨款结余——累计结余 4 200

贷：资金结存——货币资金 4 200

（6）31 日，结转年终非财政拨款结余分配后的未分配非财政拨款结余 8 800 元。

借：非财政拨款结余分配 8 800

贷：非财政拨款结余——累计结余 8 800

知识归纳

非财政拨款结转是指单位历年除财政拨款收支和经营收支以外各类非同级财政拨款专项资金与其相应支出相抵后形成的结转资金；非财政拨款结余是指单位历年滚存的非限定用途的非同级财政拨款结余资金，主要为非财政拨款结余扣除结余分配后滚存的金额。

非财政拨款结转结余的核算主要通过“非财政拨款结转”和“非财政拨款结余”两个总账科目进行，两个总账科目分别根据影响非财政拨款结转结余增减的因素设置。

问题探究

1. 什么是非财政拨款结转？影响非财政拨款结转的因素有哪些？
2. 什么是非财政拨款结余？影响非财政拨款结余的因素有哪些？
3. 行政单位和事业单位的非财政拨款结余有什么区别？

任务四 专用结余、经营结余和其他结余及其分配

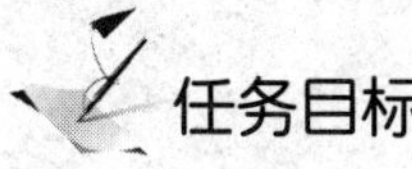

任务目标

◇ 了解专用结余、经营结余和其他结余的定义。

◇ 熟悉专用结余、经营结余和其他结余计提与计算的方法。

◇ 学会专用结余、经营结余和其他结余的核算。

一、专用结余

（一）专用结余的定义

专用结余是指事业单位按照规定从非财政拨款结余中提取的具有专门用途的资金。

（二）专用结余的确认与计量

（1）根据有关规定从本年度非财政拨款结余或经营结余中提取基金的，按照提取金额确认。

（2）根据规定使用从非财政拨款结余或经营结余中提取的专用基金时，按照使用金额确认。

（三）专用结余的核算

事业单位为了核算其按照规定从非财政拨款结余中提取的具有专门用途的资金的变动和滚存情况，应设置“专用结余”（预算结余类）科目。其贷方登记提取的专用基金金额，借方登记使用的专用基金金额。年末贷方余额，反映事业单位从非同级财政拨款结余中提取的专用基金的累计滚存数额。

“专用结余”科目应当按照专用结余的类别设置明细科目，进行明细核算。

【核算举例】 某事业单位2019年发生下列有关专用结余业务，请根据有关凭证编制会计分录。

（1）计算出应按本年非财政拨款结余提取的专用基金数为21 000元。

借：本年盈余分配　　21 000
　贷：专用基金　　21 000

预算

借：非财政拨款结余分配　　21 000
　贷：专用结余　　21 000

（2）用从非财政拨款结余中提取的专用基金购入某种专用设备一台，价税合计50 000元。设备已验收入库，款项通过网银转账支付。

借：固定资产——专用设备　　50 000
　贷：银行存款　　50 000
借：专用基金　　50 000
　贷：累计盈余　　50 000

预算

借：专用结余　　50 000
　贷：资金结存——货币资金　　50 000

二、经营结余

（一）经营结余的定义

经营结余是指事业单位本年度经营活动收支相抵后余额弥补以前年度经营亏损后的余额。本年经营结余计算公式如下：

本年经营结余＝经营预算收入－经营支出

（二）经营结余的核算

事业单位为了核算其本年度经营活动收支相抵后余额弥补以前年度经营亏损后的余额，应设置“经营结余”（预算结余类）科目。其贷方登记年末经营预算收入发生额结转数，借方登记年末经营支出发生额结转数及当年实现的经营结余结转数。年末结账后，一般无余额；如为借方余额，反映事业单位累计发生的经营亏损。

“经营结余”科目可以按照经营活动类别设置明细科目，进行明细核算。

“经营结余”的核算如图 7－7 所示。

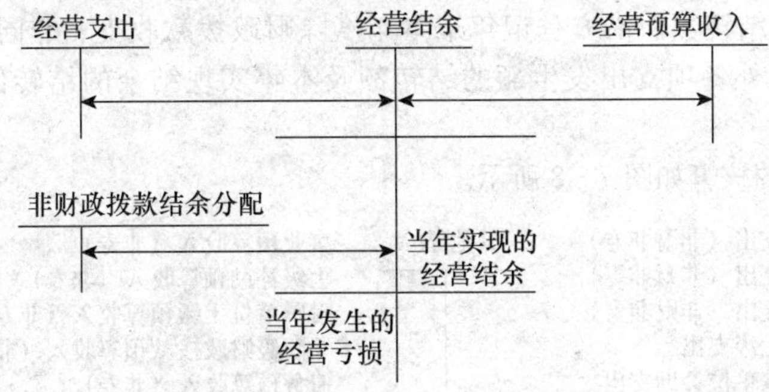

图 7－7　“经营结余”核算图示

【核算举例】　某事业单位 2019 年 12 月 31 日发生下列有关经营结余业务，请根据有关凭证编制会计分录。

(1) 结转当年经营预算收入累计发生额 12 000 元。

	借方	贷方
借：经营预算收入	12 000	
贷：经营结余		12 000

(2) 结转当年经营支出累计发生额 10 000 元。

	借方	贷方
借：经营结余	10 000	
贷：经营支出		10 000

(3) 结转当年累计实现的经营结余 2 000 元。

	借方	贷方
借：经营结余	2 000	
贷：非财政拨款结余分配		2 000

三、其他结余

(一) 其他结余的定义

其他结余是指单位本年度除财政拨款收支、非同级财政专项资金收支和经营收支以外各项收支相抵后的余额。当年实现的其他结余计算公式如下：

本年实现的其他结余＝	事业预算收入(非专) 上级补助预算收入(非专) 附属单位上缴预算收入(非专) 非同级财政拨款预算收入(非专) 债务预算收入(非专) 其他预算收入(非专) 投资预算收益	－	行政支出(非财非专) 事业支出(非财非专) 其他支出(非财非专) 上缴上级支出 对附属单位补助支出 投资支出 债务还本支出 投资预算收益

（二）其他结余的核算

单位为了核算其本年度除财政拨款收支、非同级财政专项资金收支和经营收支以外各项收支相抵后的余额，应设置“其他结余”（预算结余类）科目。其贷方登记年末本年度除财政拨款收支、非同级财政专项资金收支和经营收支以外各项收入发生额的结转额及本年发生亏损的结转额，借方登记年末本年度除财政拨款收支、非同级财政专项资金收支和经营收支以外各项支出发生额的结转额及本年实现结余的结转额。年末结账后，应无余额。

“其他结余”的核算如图 7-8 所示。

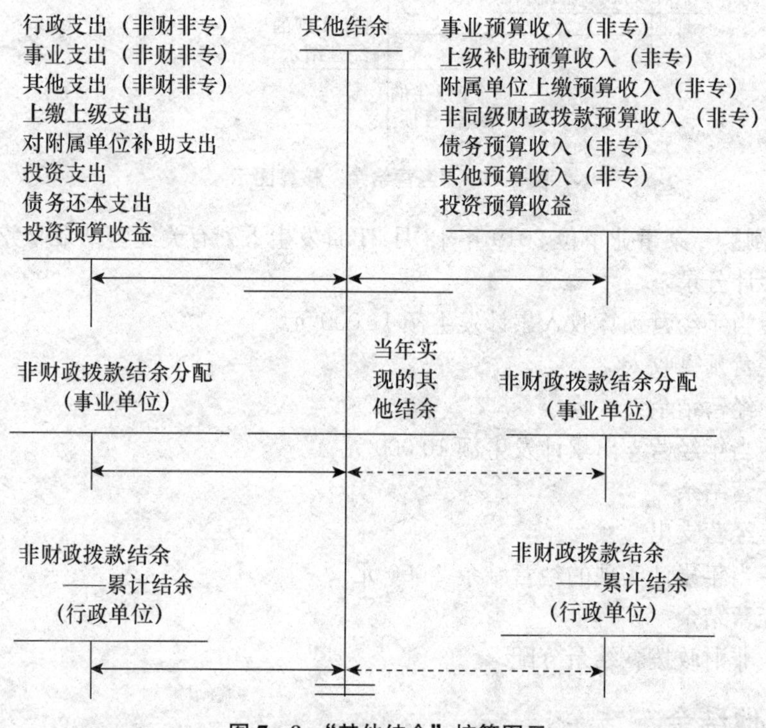

图 7-8 “其他结余”核算图示

【核算举例】 某事业单位 2019 年 12 月 31 日发生下列有关其他结余业务，请根据有关凭证编制会计分录。

（1）结转预算收入类账户非财政非限定用途资金收入当年累计发生额，其中：

事业预算收入（非限定用途资金收入）80 000 元；

上级补助预算收入（非限定用途资金收入）50 000 元；

附属单位上缴预算收入（非限定用途资金收入）7 000 元；

非同级财政拨款预算收入（非限定用途资金收入）30 000 元；

债务预算收入（非限定用途资金收入）9 000 元；

其他预算收入（非限定用途资金收入）3 000 元；

投资预算收益 5 000 元。

借：事业预算收入——非限定用途资金收入　　80 000

　　上级补助预算收入——非限定用途资金收入　　50 000

附属单位上缴预算收入——非限定用途资金收入　7 000
非同级财政拨款预算收入——非限定用途资金收入　30 000
债务预算收入——非限定用途资金收入　9 000
其他预算收入——非限定用途资金收入　3 000
投资预算收益　5 000
贷：其他结余　184 000

（2）结转预算支出类账户非财政非限定用途资金支出当年累计发生额，其中：
事业支出（非财政非限定用途资金支出）90 000 元；
其他支出（非财政非限定用途资金支出）6 000 元；
上缴上级支出 9 000 元；
对附属单位补助支出 8 000 元；
投资支出 5 800 元；
债务还本支出 3 000 元。

借：其他结余　121 800
贷：事业支出——（非财政非限定用途资金支出）　90 000
其他支出——（非财政非限定用途资金支出）　6 000
上缴上级支出　9 000
对附属单位补助支出　8 000
投资支出　5 800
债务还本支出　3 000

（3）结转当年累计实现的其他结余 62 200 元。

借：其他结余　62 200
贷：非财政拨款结余分配　62 200

四、非财政拨款结余分配

（一）非财政拨款结余分配的程序

（1）年末，将当年实现的其他结余（或超支）转入非财政拨款结余分配准备进行分配（或弥补）；将当年实现的经营结余转入非财政拨款结余分配准备进行分配，经营亏损不结转留待下年弥补。

（2）根据有关规定提取专用基金。

（3）年末，将提取专用基金后的未分配非财政拨款结余转入非财政拨款结余（累计结余）。

（二）非财政拨款结余分配的核算

事业单位为了核算其本年度非财政拨款结余分配的情况和结果，应设置“非财政拨款结余分配”（预算结余类）科目。其贷方登记年末结转的可供分配的其他结余和经营结余额及结转到非财政拨款结余的累计结余额，借方登记年末结转的应弥补的其他结余超支额、提取的专用基金额及结转到非财政拨款结余的累计结余额。年末结账后，应无余额。

“非财政拨款结余分配”的核算如图 7-9 所示。

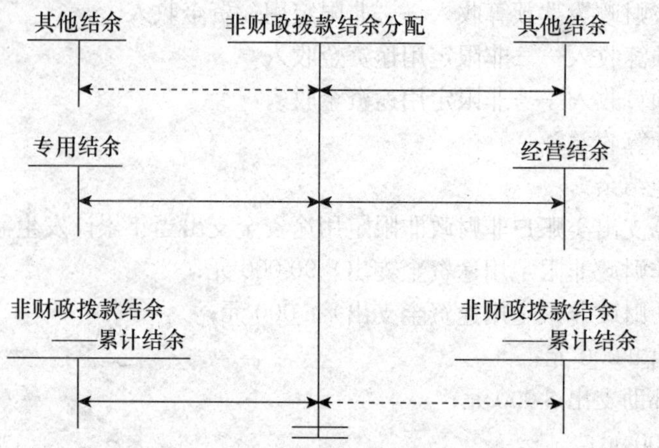

图 7-9 “非财政拨款结余分配”核算图示

【核算举例】 某事业单位 2019 年 12 月 31 日发生下列有关非财政拨款结余分配业务，请根据有关凭证编制会计分录。

(1) 结转本年累计实现的其他结余 87 500 元。

借：其他结余　　87 500
　贷：非财政拨款结余分配　　87 500

(2) 结转本年累计实现的经营结余 58 600 元。

借：经营结余　　58 600
　贷：非财政拨款结余分配　　58 600

(3) 按当年累计实现的其他结余和经营结余的 30%计提专用基金 43 830 元。

借：本年盈余分配　　43 830
　贷：专用基金　　43 830

预算

借：非财政拨款结余分配　　43 830
　贷：专用结余　　43 830

(4) 结转当年未分配非财政拨款结余 102 270 元。

借：非财政拨款结余分配　　102 270
　贷：非财政拨款结余——累计结余　　102 270

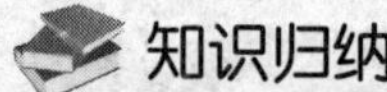

知识归纳

专用结余是指事业单位按照规定从非财政拨款结余中提取的具有专门用途的资金；经营结余是指事业单位本年度经营活动收支相抵后余额弥补以前年度经营亏损后的余额；其他结余是指单位本年度除财政拨款收支、非同级财政专项资金收支和经营收支以外各项收支相抵后的余额。

年末，非财政拨款结余分配的程序是现将当年实现的其他结余（或超支）、经营结余（亏损不转）转入非财政拨款结余分配，再按规定提取专用基金，然后将提取专用基金后的未分配非财政拨款结余转入非财政拨款结余。

单位专用结余、经营结余、其他结余及其分配的核算主要通过“专用结余”“经营结余”“其他结余”“非财政拨款结余分配”科目核算。

问题探究

1. 什么是专用结余、经营结余、其他结余?
2. 非财政拨款结余分配的程序是什么?

项目八
净资产

净资产基础知识

一、净资产的定义

净资产是指政府会计主体资产扣除负债后的净额。

二、净资产的计量

净资产金额取决于资产和负债的计量。

净资产项目应当列入资产负债表。

净资产类会计科目及其核算内容如表 8－1 所示。

表 8－1　　净资产类会计科目及其核算内容

会计科目	核算内容
累计盈余	核算单位历年实现的盈余扣除盈余分配后滚存的金额，以及因无偿调入调出资产产生的净资产变动额。按照规定上缴、缴回、单位间调剂结转结余资金产生的净资产变动额，以及对以前年度盈余的调整金额，也通过本科目核算。
专用基金	核算事业单位按照规定提取或设置的具有专门用途的净资产，主要包括职工福利基金、科技成果转换基金等。
权益法调整	核算事业单位持有的长期股权投资采用权益法核算时，按照被投资单位除净损益和利润分配以外的所有者权益变动份额调整长期股权投资账面余额而计入净资产的金额。
本期盈余	核算单位本期各项收入、费用相抵后的余额。
本年盈余分配	核算单位本年度盈余分配的情况和结果。
无偿调拨净资产	核算单位无偿调入或调出非现金资产所引起的净资产变动金额。
以前年度盈余调整	核算单位本年度发生的调整以前年度盈余的事项，包括本年度发生的重要前期差错更正涉及调整以前年度盈余的事项。

任务一 本期盈余及其分配

任务目标

◇ 了解本期盈余的定义。
◇ 熟悉本期盈余的计算公式及年末盈余分配的步骤。
◇ 学会本期盈余及其分配的核算。

一、本期盈余的定义及分配步骤

(一) 本期盈余的定义

本期盈余是指单位本期各项收入、费用相抵后的余额。其计算公式如下：

本期盈余＝财政拨款收入\事业收入\上级补助收入\附属单位上缴收入\经营收入\非同级财政拨款收入\投资收益\捐赠收入\利息收入\租金收入\其他收入－业务活动费用\单位管理费用\经营费用\所得税费用\资产处置费用\上缴上级费用\对附属单位补助费用\其他费用

(二) 年末进行盈余分配的步骤

(1) 将本期盈余额结转准备进行分配；
(2) 按规定从本年度非财政拨款结余或经营结余中提取专用基金；
(3) 将提取专用基金后的余额转入累计盈余。

二、本期盈余及其分配的核算

(一)“本期盈余”科目

单位为了核算其本期各项收入、费用相抵后的余额，应设置“本期盈余”(净资产类) 科目。其贷方登记期末各收入类科目发生额转入额及年终结转额，借方登记期末各费用类科目发生额转入额及年终结转额。期末如为贷方余额，反映单位自年初至当期期末累计实现的盈余；如为借方余额，反映单位自年初至当期期末累计发生的亏损。年末结账后，应无余额。

(二)“专用基金”科目

事业单位为了核算其按照规定提取或设置的专用基金的增减变动情况，应设置“专用基金”(净资产类) 科目。其贷方登记提取或设置额，借方登记使用额。期末贷方余额，反映事业单位累计提取或设置的尚未使用的专用基金。

“专用基金”科目应当按照专用基金的类别进行明细核算。

(三)“本年盈余分配”科目

单位为了核算其本年度盈余分配的情况和结果，应设置“本年盈余分配”(净资产类）科目。其贷方登记本年实现盈余的转入额及转入累计盈余的未弥补亏损额，借方登记本年提取专用基金额、本年发生亏损转入额及转入累计盈余的未分配盈余。年末结账后，应无余额。

“本年盈余分配”的核算如图 8－1 所示。

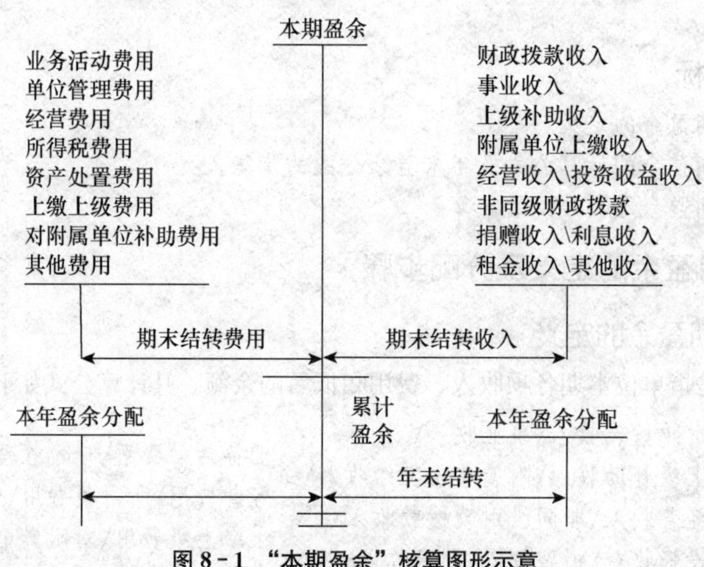

图 8－1 “本期盈余”核算图形示意

“本年盈余分配”的核算如图 8－2 所示。

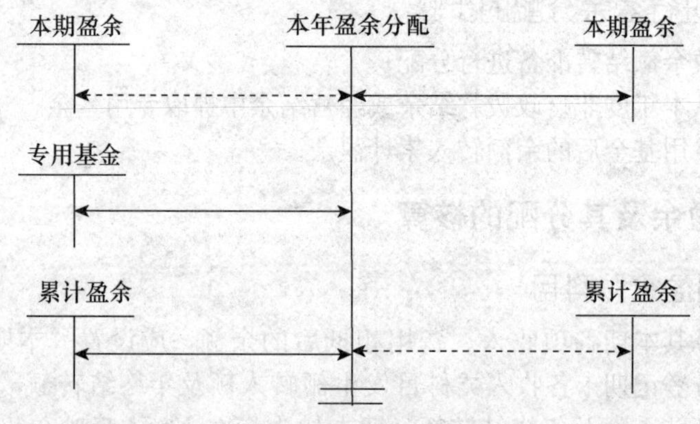

图 8－2 “本年盈余分配”核算图示

【核算举例】 某事业单位 2019 年 12 月发生下列有关本期盈余及其分配业务，请根据有关凭证编制会计分录。

（1）1 日，通过网银转账支付职工食堂补贴款 8 000 元。按规定该补贴款从按收入提取的专用基金中开支。

借：专用基金　　8 000

　贷：银行存款　　8 000

预算

借：事业支出　　8 000

　贷：资金结存——货币资金　　8 000

（2）2 日，通过网银转账支付购置某专用设备价款 50 000 元。按规定该设备购置款从按非财政拨款结余提取的专用基金中开支。

借：固定资产　　50 000

　　贷：银行存款　　50 000

借：专用基金　　50 000

　　贷：累计盈余　　50 000

预算

借：专用结余　　50 000

　　贷：资金结存——货币资金　　50 000

（3）31 日，按规定计算出当年应按收入计提的专用基金额为 10 000 元。

借：业务活动费用——计提专用基金　　10 000

　　贷：专用基金　　10 000

（4）31 日，结转当月收入类账户本月累计发生额，其中：财政拨款收入账户本月累计发生额 320 000 元，事业收入账户本月累计发生额 130 000 元，经营收入账户本月累计发生额 50 000 元。

借：财政拨款收入　　320 000

　　事业收入　　130 000

　　经营收入　　20 000

　　贷：本期盈余　　470 000

（5）31 日，结转当月费用类账户本月累计发生额，其中：业务活动费用账户本月累计发生额 260 000 元，单位管理费用账户本月累计发生额 120 000 元，经营费用账户本月累计发生额 40 000 元。

借：本期盈余　　420 000

　　贷：业务活动费用　　260 000

　　　　单位管理费用　　120 000

　　　　经营费用　　40 000

（6）31 日，结转本期盈余账户截至 12 月 31 日的贷方余额 612 000 元。

借：本期盈余　　612 000

　　贷：本年盈余分配　　612 000

（7）31 日，按照预算会计（从本年度非财政拨款结余或经营结余中提取专用基金）下计算提取的专用基金额为 201 000 元。

借：本年盈余分配　　201 000

　　贷：专用基金　　201 000

预算

借：非财政拨款结余分配　　201 000

　　贷：专用结余　　201 000

（8）31 日，结转本年盈余分配科目计提专用基金后的余额 411 000 元。

借：本年盈余分配　　411 000

　　贷：累计盈余　　411 000

知识归纳

本期盈余是指单位本期各项收入、费用相抵后的余额。

年末进行盈余分配先将本期盈余额结转准备进行分配，然后按规定从本年度非财政拨款结余或经营结余中提取专用基金，最后将提取专用基金后的余额转入累计盈余。

单位为进行本期盈余及其分配的核算只要设置本期盈余、专用基金、本年盈余分配科目。

问题探究

1. 什么是本期盈余？
2. 简述本年盈余分配的程序。

任务二 累计盈余及其调整

任务目标

◇ 了解累计盈余及其调整的定义。
◇ 熟悉当年累计盈余的计算公式。
◇ 学会累计盈余及其调整的核算

一、累计盈余及其调整的定义

累计盈余是指单位历年实现的盈余扣除盈余分配后滚存的金额。累计盈余的调整包括因无偿调入调出资产产生的净资产变动额，按照规定上缴、缴回、单位间调剂结转结余资金产生的净资产变动额，以及对以前年度盈余的调整金额。单位历年滚存的累计盈余由以下五部分内容增减调整形成：

（1）历年实现的盈余扣除盈余分配后滚存的金额，即单位历年盈余分配时计提专用基金后的本期盈余分配余额转入额；

（2）因无偿调入调出资产产生的净资产变动额，即单位无偿调入或调出非现金资产所引起的净资产变动金额；

（3）按照规定上缴、缴回、单位间调剂结转结余资金产生的净资产变动额，即按照规定上缴财政拨款结转结余、缴回非财政拨款结转资金、向其他单位调出财政拨款结转资金时引起的减少额，以及按照规定从其他单位调入财政拨款结转资金时引起的增加额；

（4）对以前年度盈余的调整额，即单位年度发生的调整以前年度盈余的事项，包括本年度发生的重要前期差错更正涉及调整以前年度盈余的事项；

（5）使用专用基金购置固定资产、无形资产时，购置成本额的转入数。专用基金是指事业单位按照规定提取或设置的具有专门用途的净资产，主要包括职工福利基金、科技成果转换基金等。

当年累计盈余的形成可用公式描述如下：

$$当年累计盈余=\frac{专用基金购置}{固定(无形)资产额}\pm\frac{本年盈余}{分配}\pm\frac{无偿调拨}{净资产}\pm\frac{结转结余资金}{产生的变动额}\pm\frac{以前年度}{盈余调整}$$

二、累计盈余及其调整的核算

（一）“累计盈余”科目

单位为了核算历年实现的盈余扣除盈余分配后滚存的金额，以及因无偿调入调出资产产生的净资产变动额，应设置“累计盈余”（净资产类）科目。其贷方登记未分配盈余的转入数及其他调增额，借方登记未弥补亏损的转入数及其他调减额。期末余额，反映单位未分配盈余（或未弥补亏损）的累计数以及截至上年末无偿调拨净资产变动的累计数；年末余额，反映单位未分配盈余（或未弥补亏损）以及无偿调拨净资产变动的累计数。

单位按照规定上缴、缴回、单位间调剂结转结余资金产生的净资产变动额，以及对以前年度盈余的调整金额，也通过“累计盈余”科目核算。

（二）“无偿调拨净资产”科目

单位为了核算其无偿调入或调出非现金资产所引起的净资产变动金额，应设置“无偿调拨净资产”（净资产类）科目。其贷方登记无偿调入非现金资产成本与调入过程中归属于调入方相关费用的差额及年末结转额，借方登记无偿调出非现金资产账面余额或账面价值及年末结转额。年末结账后，应无余额。

（三）“以前年度盈余调整”科目

单位为了核算其本年度发生的调整以前年度盈余的事项，应设置“以前年度盈余调整”（净资产类）科目。其贷方登记调整增加以前年度收入的金额、盘盈的各种非流动资产的报经批准额及期末结转额，借方登记调整增加以前年度费用的金额以及期末结转额。期末结转后，应无余额。

“累计盈余”的核算如图 8－3 所示。

【核算举例】 某事业单位 2019 年 12 月发生下列有关累计盈余及其调整业务，请根据有关凭证编制会计分录。

（1）5 日，主管部门无偿调入监控设备一台，其价款 500 000 元。设备已交付使用，通过网银转账安装调试费 10 000 元。

借：固定资产——专用设备	510 000	
贷：无偿调拨净资产		500 000
银行存款		10 000

预算

借：其他支出	10 000	
贷：资金结存——货币资金		10 000

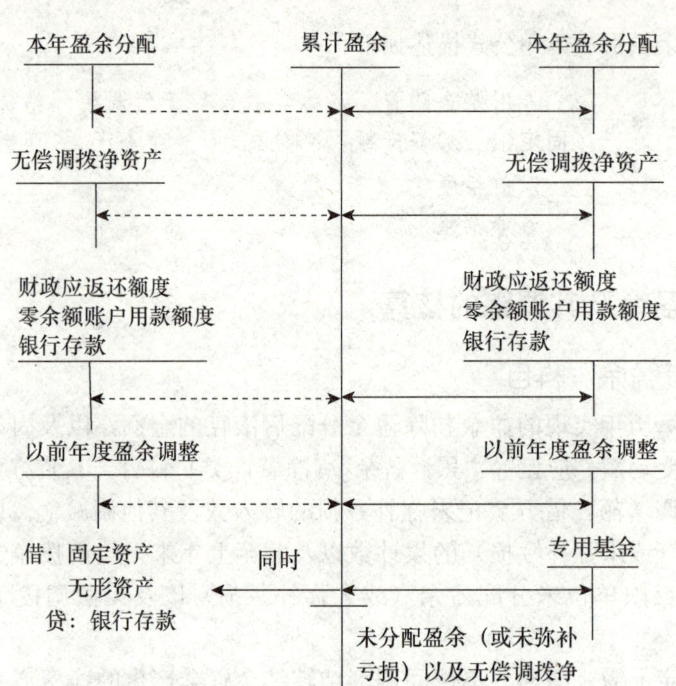

图 8-3 “累计盈余”核算图示

（2）若到 31 日无偿调拨净资产贷方余额为 500 000 元则转入累计盈余。

借：无偿调拨净资产　500 000

　贷：累计盈余　500 000

（3）6 日，经批准给所属某单位无偿调出办公家具一套，其价款 80 000 元，累计已提折旧 16 000 元。设备交接手续已办理完毕，通过网银转账支付运输费 5 000 元。

借：无偿调拨净资产　64 000

　　固定资产累计折旧　16 000

　贷：固定资产——家具　80 000

借：资产处置费用　5 000

　贷：银行存款　5 000

预算

借：其他支出　5 000

　贷：资金结存——货币资金　5 000

（4）若到 31 日无偿调拨净资产借方余额为 64 000 元则转入累计盈余。

借：累计盈余　64 000

　贷：无偿调拨净资产　64 000

（5）8 日，通过网银转账支付以前年度所欠职工养老保险费 50 000 元。

借：以前年度盈余调整　50 000

　贷：银行存款　50 000

预算

借：非财政拨款结余——年初余额调整　　50 000

　贷：资金结存——货币资金　　50 000

（6）若到 31 日以前年度盈余调整借方余额为 50 000 元则转入累计盈余。

借：累计盈余　　50 000

　贷：以前年度盈余调整　　50 000

（7）10 日，按主管部门要求将某项目财政拨款结转资金 200 000 元调拨给某单位，款项通过网银转账支付。

借：累计盈余　　200 000

　贷：银行存款　　200 000

预算

借：财政拨款结转——归集调出　　200 000

　贷：资金结存——货币资金　　200 000

（8）15 日，主管部门为单位承担的某项目调入财政拨款结转资金 250 000 元，款项通过网银转账收到。

借：银行存款　　250 000

　贷：累计盈余　　250 000

预算

借：资金结存——货币资金　　250 000

　贷：财政拨款结转——归集调入　　250 000

（9）31 日，将本年计提专用基金后的非财政拨款结余 13 543 元转入累计盈余。

借：本年盈余分配　　13 543

　贷：累计盈余　　13 543

知识归纳

累计盈余是指单位历年实现的盈余扣除盈余分配后滚存的金额。单位历年滚存的累计盈余由历年实现的盈余扣除盈余分配后滚存的金额、因无偿调入调出资产产生的净资产变动额、按照规定上缴与缴回及单位间调剂结转结余资金产生的净资产变动额、对以前年度盈余的调整额、使用专用基金购置资产的转入数。

单位为进行累计盈余及调整的核算主要设置累计盈余、无偿调拨净资产、以前年度盈余调整等科目。

问题探究

1. 什么是累计盈余？
2. 影响单位历年累计盈余的因素有哪些？

第三篇
报　表

报表基础知识

一、政府财务报告和政府决算报告

（一）政府财务报告的定义、内容及编制基础

政府财务报告是反映政府会计主体某一特定日期的财务状况和某一会计期间的运行情况和现金流量等信息的文件。政府财务报告应当包括财务报表和其他应当在财务报告中披露的相关信息和资料。

政府财务报告包括政府综合财务报告和政府部门财务报告。政府综合财务报告是指由政府财政部门编制的，反映各级政府整体财务状况、运行情况和财政中长期可持续性的报告；政府部门财务报告是指政府各部门、各单位按规定编制的财务报告。

政府财务报告的编制主要以权责发生制为基础，以财务会计核算生成的数据为准。

（二）政府决算报告的定义、内容及编制基础

政府决算报告是综合反映政府会计主体年度预算收支执行结果的文件。政府决算报告应当包括决算报表和其他应当在决算报告中反映的相关信息和资料。

政府决算报告的编制主要以收付实现制为基础，以预算会计核算生成的数据为准。

二、单位财务报表和预算会计报表的编制要求

单位应当按照下列规定编制财务报表和预算会计报表：

（1）财务报表的编制主要以权责发生制为基础，以单位财务会计核算生成的数据为准；预算会计报表的编制主要以收付实现制为基础，以单位预算会计核算生成的数据为准。

（2）财务报表由会计报表及其附注构成。会计报表一般包括资产负债表、收入费用表和净资产变动表。单位可根据实际情况自行选择编制现金流量表。

（3）预算会计报表至少包括预算收入支出表、预算结转结余变动表和财政拨款预算收入支出表。

（4）单位应当至少按照年度编制财务报表和预算会计报表。

（5）单位应当编制真实、完整的财务报表和预算会计报表，不得违反规定随意改变财务报表和预算会计报表的编制基础、编制依据、编制原则和方法，不得随意改变规定的财务报表和预算会计报表有关数据的会计口径。

（6）财务报表和预算会计报表应当根据登记完整、核对无误的账簿记录和其他有关资料编制，做到数字真实、计算准确、内容完整、编报及时。

（7）财务报表和预算会计报表应当由单位负责人和主管会计工作的负责人、会计机构负责人（会计主管人员）签名并盖章。

政府单位会计报表编号及编制期如下表所示。

政府单位会计报表编号及编制期

编号	报表名称	编制期
财务会计报表		
会政财 01 表	资产负债表	月度、年度
会政财 02 表	收入费用表	月度、年度
会政财 03 表	净资产变动表	年度
会政财 04 表	现金流量表	年度
	附注	年度
预算会计报表		
会政预 01 表	预算收入支出表	年度
会政预 02 表	预算结转结余变动表	年度
会政预 03 表	财政拨款预算收入支出表	年度

项目九
财务会计报表

任务一　资产负债表

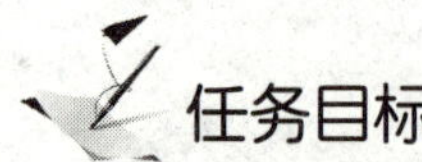

任务目标

◇ 了解资产负债表的定义及格式。
◇ 熟悉资产负债表各项目反映的内容。
◇ 学会资产负债表各项目的填列方法。

一、资产负债表的定义

资产负债表是指反映单位在某一特定日期全部资产、负债和净资产的情况的报表。

通过资产负债表，可以掌握单位的经济资源及这些资源的分布情况和结构，了解单位的资产和负债情况。通过对资产负债表的分析，可以了解单位的财务状况、短期偿债能力和支付能力。若把前后期的资产负债表加以对照分析，还可以看出单位资产负债的变化情况及财务状况的发展趋势。

二、资产负债表的格式

资产负债表的平衡原理是“资产＝负债＋净资产”。

资产负债表按照资产、负债和净资产分类列示，左方为资产类，右方为负债和净资产类，左右两方的栏目分别为“年初余额”和“期末余额”（年报为“年末余额”），左右两方栏目总计数相等。

资产按流动资产和非流动资产列示，负债按流动负债和非流动负债列示。

单位资产负债表的格式可参见下文“资产负债表（月报）编制举例”中的资产负债表。

三、资产负债表的内容

资产负债表各项目反映的内容如下：

（一）资产类项目

（1）“货币资金”项目，反映单位期末库存现金、银行存款、零余额账户用款额度、其他货币资金的合计数。

（2）“短期投资”项目，反映事业单位期末持有的短期投资账面余额。

（3）“财政应返还额度”项目，反映单位期末财政应返还额度的金额。

（4）“应收票据”项目，反映事业单位期末持有的应收票据的票面金额。

（5）“应收账款净额”项目，反映单位期末尚未收回的应收账款减去已计提的坏账准备后的净额。

（6）“预付账款”项目，反映单位期末预付给商品或者劳务供应单位的款项。

（7）“应收股利”项目，反映事业单位期末因股权投资而应收取的现金股利或应当分得的利润。

（8）“应收利息”项目，反映事业单位期末因债券投资等而应收取的利息。事业单位购入的到期一次还本付息的长期债券投资持有期间应收的利息，不包括在本项目内。

（9）“其他应收款净额”项目，反映单位期末尚未收回的其他应收款减去已计提的坏账准备后的净额。

（10）“存货”项目，反映单位期末存储的存货的实际成本。

（11）“待摊费用”项目，反映单位期末已经支出，但应当由本期和以后各期负担的分摊期在1年以内（含1年）的各项费用。

（12）“一年内到期的非流动资产”项目，反映单位期末非流动资产项目中将在1年内（含1年）到期的金额，如事业单位将在1年内（含1年）到期的长期债券投资金额。

（13）“其他流动资产”项目，反映单位期末除本表中上述各项之外的其他流动资产的合计金额。

（14）“长期股权投资”项目，反映事业单位期末持有的长期股权投资的账面余额。

（15）“长期债券投资”项目，反映事业单位期末持有的长期债券投资的账面余额。

（16）“固定资产原值”项目，反映单位期末固定资产的原值；“固定资产累计折旧”项目，反映单位期末固定资产已计提的累计折旧金额；“固定资产净值”项目，反映单位期末固定资产的账面价值。

（17）“工程物资”项目，反映单位期末为在建工程准备的各种物资的实际成本。

（18）“在建工程”项目，反映单位期末所有的建设项目工程的实际成本。

（19）“无形资产原值”项目，反映单位期末无形资产的原值；“无形资产累计摊销”项目，反映单位期末无形资产已计提的累计摊销金额；“无形资产净值”项目，反映单位期末无形资产的账面价值。

（20）“研发支出”项目，反映单位期末正在进行的无形资产开发项目开发阶段发生的累计支出数。

（21）“公共基础设施原值”项目，反映单位期末控制的公共基础设施的原值；“公共基础设施累计折旧（摊销）”项目，反映单位期末控制的公共基础设施已计提的累计折旧和累计摊销金额；“公共基础设施净值”项目，反映单位期末控制的公共基础设施的账面价值。

（22）“政府储备物资”项目，反映单位期末控制的政府储备物资的实际成本。

（23）“文物文化资产”项目，反映单位期末控制的文物文化资产的成本。

（24）“保障性住房原值”项目，反映单位期末控制的保障性住房的原值；“保障性住房累计折旧”项目，反映单位期末控制的保障性住房已计提的累计折旧金额；“保障性住房净值”项目，反映单位期末控制的保障性住房的账面价值。

（25）“长期待摊费用”项目，反映单位期末已经支出，但应由本期和以后各期负担的分摊期限在1年以上（不含1年）的各项费用。

（26）“待处理财产损溢”项目，反映单位期末尚未处理完毕的各种资产的净损失或净溢余。

（27）“其他非流动资产”项目，反映单位期末除本表中上述各项之外的其他非流动资产的合计数。

（28）“受托代理资产”项目，反映单位期末受托代理资产的价值。

（二）负债类项目

（1）“短期借款”项目，反映事业单位期末短期借款的余额。

（2）“应交增值税”项目，反映单位期末应缴未缴的增值税税额。

（3）“其他应交税费”项目，反映单位期末应缴未缴的除增值税以外的税费金额。

（4）“应缴财政款”项目，反映单位期末应当上缴财政但尚未缴纳的款项。

（5）“应付职工薪酬”项目，反映单位期末按有关规定应付给职工及为职工支付的各种薪酬。

（6）“应付票据”项目，反映事业单位期末应付票据的金额。

（7）“应付账款”项目，反映单位期末应当支付但尚未支付的偿还期限在1年以内（含1年）的应付账款的金额。

（8）“应付政府补贴款”项目，反映负责发放政府补贴的行政单位期末按照规定应当支付给政府补贴接受者的各种政府补贴款余额。

（9）“应付利息”项目，反映事业单位期末按照合同约定应支付的借款利息。事业单位到期一次还本付息的长期借款利息不包括在本项目内。

（10）“预收账款”项目，反映事业单位期末预先收取但尚未确认收入和实际结算的款项余额。

（11）“其他应付款”项目，反映单位期末其他各项偿还期限在1年内（含1年）的应付及暂收款项余额。

（12）“预提费用”项目，反映单位期末已预先提取的已经发生但尚未支付的各项费用。

（13）“一年内到期的非流动负债”项目，反映单位期末将于1年内（含1年）偿还的非流动负债的余额。

（14）“其他流动负债”项目，反映单位期末除本表中上述各项之外的其他流动负债的合计数。

（15）“长期借款”项目，反映事业单位期末长期借款的余额。

（16）“长期应付款”项目，反映单位期末长期应付款的余额。

（17）“预计负债”项目，反映单位期末已确认但尚未偿付的预计负债的余额。

（18）“其他非流动负债”项目，反映单位期末除本表中上述各项之外的其他非流动负债的合计数。

（19）“受托代理负债”项目，反映单位期末受托代理负债的金额。

（三）净资产类项目

（1）“累计盈余”项目，反映单位期末未分配盈余（或未弥补亏损）以及无偿调拨净资产变动的累计数。

（2）“专用基金”项目，反映事业单位期末累计提取或设置但尚未使用的专用基金余额。

（3）“权益法调整”项目，反映事业单位期末在被投资单位除净损益和利润分配以外的所有者权益变动中累积享有的份额。

（4）“无偿调拨净资产”项目，反映单位本年度截至报告期期末无偿调入的非现金资产价值扣减无偿调出的非现金资产价值后的净值。

（5）“本期盈余”项目，反映单位本年度截至报告期期末实现的累计盈余或亏损。

四、资产负债表的填列方法

（一）“年初余额”栏内各项目的填列方法

“年初余额”栏内各项数字应当根据上年年末资产负债表“期末余额”栏内数字填列。

如果本年度资产负债表规定的项目的名称和内容同上年度不一致，应当对上年年末资产负债表项目的名称和数字按照本年度的规定进行调整，将调整后的数字填入本表“年初余额”栏内。

如果本年度单位发生了因前期差错更正、会计政策变更等调整以前年度盈余的事项，还应当对“年初余额”栏中的有关项目金额进行相应调整。

（二）“期末余额”栏各项目的填列方法

1. 根据相应的各总账科目期末余额直接填列的项目

（1）资产类项目有：短期投资、财政应返还额度、应收票据、预付账款、应收股利、应收利息、待摊费用、长期股权投资、固定资产原值（固定资产）、固定资产累计折旧、工程物资、在建工程、无形资产原值（无形资产）、无形资产累计摊销、研发支出、公共基础设施原值（公共基础设施）、公共基础设施累计折旧（摊销）、政府储备物资、文物文化资产、保障性住房原值（保障性住房）、保障性住房累计折旧、长期待摊费用、待处理财产损溢（期末贷方余额以“－”号填列）、受托代理资产。

（2）负债类项目有：短期借款、应交增值税（期末借方余额以“－”号填列）、其他应交税费（期末借方余额以“－”号填列）、应缴财政款、应付职工薪酬、应付票据、应付账款、应付政府补贴款、应付利息、预收账款、其他应付款、预提费用、预计负债、受托代理负债。

（3）净资产类项目有：累计盈余、专用基金、权益法调整（期末借方余额以“－”号填列）、无偿调拨净资产（仅在月度报表中列示，年度报表中不列示；期末借方余额以“－”号填列）、本期盈余（仅在月度报表中列示，年度报表中不列示；期末借方余额以“－”号填列）

2. 根据相关总账科目期末余额计算填列的项目

（1）“货币资金”项目，根据“库存现金”“银行存款”“零余额账户用款额度”“其他货币资金”科目的期末余额的合计数填列；若单位存在通过“库存现金”“银行存款”

科目核算的受托代理资产还应当按照前述合计数扣减“库存现金”“银行存款”科目下“受托代理资产”明细科目的期末余额后的金额填列。

（2）“存货”项目，根据“在途物品”“库存物品”“加工物品”科目的期末余额的合计数填列。

（3）“其他流动资产”项目，根据有关科目期末余额的合计数填列。

（4）“其他非流动资产”项目，根据有关科目的期末余额合计数填列。

（5）“其他流动负债”项目，根据有关科目的期末余额的合计数填列。

（6）“其他非流动负债”项目，根据有关科目的期末余额合计数填列。

3. 根据相关总账科目和明细科目期末余额分析计算填列的项目

（1）“一年内到期的非流动资产”项目，根据“长期债券投资”等科目的明细科目的期末余额分析填列。

（2）“长期债券投资”项目，根据“长期债券投资”科目的期末余额减去其中将于1年内（含1年）到期的长期债券投资余额后的金额填列。

（3）“受托代理资产”项目，根据“受托代理资产”科目的期末余额与“库存现金”、“银行存款”科目下“受托代理资产”明细科目的期末余额的合计数填列。

（4）“一年内到期的非流动负债”项目，根据“长期应付款”“长期借款”等科目的明细科目的期末余额分析填列。

（5）“长期借款”项目，根据“长期借款”科目的期末余额减去其中将于1年内（含1年）到期的长期借款余额后的金额填列。

（6）“长期应付款”项目，根据“长期应付款”科目的期末余额减去其中将于1年内（含1年）到期的长期应付款余额后的金额填列。

4. 根据总账科目期末余额减去其备抵项目后的净额填列

（1）“应收账款净额”项目，根据“应收账款”科目的期末余额，减去“坏账准备”科目中对应收账款计提的坏账准备的期末余额后的金额填列。

（2）“其他应收款净额”项目，根据“其他应收款”科目的期末余额减去“坏账准备”科目中对其他应收款计提的坏账准备的期末余额后的金额填列。

（3）“固定资产净值”项目，根据“固定资产”科目期末余额减去“固定资产累计折旧”科目期末余额后的金额填列。

（4）“无形资产净值”项目，根据“无形资产”科目期末余额减去“无形资产累计摊销”科目期末余额后的金额填列。

（5）“公共基础设施净值”项目，根据“公共基础设施”科目期末余额减去“公共基础设施累计折旧（摊销）”科目期末余额后的金额填列。

（6）“保障性住房净值”项目，根据“保障性住房”科目期末余额减去“保障性住房累计折旧”科目期末余额后的金额填列。

五、资产负债表（月报）编制举例

（一）案例背景

1. 数据资料

某事业单位2019年12月31日年终结账前的试算平衡表如表9-1所示。

表 9-1 某事业单位 12 月 31 日年终结账前的试算平衡表 单位：元

科目名称	期初余额		本期发生额		期末余额	
	借方	贷方	借方	贷方	借方	贷方
库存现金（1001）	1 500.00		300.00	1 200.00	600.00	
银行存款（1002）	30 000.00		26 800.00	38 500.00	18 300.00	
零余额账户用款额度（1011）	126 000.00		200 000.00	150 000.00	176 000.00	
其他货币资金（1021）	3 000.00		8 000.00	3 000.00	8 000.00	
短期投资（1101）	30 000.00				30 000.00	
应收账款（1212）	16 500.00		20 000.00	6 500.00	30 000.00	
其他应收款（1218）	9 800.00		6 500.00		16 300.00	
坏账准备（1219）		13 560.00	6 100.00	7 900.00		15 360.00
——应收账款（121901）		8 560.00	3 600.00	4 500.00		9 460.00
——其他应收款（121902）		5 000.00	2 500.00	3 400.00		5 900.00
在途物品（1301）	26 000.00		15 000.00	20 000.00	21 000.00	
库存物品（1302）	43 000.00		18 000.00	38 000.00	23 000.00	
待摊费用（1401）	6 000.00			6 000.00		
固定资产（1601）	80 000.00		11 000.00	10 400.00	80 600.00	
固定资产累计折旧（1602）		38 000.00		3 200.00		41 200.00
工程物资（1611）	50 000.00				50 000.00	
在建工程（1613）	40 000.00				40 000.00	
无形资产（1701）	50 000.00		13 000.00		63 000.00	
无形资产累计摊销（1702）		20 500.00		1 800.00		22 300.00
公共基础设施（1801）	66 500.00				66 500.00	
公共基础设施累计折旧（摊销）（1802）		24 000.00		1 200.00		25 200.00
政府储备物资（1811）	40 000.00		43 000.00		83 000.00	
保障性住房（1831）	70 000.00				70 000.00	
保障性住房累计折旧（1832）		35 000.00		3 000.00		38 000.00
受托代理资产（1891）	25 000.00				25 000.00	
待处理财产损溢（1902）	4 060.00		5 000.00		9 060.00	
短期借款（2001）		20 000.00		6 000.00		26 000.00
其他应交税费（2102）		10 000.00	34 000.00	36 000.00		12 000.00
应缴财政款（2103）		8 000.00				8 000.00

续前表

科目名称	期初余额		本期发生额		期末余额	
	借方	贷方	借方	贷方	借方	贷方
应付政府补贴款（2303）			41 000.00	41 000.00		
应付利息（2304）		2 800.00		2 800.00		5 600.00
长期借款（2501）		80 000.00				80 000.00
长期应付款（2502）		10 000.00	5 400.00	6 500.00		11 100.00
受托代理负债（2901）		25 000.00				25 000.00
累计盈余（3001）		400 000.00	35 000.00	40 000.00		405 000.00
专用基金（3101）		25 000.00	19 800.00	40 000.00		45 200.00
本期盈余（3301）		5 500.00	99 700.00	144 600.00		50 400.00
财政拨款收入（4001）			80 000.00	80 000.00		
——一般公共财政预算拨款（400101）			20 000.00	20 000.00		
——政府性基金预算财政拨款（400102）			60 000.00	60 000.00		
事业收入（4101）			30 000.00	30 000.00		
非同级财政拨款收入（4601）			32 000.00	32 000.00		
其他收入（4609）			2 600.00	2 600.00		
业务活动费用（5001）			86 000.00	86 000.00		
单位管理费用（5101）			8 000.00	8 000.00		
其他费用（5901）			5 700.00	5 700.00		
合计	717 360.00	717 360.00	851 900.00	851 900.00	810 360.00	810 360.00

2. 相关说明与资料

（1）表 9-1 中“期初余额”根据各账户 11 月 30 日期末余额填列。

（2）表 9-1 中“本期发生额”根据单位 12 月发生的经济业务汇总填列。

（3）表 9-1 中“期末余额”根据以上两项计算填列。

（4）“库存现金”期末余额中包括受托代理资产 800.00 元；“银行存款”期末余额中包括受托代理资产 10 000.00 元。

（5）“长期借款”账户中将于一年内到期的金额为 20 000.00 元。

（6）“长期应付款”账户中将于一年内到期的金额为 6 000.00 元。

（二）12 月份月报资产负债表有关项目的填列方法

1. 根据相关总账账户及其明细账户与说明计算填列的项目

（1）货币资金＝“库存现金”账户借方余额

＋“银行存款”账户借方余额

＋“零余额账户用款额度”账户借方余额

+“其他货币资金”账户借方余额
-“库存现金”期末余额中的受托代理资产
-“银行存款”期末余额中的受托代理资产
=600.00+18 300.00+176 000.00+8 000.00-800.00-10 000.00
=192 100.00（元）。

（2）应收账款净额=“应收账款”账户借方余额
-“坏账准备”期末余额中根据应收账款计提的部分
=30 000.00-9 460.00
=20 540.00（元）。

（3）其他应收款净额=“其他应收款”账户借方余额
-“坏账准备”期末余额中根据其他应收款计提的部分
=16 300.00-5 900.00
=10 400.00（元）。

（4）存货=“在途物品”账户借方余额
+“库存物品”账户借方余额
+“加工物品”账户借方余额
=21 000.00+23 000.00+0.00
=44 000.00（元）。

（5）固定资产净值=“固定资产”账户借方余额
-“固定资产累计折旧”账户贷方余额
=80 600.00-41 200.00
=39 400.00（元）。

（6）无形资产净值=“无形资产”账户借方余额
-“无形资产累计摊销”账户贷方余额
=63 000.00-22 300.00
=40 700.00（元）。

（7）公共基础设施净值=“公共基础设施”账户借方余额
-“公共基础设施累计折旧（摊销）”账户期末余额
=66 500.00-25 200.00
=41 300.00（元）。

（8）保障性住房净值=“保障性住房”账户借方余额
-“保障性住房累计折旧”账户贷方余额
=70 000.00-38 000.00
=32 000.00（元）。

（9）受托代理资产=“受托代理资产”账户借方余额
+“库存现金”期末余额中的受托代理资产
+“银行存款”期末余额中的受托代理资产
=25 000.00+800.00+10 000.00
=35 800.00（元）。

（10）一年内到期的非流动负债＝1 年内（含 1 年）到期的“长期应付款”
＋1 年内（含 1 年）到期的“长期借款”
＝6 000.00＋20 000.00＝26 000.00（元）。

（11）长期借款＝“长期借款”科目的期末余额
－1 年内（含 1 年）到期的“长期借款”的期末余额
＝80 000.00－20 000.00
＝60 000.00（元）。

（12）长期应付款＝“长期应付款”科目的期末余额
－1 年内（含 1 年）到期的“长期应付款”的期末余额
＝11 100.00－6 000.00
＝5 100.00（元）。

2. 其他项目

其他项目根据试算平衡表的期末余额直接填列。

（三）编制资产负债表

根据上述计算结果结合 12 月 31 日的试算平衡表填制某事业单位 2019 年 12 月份月报的资产负债表，如表 9－2 所示。

表 9－2　　资产负债表

会财政 01 表

编制单位：某事业单位　　2019 年 12 月 31 日　　单位：元

资产	期末余额	年初余额（略）	负债和净资产	期末余额	年初余额（略）
流动资产：			流动负债：		
货币资金	192 100.00		短期借款	26 000.00	
短期投资	30 000.00		应交增值税		
财政应返还额度			其他应交税费	12 000.00	
应收票据			应缴财政款	8 000.00	
应收账款净额	20 540.00		应付职工薪酬		
预付账款			应付票据		
应收股利			应付账款		
应收利息			应付政府补贴款		
其他应收款净额	10 400.00		应付利息	5 600.00	
存货	44 000.00		预收账款		
待摊费用			其他应付款		
一年内到期的非流动资产			预提费用		
流动资产合计	297 040.00		一年内到期的非流动负债	26 000.00	
非流动资产：			其他流动负债		
长期股权投资			流动负债合计	77 600.00	
长期债权投资			非流动负债：		

续前表

资产	期末余额	年初余额（略）	负债和净资产	期末余额	年初余额（略）
固定资产原值	81 400.00		长期借款	60 000.00	
减：固定资产累计折旧	42 000.00		长期应付款	5 100.00	
固定资产净值	39 400.00		预计负债		
工程物资	50 000.00		其他非流动负债		
在建工程	40 000.00		非流动负债合计	65 100.00	
无形资产原值	63 000.00		受托代理负债	25 000.00	
减：无形资产累计摊销	22 300.00		负债合计	167 700.00	
无形资产净值	40 700.00				
研发支出					
公共基础设施原值	66 500.00				
减：公共基础设施累计折旧（摊销）	25 200.00				
公共基础设施净值	41 300.00				
政府储备物资	83 000.00				
文物文化资产					
保障性住房原值	70 000.00				
减：保障性住房累计折旧	38 000.00		净资产：		
保障性住房净值	32 000.00		累计盈余	405 000.00	
长期待摊费用			专用基金	45 200.00	
待处理财产损溢	9 060.00		权益法调整		
其他非流动资产			无偿调拨净资产 *		
非流动资产合计	335 460.00		本期盈余 *	50 400.00	
受托代理资产	35 800.00		净资产合计	500 600.00	
资产总计	668 300.00		负债和净资产总计	668 300.00	

注："*"标识项目为月报项目，年报中不需列示。

六、资产负债表（年报）编制举例

（1）某事业单位 2019 年年末结转业务如下：

1）12 月 31 日，结转本期盈余账户截止 12 月 31 日的贷方余额 50 400 元。

借：本期盈余　　50 400

　　贷：本年盈余分配　　50 400

2）12 月 31 日，按照预算会计（从本年度非财政拨款结余或经营结余中提取专用基金）下计算提取的专用基金额为 20 400 元。

借：本年盈余分配　　20 400

　　贷：专用基金　　20 400

3）12 月 31 日，结转本年盈余分配科目计提专用基金后的余额 30 000 元。

借：本年盈余分配　　30 000

　　贷：累计盈余　　30 000

（2）根据以上结转业务编制分录并登记各账户本期发生额（见表 9－3）；根据 12 月 31 日年终结账前试算平衡表和年终结转发生额编制 12 月 31 日年终结账后的试算平衡表（见表 9－4）。

表 9－3　　发生额平衡表　　单位：元

会计科目	借方	贷方
累计盈余（3001）		30 000.00
专用基金（3101）		20 400.00
本期盈余（3301）	50 400.00	
本年盈余分配（3302）	50 400.00	50 400.00
合计	100 800.00	100 800.00

表 9－4　　某事业单位 12 月 31 日年终结账后的试算平衡表　　单位：元

科目名称	12 月 31 日结账前余额		12 月 31 日结转业务发生额		12 月 31 日结账后余额	
	借方	贷方	借方	贷方	借方	贷方
库存现金（1001）	600.00				600.00	
银行存款（1002）	18 300.00				18 300.00	
零余额账户用款额度（1011）	176 000.00				176 000.00	
其他货币资金（1021）	8 000.00				8 000.00	
短期投资（1101）	30 000.00				30 000.00	
应收账款（1212）	30 000.00				30 000.00	
其他应收款（1218）	16 300.00				16 300.00	
坏账准备（1219）		15 360.00				15 360.00
——应收账款（121901）		9 460.00				9 460.00
——其他应收款（121902）		5 900.00				5 900.00
在途物品（1301）	21 000.00				21 000.00	
库存物品（1302）	23 000.00				23 000.00	
固定资产（1601）	80 600.00				80 600.00	
固定资产累计折旧（1602）		41 200.00				41 200.00
工程物资（1611）	50 000.00				50 000.00	
在建工程（1613）	40 000.00				40 000.00	

续前表

科目名称	12 月 31 日结账前余额		12 月 31 日结转业务发生额		12 月 31 日结账后余额	
	借方	贷方	借方	贷方	借方	贷方
无形资产（1701）	63 000.00				63 000.00	
无形资产累计摊销（1702）		22 300.00				22 300.00
公共基础设施（1801）	66 500.00				66 500.00	
公共基础设施累计折旧（摊销）（1802）		25 200.00				25 200.00
政府储备物资（1811）	83 000.00				83 000.00	
保障性住房（1831）	70 000.00				70 000.00	
保障性住房累计折旧（1832）		38 000.00				38 000.00
受托代理资产（1891）	25 000.00				25 000.00	
待处理财产损溢（1902）	9 060.00				9 060.00	
短期借款（2001）		26 000.00				26 000.00
其他应交税费（2102）		12 000.00				12 000.00
应缴财政款（2103）		8 000.00				8 000.00
应付利息（2304）		5 600.00				5 600.00
长期借款（2501）		80 000.00				80 000.00
长期应付款（2502）		11 100.00				11 100.00
受托代理负债（2901）		25 000.00				25 000.00
累计盈余（3001）		405 000.00		30 000.00		435 000.00
专用基金（3101）		45 200.00		20 400.00		65 600.00
本期盈余（3301）		50 400.00	50 400.00			
本年盈余分配（3302）			50 400.00	50 400.00		
合计	810 360.00	810 360.00	100 800.00	100 800.00	810 360.00	810 360.00

（3）根据 12 月 31 日年终结账后的试算平衡表编制 2019 年的年度资产负债表，如表 9－5 所示。

表 9－5　　　　**资产负债表（年报）**

会财政 01 表

编制单位：某事业单位　　　　2019 年 12 月 31 日　　　　单位：元

资产	期末余额	年初余额（略）	负债和净资产	期末余额	年初余额（略）
流动资产：			流动负债：		
货币资金	192 100.00		短期借款	26 000.00	
短期投资	30 000.00		应交增值税		

续前表

资产	期末余额	年初余额（略）	负债和净资产	期末余额	年初余额（略）
财政应返还额度			其他应交税费	12 000.00	
应收票据			应缴财政款	8 000.00	
应收账款净额	20 540.00		应付职工薪酬		
预付账款			应付票据		
应收股利			应付账款		
应收利息			应付政府补贴款		
其他应收款净额	10 400.00		应付利息	5 600.00	
存货	44 000.00		预收账款		
待摊费用			其他应付款		
一年内到期的非流动资产			预提费用		
流动资产合计	297 040.00		一年内到期的非流动负债	26 000.00	
非流动资产：			其他流动负债		
长期股权投资			流动负债合计	77 600.00	
长期债权投资			非流动负债：		
固定资产原值	81 400.00		长期借款	60 000.00	
减：固定资产累计折旧	42 000.00		长期应付款	5 100.00	
固定资产净值	39 400.00		预计负债		
工程物资	50 000.00		其他非流动负债		
在建工程	40 000.00		非流动负债合计	65 100.00	
无形资产原值	63 000.00		受托代理负债	25 000.00	
减：无形资产累计摊销	22 300.00		负债合计	167 700.00	
无形资产净值	40 700.00				
研发支出					
公共基础设施原值	66 500.00				
减：公共基础设施累计折旧（摊销）	25 200.00				
公共基础设施净值	41 300.00				
政府储备物资	83 000.00				
文物文化资产					
保障性住房原值	70 000.00				
减：保障性住房累计折旧	38 000.00		净资产：		
保障性住房净值	32 000.00		累计盈余	435 000.00	

续前表

资产	期末余额	年初余额（略）	负债和净资产	期末余额	年初余额（略）
长期待摊费用			专用基金	65600.00	
待处理财产损溢	9060.00		权益法调整		
其他非流动资产			无偿调拨净资产＊		
非流动资产合计	335460.00		本期盈余＊		
受托代理资产	35800.00		净资产合计	500600.00	
资产总计	668300.00		负债和净资产总计	668300.00	

注："＊"标识项目为月报项目，年报中不需列示。

知识归纳

资产负债表是指反映单位在某一特定日期的财务状况（全部资产、负债和净资产的情况）的报表。资产负债表的平衡原理是"资产＝负债＋净资产"。资产负债表"期末余额"栏各项目的填列方法有：

（1）根据总账科目期末余额直接填列。

（2）根据总账科目期末余额计算填列。

（3）根据总账科目和明细科目期末余额分析计算填列。

（4）根据总账科目期末余额减去其备抵项目后的净额填列。

问题探究

1. 什么是资产负债表？
2. 资产负债表包括哪些项目？各项目是如何排列的？
3. 资产负债表"期末余额"栏各项目的填列方法有几种？

任务二 收入费用表

任务目标

◇ 了解收入费用表的定义及格式。

◇ 熟悉收入费用表各项目反映的内容。

◇ 学会收入费用表各项目的填列方法。

一、收入费用表的定义

收入费用表是反映单位在某一会计期间内发生的收入、费用及当期盈余情况的报表。

二、收入费用表的格式

收入费用表的基本原理是"收入－费用＝盈余"。

收入费用表按照收入、费用的构成分项列示，即从上到下分别为本期收入、本期费用、本期盈余。

各项目的栏目分为“本月数”和“本年累计数”。

单位收入费用表的格式见下文“收入费用表（月报）编制举例”中的收入费用表。

三、收入费用表的内容

“本月数”栏反映各项目的本月实际发生数。“本月数”栏各项目反映的内容如下：

（1）本期收入。

1）“本期收入”项目，反映单位本期收入总额。

2）“财政拨款收入”项目，反映单位本期从同级政府财政部门取得的各类财政拨款。“政府性基金收入”项目，反映单位本期取得的财政拨款收入中属于政府性基金预算拨款的金额。

3）“事业收入”项目，反映事业单位本期开展专业业务活动及其辅助活动实现的收入。

4）“上级补助收入”项目，反映事业单位本期从主管部门和上级单位收到或应收的非财政拨款收入。

5）“附属单位上缴收入”项目，反映事业单位本期收到或应收的独立核算的附属单位按照有关规定上缴的收入。

6）“经营收入”项目，反映事业单位本期在专业业务活动及其辅助活动之外开展非独立核算经营活动实现的收入。

7）“非同级财政拨款收入”项目，反映单位本期从非同级政府财政部门取得的财政拨款，不包括事业单位因开展科研及其辅助活动从非同级财政部门取得的经费拨款。

8）“投资收益”项目，反映事业单位本期股权投资和债券投资所实现的收益或发生的损失。

9）“捐赠收入”项目，反映单位本期接受捐赠取得的收入。本项目应当根据“捐赠收入”科目的本期发生额填列。

10）“利息收入”项目，反映单位本期取得的银行存款利息收入。

11）“租金收入”项目，反映单位本期经批准利用国有资产出租取得并按规定纳入本单位预算管理的租金收入。

12）“其他收入”项目，反映单位本期取得的除以上收入项目外的其他收入的总额。

（2）本期费用。

1）“本期费用”项目，反映单位本期费用总额。

2）“业务活动费用”项目，反映单位本期为实现其职能目标，依法履职或开展专业业务活动及其辅助活动所发生的各项费用。

3）“单位管理费用”项目，反映事业单位本期本级行政及后勤管理部门开展管理活动发生的各项费用，以及由单位统一负担的离退休人员经费、工会经费、诉讼费、中介费等。

4）“经营费用”项目，反映事业单位本期在专业业务活动及其辅助活动之外开展非独立核算经营活动发生的各项费用。

5）“资产处置费用”项目，反映单位本期经批准处置资产时转销的资产价值以及在处置过程中发生的相关费用或者处置收入小于处置费用形成的净支出。

6）“上缴上级费用”项目，反映事业单位按照规定上缴上级单位款项发生的费用。

7）“对附属单位补助费用”项目，反映事业单位用财政拨款收入之外的收入对附属单位补助发生的费用。

8）“所得税费用”项目，反映有企业所得税缴纳义务的事业单位本期计算应缴纳的企业所得税。

9）“其他费用”项目，反映单位本期发生的除以上费用项目外的其他费用的总额。

（3）“本期盈余”项目，反映单位本期收入扣除本期费用后的净额。

“本年累计数”栏反映各项目自年初至报告期期末的累计实际发生数。编制年度收入费用表时，应当将本栏改为“上年数”，反映上年度各项目的实际发生数。

四、收入费用表的填列方法

（一）“本月数”栏各项目的填列方法

（1）本期收入各项目根据相应的财政拨款收入、事业收入、上级补助收入、附属单位上缴收入、经营收入、非同级财政拨款收入、投资收益（投资净损失以“－”号填列）、捐赠收入、利息收入、租金收入、其他收入等总账科目及相关明细科目的本期发生额填列。

其中：“政府性基金收入”项目，根据“财政拨款收入”相关明细科目的本期发生额填列。

（2）本期费用各项目根据相应的业务活动费用、单位管理费用、经营费用、资产处置费用、上缴上级费用、对附属单位补助费用、所得税费用、其他费用等总账科目的本期发生额填列。

（3）本期盈余项目，根据表中“本期收入”项目金额减去“本期费用”项目金额后的金额填列；如为负数，以“－”号填列。

（二）“本年累计数”栏的填列方法

“本年累计数”栏反映各项目自年初至报告期期末的累计实际发生数。编制年度收入费用表时，应当将本栏改为“上年数”，“上年数”栏应当根据上年年度收入费用表中“本年数”栏内所列数字填列。

如果本年度收入费用表规定的项目的名称和内容同上年度不一致，应当对上年度收入费用表项目的名称和数字按照本年度的规定进行调整，将调整后的金额填入本年度收入费用表的“上年数”栏内。

如果本年度单位发生了因前期差错更正、会计政策变更等调整以前年度盈余的事项，还应当对年度收入费用表中“上年数”栏中的有关项目金额进行相应调整。

五、收入费用表（月报）编制举例

（一）案例背景

某事业单位各收入类与费用类账户 2019 年发生额及相关说明与资料如下：

1. 数据资料

各收入类与费用类账户 12 月发生额及全年累计发生额如表 9－6 所示。

表 9－6 各收入类与费用类账户 12 月发生额及全年累计发生额 单位：元

科目名称	1—11 月累计发生额	12 月发生额	1—12 月累计发生额
财政拨款收入（4001）	705 000.00	80 000.00	785 000.00
——一般公共财政预算拨款（400101）	250 000.00	20 000.00	270 000.00
——政府性基金预算财政拨款（400102）	455 000.00	60 000.00	515 000.00
事业收入（4101）	65 500.00	30 000.00	95 500.00
非同级财政拨款收入（4601）	35 000.00	32 000.00	67 000.00
其他收入（4609）	20 000.00	2 600.00	22 600.00
业务活动费用（5001）	687 000.00	86 000.00	773 000.00
单位管理费用（5101）	88 000.00	8 000.00	96 000.00
其他费用（5901）	45 000.00	5 700.00	50 700.00
合 计	1 645 500.00	244 300.00	1 889 800.00

2. 相关说明与资料

（1）表 9－6 中“1—11 月累计发生额”根据 11 月收入费用表“本年累计数”填列。

（2）表 9－6 中“12 月发生额”根据 12 月份发生的经济业务汇总填列。

（3）表 9－6 中“1—12 月累计发生额”根据以上两项计算填列。

（二）填列方法

12 月份月报收入费用表各项目的填列方法如表 9－7 所示。

表 9－7 收入费用表各项目填写与计算方法

项目	本月数	本年累计数
一、本期收入	80 000＋30 000＋32 000＋2 600	785 000＋95 500＋67 000＋22 600
（一）财政拨款收入	80 000.00（直接取数）	785 000.00（直接取数）
其中：政府性基金收入	60 000.00（直接取数）	515 000.00（直接取数）
（二）事业收入	30 000.00（直接取数）	95 500.00（直接取数）
（三）上级补助收入		
（四）附属单位上缴收入		
（五）经营收入		
（六）非同级财政拨款收入	32 000.00（直接取数）	67 000.00（直接取数）
（七）投资收益		
（八）捐赠收入		
（九）利息收入		
（十）租金收入		
（十一）其他收入	2 600.00（直接取数）	22 600.00（直接取数）
二、本期费用	86 000＋8 000＋5 700	773 000＋96 000＋50 700

续前表

项目	本月数	本年累计数
（一）业务活动费用	86 000.00（直接取数）	773 000.00
（二）单位管理费用	8 000.00（直接取数）	96 000.00
（三）经营费用		
（四）资产处置费用		
（五）上缴上级费用		
（六）对附属单位补助费用		
（七）所得税费用		
（八）其他费用	5 700.00（直接取数）	50 700.00
三、本期盈余	144 600－99 700	970 100－919 700

（三）编制收入费用表

根据上述计算结果编制 12 月份月报的收入费用表如表 9－8 所示。

表 9－8　　收入费用表

会财政 02 表

编制单位：某事业单位　　2019 年 12 月　　单位：元

项目	本月数	本年累计数
一、本期收入	144 600.00	970 100.00
（一）财政拨款收入	80 000.00	785 000.00
其中：政府性基金收入	60 000.00	515 000.00
（二）事业收入	30 000.00	95 500.00
（三）上级补助收入		
（四）附属单位上缴收入		
（五）经营收入		
（六）非同级财政拨款收入	32 000.00	67 000.00
（七）投资收益		
（八）捐赠收入		
（九）利息收入		
（十）租金收入		
（十一）其他收入	2 600.00	22 600.00
二、本期费用	99 700.00	919 700.00
（一）业务活动费用	86 000.00	773 000.00
（二）单位管理费用	8 000.00	96 000.00
（三）经营费用		
（四）资产处置费用		
（五）上缴上级费用		
（六）对附属单位补助费用		
（七）所得税费用		
（八）其他费用	5 700.00	50 700.00
三、本期盈余	44 900.00	50 400.00

六、收入费用表（年报）编制举例

（1）某事业单位2018年度收入费用表如表9-9所示。

表9-9 **收入费用表**

会财政02表

编制单位：某事业单位 2018年 单位：元

项目	本年数	上年数
一、本期收入	247 500.00	693 300.00
（一）财政拨款收入	152 000.00	568 000.00
其中：政府性基金收入	65 000.00	371 000.00
（二）事业收入	72 000.00	59 000.00
（三）上级补助收入		
（四）附属单位上缴收入		
（五）经营收入		
（六）非同级财政拨款收入	21 000.00	58 000.00
（七）投资收益		
（八）捐赠收入		
（九）利息收入		
（十）租金收入		
（十一）其他收入	2 500.00	8 300.00
二、本期费用	196 050.00	600 200.00
（一）业务活动费用	182 000.00	470 800.00
（二）单位管理费用	9 600.00	75 000.00
（三）经营费用		
（四）资产处置费用		
（五）上缴上级费用		
（六）对附属单位补助费用		
（七）所得税费用		
（八）其他费用	4 450.00	54 400.00
三、本期盈余	51 450.00	93 100.00

（2）2019年12月份的收入费用表见表9-8。

（3）2019年收入费用表（年报）编报说明。

1）“上年数”栏各项目根据上年本表“本年数”填列。

2）“本年数”栏各项目根据本年 12 月本表“本年累计数”填列。

（4）根据以上资料编制 2019 年度收入费用表（年报）如表 9－10 所示。

表 9－10　　收入费用表

会财政 02 表

编制单位：某事业单位　　2019 年　　单位：元

项目	本年数	上年数
一、本期收入	970 100.00	247 500.00
（一）财政拨款收入	785 000.00	152 000.00
其中：政府性基金收入	515 000.00	65 000.00
（二）事业收入	95 500.00	72 000.00
（三）上级补助收入		
（四）附属单位上缴收入		
（五）经营收入		
（六）非同级财政拨款收入	67 000.00	21 000.00
（七）投资收益		
（八）捐赠收入		
（九）利息收入		
（十）租金收入		
（十一）其他收入	22 600.00	2 500.00
二、本期费用	919 700.00	196 050.00
（一）业务活动费用	773 000.00	182 000.00
（二）单位管理费用	96 000.00	9 600.00
（三）经营费用		
（四）资产处置费用		
（五）上缴上级费用		
（六）对附属单位补助费用		
（七）所得税费用		
（八）其他费用	50 700.00	4 450.00
三、本期盈余	50 400.00	51 450.00

知识归纳

收入费用表是反映单位在某一会计期间内发生的收入、费用及当期盈余情况的报表。收入费用表按照收入、费用的构成分项列示，即从上到下分别为本期收入、本期费用、本期盈余。各项目的栏目分为“本月数”和“本年累计数”。“本月数”栏反映各项目的本月实际发生数，“本月数”栏各项目主要根据收支类科目的本期发生额填列。“本年累计数”栏反映各项目自年初至报告期期末的累计实际发生数。编制年度收入费用表时，应当将“本年累计数”栏改为“上年数”，“上年数”栏应当根据上年年度收入费用表中“本年数”栏内所列数字填列。

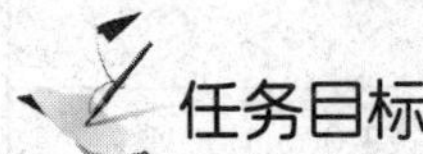

问题探究

1. 什么是收入费用表？
2. 简述收入费用表的基本格式。
3. 收入费用表各栏目填列的主要依据是什么？

任务三　净资产变动表

任务目标

◇ 了解净资产变动表的定义及格式。
◇ 熟悉净资产变动表各项目反映的内容。
◇ 学会净资产变动表各栏目的填列方法。

一、净资产变动表的定义

净资产变动表是反映单位在某一会计年度内净资产项目变动情况的报表。

二、净资产变动表的格式

净资产变动表按照上年年末余额、以前年度盈余调整、本年年初余额、本年变动金额、本年年末余额从上到下分项列示，各项目分“本年数”和“上年数”两个栏目，各栏目细分为累计盈余、专用基金、权益法调整。其格式见下文“净资产变动表编制举例”中的净资产变动表。

三、净资产变动表的内容

净资产变动表“本年数”栏反映本年度各项目的实际变动数，“上年数”栏反映上年度各项目的实际变动数。本表“本年数”栏各项目反映的内容如下：

（1）“上年年末余额”行，反映单位净资产各项目上年年末的余额。

（2）“以前年度盈余调整”行，反映单位本年度调整以前年度盈余的事项对累计盈余进行调整的金额。

（3）“本年年初余额”行，反映经过以前年度盈余调整后，单位净资产各项目的本年年初余额。

（4）“本年变动金额”行，反映单位净资产各项目本年变动总金额。

（5）“本年盈余”行，反映单位本年发生的收入、费用对净资产的影响。

（6）“无偿调拨净资产”行，反映单位本年无偿调入、调出非现金资产事项对净资产的影响。

(7)“归集调整预算结转结余”行，反映单位本年财政拨款结转结余资金归集调入、归集上缴或调出，以及非财政拨款结转资金缴回对净资产的影响。

(8)“提取或设置专用基金”行，反映单位本年提取或设置专用基金对净资产的影响。

“从预算收入中提取”行，反映单位本年从预算收入中提取专用基金对净资产的影响。

“从预算结余中提取”行，反映单位本年根据有关规定从本年度非财政拨款结余或经营结余中提取专用基金对净资产的影响。

“设置的专用基金”行，反映单位本年根据有关规定设置的其他专用基金对净资产的影响。

(9)“使用专用基金”行，反映单位本年按规定使用专用基金对净资产的影响。

(10)“权益法调整”行，反映单位本年按照被投资单位除净损益和利润分配以外的所有者权益变动份额而调整长期股权投资账面余额对净资产的影响。

(11)“本年年末余额”行，反映单位本年各净资产项目的年末余额。

四、净资产变动表的填列方法

净资产变动表“本年数”栏各项目的填列方法如下：

(1)“上年年末余额”行，根据“累计盈余”“专用基金”“权益法调整”科目上年年末余额填列。

(2)“以前年度盈余调整”行，根据本年度“以前年度盈余调整”科目转入“累计盈余”科目的金额填列；如调整减少累计盈余，以“—”号填列。

(3)“本年年初余额”行，根据“累计盈余”“专用基金”“权益法调整”项目各自在“上年年末余额”和“以前年度盈余调整”行对应项目金额的合计数填列。

(4)“本年变动金额”行，根据“累计盈余”“专用基金”“权益法调整”项目各自在“本年盈余”“无偿调拨净资产”“归集调整预算结转结余”“提取或设置专用基金”“使用专用基金”“权益法调整”行对应项目金额的合计数填列。

(5)“本年盈余”行，“累计盈余”项目根据年末由“本期盈余”科目转入“本年盈余分配”科目的金额填列；如转入时借记“本年盈余分配”科目，则以“—”号填列。

(6)“无偿调拨净资产”行，“累计盈余”项目应当根据年末由“无偿调拨净资产”科目转入“累计盈余”科目的金额填列；如转入时借记“累计盈余”科目，则以“—”号填列。

(7)“归集调整预算结转结余”行，“累计盈余”项目根据“累计盈余”科目明细账记录分析填列；如归集调整减少预算结转结余，则以“—”号填列。

(8)“提取或设置专用基金”行，“累计盈余”项目根据“从预算结余中提取”行“累计盈余”项目的金额填列。“专用基金”项目根据“从预算收入中提取”“从预算结余中提取”“设置的专用基金”行“专用基金”项目金额的合计数填列。

“从预算收入中提取”行，“专用基金”项目通过对“专用基金”科目明细账记录的分析，根据本年按有关规定从预算收入中提取基金的金额填列。

“从预算结余中提取”行，“累计盈余”“专用基金”项目通过对“专用基金”科目明细账记录的分析，根据本年按有关规定从本年度非财政拨款结余或经营结余中提取专用基金的金额填列；本行“累计盈余”项目以“—”号填列。

“设置的专用基金”行，“专用基金”项目通过对“专用基金”科目明细账记录的分析，根据本年按有关规定设置的其他专用基金的金额填列。

(9)“使用专用基金”行，“累计盈余”“专用基金”项目通过对“专用基金”科目明细账记录的分析，根据本年按规定使用专用基金的金额填列；本行“专用基金”项目以“—”号填列。

(10)“权益法调整”行，“权益法调整”项目根据“权益法调整”科目本年发生额填列；若本年净发生额为借方时，以“—”号填列。

(11)“本年年末余额”行，“累计盈余”“专用基金”“权益法调整”项目根据其各自在“本年年初余额”“本年变动金额”行对应项目金额的合计数填列。

(12) 各行“净资产合计”项目，根据所在行“累计盈余”“专用基金”“权益法调整”项目金额的合计数填列。

“上年数”根据上年度净资产变动表中“本年数”栏内所列数字填列。如果上年度净资产变动表规定的项目的名称和内容与本年度不一致，应对上年度净资产变动表项目的名称和数字按照本年度的规定进行调整，将调整后金额填入本年度净资产变动表“上年数”栏内。

五、净资产变动表编制举例

某事业单位净资产类账户 2019 年发生额及相关说明与资料如下：

(1) 净资产类账户本年发生额及余额如表 9－11 所示。

表 9－11　　净资产类账户发生额及余额表

2019 年　　单位：元

科目	年初余额		1—12 月累计发生额		年末余额	
	借方	贷方	借方	贷方	借方	贷方
累计盈余 (3001)		410 000.00	30 000.00	55 000.00		435 000.00
专用基金 (3101)		12 000.00	34 500.00	88 100.00		65 600.00
权益法调整 (3201)		0.00	0.00	0.00		0.00

(2) 2019 年度有关资料说明：

1) 本年度无“以前年度盈余调整”。

2)“本期盈余”转入“本年盈余分配”金额为 50 400 元［见项目九任务一资产负债表（年报）2019 年年末结转业务］。

3) 本年按有关规定从预算收入中提取基金的金额为 21 200.00 元。

4) 从本年度非财政拨款结余或经营结余中提取专用基金的金额为 20 400.00 元。

5) 按有关规定设置的专用基金金额为 12 000.00 元。

(3) 根据以上资料填制净资产变动表的本年数栏目，编制 2019 年净资产变动表，如表 9－12 所示。

表 9-12　　　　**净资产变动表**

会政财 03 表

编制单位：某事业单位　　　　2019 年　　　　单位：元

项目	本年数				上年数（略）			
	累计盈余	专用基金	权益法调整	净资产合计	累计盈余	专用基金	权益法调整	净资产合计
一、上年年末余额	410 000.00	12 000.00		422 000.00				
二、以前年度盈余调整（减少以“—”号填列）		—	—			—	—	
三、本年年初余额	410 000.00	12 000.00		422 000.00				
四、本年变动金额（减少以“—”号填列）	25 000.00	53 600.00		78 600.00				
（一）本年盈余	50 400.00	—	—	50 400.00		—	—	
（二）无偿调拨净资产		—	—			—	—	
（三）归集调整预算结转结余		—						
（四）提取或设置专用基金	−25 400.00	53 600.00	—	28 200.00			—	
其中：从预算收入中提取	—	21 200.00	—	21 200.00	—		—	
从预算结余中提取	−25 400.00	20 400.00	—	−5 000.00	—		—	
设置的专用基金	—	12 000.00	—		—		—	
（五）使用专用基金			—				—	
（六）权益法调整	—	—			—	—		
五、本年年末余额	435 000.00	65 600.00		500 600.00				

注：“—”标识单元格不需填列。

知识归纳

净资产变动表是反映单位在某一会计年度内净资产项目变动情况的报表。净资产变动表设置“本年数”和“上年数”两个栏目。“本年数”栏反映本年度各项目的实际变动数，“上年数”栏反映上年度各项目的实际变动数。“本年数”栏各项目根据“累计盈余”“专用基金”“权益法调整”科目的期初余额、本期发生额及期末余额填列。“上年数”根据上年度净资产变动表中“本年数”栏内所列数字填列。

问题探究

1. 什么是净资产变动表？
2. 简述净资产变动表的基本格式。
3. 净资产变动表各栏目填列的主要依据是什么？

任务四 现金流量表

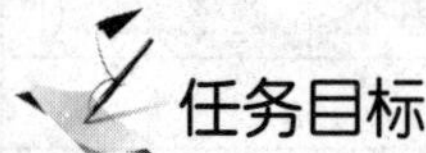

任务目标

◇ 了解现金流量表的定义与格式。

◇ 熟悉现金流量表各项目反映的内容。

◇ 学会现金流量表各项目的填列方法。

一、现金流量表的定义

现金流量表是反映单位在某一会计年度内现金流入和流出信息的报表。

现金流量表所指的现金，是指单位的库存现金以及其他可以随时用于支付的款项，包括库存现金、可以随时用于支付的银行存款、其他货币资金、零余额账户用款额度、财政应返还额度，以及通过财政直接支付方式支付的款项。

二、现金流量表的格式

现金流量表应当按照日常活动、投资活动、筹资活动的现金流量分别反映。现金流量表所指的现金流量，是指现金的流入和流出。其格式见下文“现金流量表编制举例”中的现金流量表。

三、现金流量表的内容

现金流量表“本年金额”栏反映各项目的本年实际发生数，“上年金额”栏反映各项目的上年实际发生数。“本年金额”栏各项目反映的内容如下。

（一）日常活动产生的现金流量

（1）“财政基本支出拨款收到的现金”项目，反映单位本年接受财政基本支出拨款取得的现金。

（2）“财政非资本性项目拨款收到的现金”项目，反映单位本年接受除用于购建固定资产、无形资产、公共基础设施等资本性项目以外的财政项目拨款取得的现金。

（3）“事业活动收到的除财政拨款以外的现金”项目，反映事业单位本年开展专业业务活动及其辅助活动取得的除财政拨款以外的现金。

（4）“收到的其他与日常活动有关的现金”项目，反映单位本年收到的除以上项目之外的与日常活动有关的现金。

（5）“日常活动的现金流入小计”项目，反映单位本年日常活动产生的现金流入的合计数。

（6）“购买商品、接受劳务支付的现金”项目，反映单位本年在日常活动中用于购买商品、接受劳务支付的现金。

（7）“支付给职工以及为职工支付的现金”项目，反映单位本年支付给职工以及为职工支付的现金。

(8)“支付的各项税费”项目，反映单位本年用于缴纳日常活动相关税费而支付的现金。

(9)“支付的其他与日常活动有关的现金”项目，反映单位本年支付的除上述项目之外与日常活动有关的现金。

(10)“日常活动的现金流出小计”项目，反映单位本年日常活动产生的现金流出的合计数。

(11)“日常活动产生的现金流量净额”项目，应当按照本表中“日常活动的现金流入小计”项目金额减去“日常活动的现金流出小计”项目金额后的金额填列；如为负数，以“－”号填列。

（二）投资活动产生的现金流量

(1)“收回投资收到的现金”项目，反映单位本年出售、转让或者收回投资收到的现金。

(2)“取得投资收益收到的现金”项目，反映单位本年因对外投资而收到被投资单位分配的股利或利润，以及收到投资利息而取得的现金。

(3)“处置固定资产、无形资产、公共基础设施等收回的现金净额”项目，反映单位本年处置固定资产、无形资产、公共基础设施等非流动资产所取得的现金，减去为处置这些资产而支付的有关费用之后的净额。由于自然灾害所造成的固定资产等长期资产损失而收到的保险赔款收入，也在本项目反映。

(4)“收到的其他与投资活动有关的现金”项目，反映单位本年收到的除上述项目之外与投资活动有关的现金。对于金额较大的现金流入，应当单列项目反映。

(5)“投资活动的现金流入小计”项目，反映单位本年投资活动产生的现金流入的合计数。

(6)“购建固定资产、无形资产、公共基础设施等支付的现金”项目，反映单位本年购买和建造固定资产、无形资产、公共基础设施等非流动资产所支付的现金；融资租入固定资产支付的租赁费不在本项目反映，在筹资活动的现金流量中反映。

(7)“对外投资支付的现金”项目，反映单位本年为取得短期投资、长期股权投资、长期债券投资而支付的现金。

(8)“上缴处置固定资产、无形资产、公共基础设施等净收入支付的现金”项目，反映本年单位将处置固定资产、无形资产、公共基础设施等非流动资产所收回的现金净额予以上缴财政所支付的现金。

(9)“支付的其他与投资活动有关的现金”项目，反映单位本年支付的除上述项目之外与投资活动有关的现金。对于金额较大的现金流出，应当单列项目反映。

(10)“投资活动的现金流出小计”项目，反映单位本年投资活动产生的现金流出的合计数。

(11)“投资活动产生的现金流量净额”项目，按照本表中“投资活动的现金流入小计”项目金额减去“投资活动的现金流出小计”项目金额后的金额填列；如为负数，以“－”号填列。

（三）筹资活动产生的现金流量

(1)“财政资本性项目拨款收到的现金”项目，反映单位本年接受用于购建固定资产、无形资产、公共基础设施等资本性项目的财政项目拨款取得的现金。

(2)“取得借款收到的现金”项目，反映事业单位本年举借短期、长期借款所收到的现金。

(3)“收到的其他与筹资活动有关的现金”项目，反映单位本年收到的除上述项目之外与筹资活动有关的现金。对于金额较大的现金流入，应当单列项目反映。

(4)“筹资活动的现金流入小计”项目，反映单位本年筹资活动产生的现金流入的合计数。

(5)“偿还借款支付的现金”项目，反映事业单位本年偿还借款本金所支付的现金。

(6)“偿付利息支付的现金”项目，反映事业单位本年支付的借款利息等。

(7)“支付的其他与筹资活动有关的现金”项目，反映单位本年支付的除上述项目之外与筹资活动有关的现金，如融资租入固定资产所支付的租赁费。

(8)“筹资活动的现金流出小计”项目，反映单位本年筹资活动产生的现金流出的合计数。

(9)“汇率变动对现金的影响额”项目，反映单位本年外币现金流量折算为人民币时，所采用的现金流量发生日的汇率折算的人民币金额与外币现金流量净额按期末汇率折算的人民币金额之间的差额。

(10)“现金净增加额”项目，反映单位本年现金变动的净额。

四、现金流量表的填列方法

单位应当采用直接法编制现金流量表。现金流量表“本年金额”栏各项目的填列方法如下。

(一) 日常活动产生的现金流量

(1)“财政基本支出拨款收到的现金”项目，根据“零余额账户用款额度”“财政拨款收入”“银行存款”等科目及其所属明细科目的记录分析填列。

(2)“财政非资本性项目拨款收到的现金”项目，根据“银行存款”“零余额账户用款额度”“财政拨款收入”等科目及其所属明细科目的记录分析填列。

(3)“事业活动收到的除财政拨款以外的现金”项目，根据“库存现金”“银行存款”“其他货币资金”“应收账款”“应收票据”“预收账款”“事业收入”等科目及其所属明细科目的记录分析填列。

(4)“收到的其他与日常活动有关的现金”项目，根据“库存现金”“银行存款”“其他货币资金”“上级补助收入”“附属单位上缴收入”“经营收入”“非同级财政拨款收入”“捐赠收入”“利息收入”“租金收入”“其他收入”等科目及其所属明细科目的记录分析填列。

(5)“日常活动的现金流入小计”项目，根据本表中“财政基本支出拨款收到的现金”“财政非资本性项目拨款收到的现金”“事业活动收到的除财政拨款以外的现金”“收到的其他与日常活动有关的现金”项目金额的合计数填列。

(6)“购买商品、接受劳务支付的现金”项目，根据“库存现金”“银行存款”“财政拨款收入”“零余额账户用款额度”“预付账款”“在途物品”“库存物品”“应付账款”“应付票据”“业务活动费用”“单位管理费用”“经营费用”等科目及其所属明细科目的记录分析填列。

（7）“支付给职工以及为职工支付的现金”项目，根据“库存现金”“银行存款”“零余额账户用款额度”“财政拨款收入”“应付职工薪酬”“业务活动费用”“单位管理费用”“经营费用”等科目及其所属明细科目的记录分析填列。

（8）“支付的各项税费”项目，根据“库存现金”“银行存款”“零余额账户用款额度”“应交增值税”“其他应交税费”“业务活动费用”“单位管理费用”“经营费用”“所得税费用”等科目及其所属明细科目的记录分析填列。

（9）“支付的其他与日常活动有关的现金”项目，根据“库存现金”“银行存款”“零余额账户用款额度”“财政拨款收入”“其他应付款”“业务活动费用”“单位管理费用”“经营费用”“其他费用”等科目及其所属明细科目的记录分析填列。

（10）“日常活动的现金流出小计”项目，根据本表中“购买商品、接受劳务支付的现金”“支付给职工以及为职工支付的现金”“支付的各项税费”“支付的其他与日常活动有关的现金”项目金额的合计数填列。

（11）“日常活动产生的现金流量净额”项目，按照本表中“日常活动的现金流入小计”项目金额减去“日常活动的现金流出小计”项目金额后的金额填列；如为负数，以“—”号填列。

（二）投资活动产生的现金流量

（1）“收回投资收到的现金”项目，根据“库存现金”“银行存款”“短期投资”“长期股权投资”“长期债券投资”等科目的记录分析填列。

（2）“取得投资收益收到的现金”项目，根据“库存现金”“银行存款”“应收股利”“应收利息”“投资收益”等科目的记录分析填列。

（3）“处置固定资产、无形资产、公共基础设施等收回的现金净额”项目，根据“库存现金”“银行存款”“待处理财产损溢”等科目的记录分析填列。

（4）“收到的其他与投资活动有关的现金”项目，根据“库存现金”“银行存款”等有关科目的记录分析填列。

（5）“投资活动的现金流入小计”项目，根据本表中“收回投资收到的现金”“取得投资收益收到的现金”“处置固定资产、无形资产、公共基础设施等收回的现金净额”“收到的其他与投资活动有关的现金”项目金额的合计数填列。

（6）“购建固定资产、无形资产、公共基础设施等支付的现金”项目，根据“库存现金”“银行存款”“固定资产”“工程物资”“在建工程”“无形资产”“研发支出”“公共基础设施”“保障性住房”等科目的记录分析填列。

（7）“对外投资支付的现金”项目，根据“库存现金”“银行存款”“短期投资”“长期股权投资”“长期债券投资”等科目的记录分析填列。

（8）“上缴处置固定资产、无形资产、公共基础设施等净收入支付的现金”项目，根据“库存现金”“银行存款”“应缴财政款”等科目的记录分析填列。

（9）“支付的其他与投资活动有关的现金”项目，根据“库存现金”“银行存款”等有关科目的记录分析填列。

（10）“投资活动的现金流出小计”项目，根据本表中“购建固定资产、无形资产、公共基础设施等支付的现金”“对外投资支付的现金”“上缴处置固定资产、无形资产、公共基础设施等净收入支付的现金”“支付的其他与投资活动有关的现金”项目金额的合计数填列。

（11）“投资活动产生的现金流量净额”项目，按照本表中“投资活动的现金流入小计”项目金额减去“投资活动的现金流出小计”项目金额后的金额填列；如为负数，以“－”号填列。

（三）筹资活动产生的现金流量

（1）“财政资本性项目拨款收到的现金”项目，根据“银行存款”“零余额账户用款额度”“财政拨款收入”等科目及其所属明细科目的记录分析填列。

（2）“取得借款收到的现金”项目，反映事业单位本年举借短期、长期借款所收到的现金。本项目应当根据“库存现金”“银行存款”“短期借款”“长期借款”等科目记录分析填列。

（3）“收到的其他与筹资活动有关的现金”项目，根据“库存现金”“银行存款”等有关科目的记录分析填列。

（4）“筹资活动的现金流入小计”项目，根据本表中“财政资本性项目拨款收到的现金”“取得借款收到的现金”“收到的其他与筹资活动有关的现金”项目金额的合计数填列。

（5）“偿还借款支付的现金”项目，根据“库存现金”“银行存款”“短期借款”“长期借款”等科目的记录分析填列。

（6）“偿付利息支付的现金”项目，根据“库存现金”“银行存款”“应付利息”“长期借款”等科目的记录分析填列。

（7）“支付的其他与筹资活动有关的现金”项目，根据“库存现金”“银行存款”“长期应付款”等科目的记录分析填列。

（8）“筹资活动的现金流出小计”项目，根据本表中“偿还借款支付的现金”“偿付利息支付的现金”“支付的其他与筹资活动有关的现金”项目金额的合计数填列。

（9）“筹资活动产生的现金流量净额”项目，按照本表中“筹资活动的现金流入小计”项目金额减去“筹资活动的现金流出小计”金额后的金额填列；如为负数，以“－”号填列。

（10）“汇率变动对现金的影响额”项目，反映单位本年外币现金流量折算为人民币时，所采用的现金流量发生日的汇率折算的人民币金额与外币现金流量净额按期末汇率折算的人民币金额之间的差额。

（11）“现金净增加额”项目，根据本表中“日常活动产生的现金流量净额”“投资活动产生的现金流量净额”“筹资活动产生的现金流量净额”“汇率变动对现金的影响额”项目金额的合计数填列；如为负数，以“－”号填列。

现金流量表“上年金额”栏根据上年现金流量表中“本年金额”栏内所列数字填列。

五、现金流量表编制举例

（一）案例资料

某事业单位 2019 年发生下列有关经济业务，请根据有关凭证编制会计分录（注：为模拟编制现金流量表，有关经济业务只选择与现金流量相关的典型业务，会计分录只编制财务会计分录不编制预算会计分录）。

（1）1月10日，办公室以现金交来废旧报纸杂志变价收入150元。

摘要：废旧报纸收入

借：库存现金　　150

贷：其他收入　　150

（2）2月5日，经批准从建行借入100 000元，期限两年，年利率4.5%。款项通过银行转账收讫。

摘要：银行借款

借：银行存款　　100 000

贷：长期借款——建行　　100 000

（3）3月4日，购买为期3个月短期国债300 000元，价款通过银行转账支付。

摘要：购买国债

借：短期投资——国债　　300 000

贷：银行存款　　300 000

（4）4月5日，通过银行转账收到国债利息750元。

摘要：国债利息收入

借：银行存款　　750

贷：投资收益　　750

（5）5月13日，通过网银转账收到B公司前欠货款11 700元（该货款不上缴财政）。

摘要：收欠款

借：银行存款　　11 700

贷：应收账款——B公司　　11 700

（6）承（3），6月4日上述国债到期，通过银行转账收到当月利息及本金共300 750元。

摘要：国债到期

借：银行存款　　300 750

贷：短期投资　　300 000

投资收益　　750

（7）7月11日，收到“财政授权支付到账通知书”，本月用款额度85 000元到账。

摘要：收到额度

借：零余额账户用款额度　　85 000

贷：财政拨款收入　　85 000

（8）8月5日，购进甲材料一批，价款40 000元。材料已验收入库，价款以面值为40 000元的银行本票结算。

摘要：购买甲材料

借：库存物品——甲材料　　40 000

贷：其他货币资金——银行本票存款　　40 000

（9）9月10日，通过网银转账收到取得投资时已宣告但尚未发放的现金股利 30 000元。

摘要：收到股利

借：银行存款　30 000

　贷：应收股利　30 000

（10）10月5日，购入打印机一台，价款5 000元，安装调试费50元。打印机已调试完毕交付使用，款项通过网银转账支付。

摘要：购买打印机

借：固定资产　5 050

　贷：银行存款　5 050

（11）11月15日，收到零余额账户代理银行盖章转回的工资发放明细表及“财政授权支付到账通知书”，发放上月工资40 620.50元。

摘要：发放工资

借：应付职工薪酬——工资　40 620.50

　贷：零余额账户用款额度　40 620.50

（12）12月25日，通过横向联网电子缴税系统申报上月未交增值税10 000元，银行据以划缴税款。

摘要：缴纳税费

借：应交增值税——未交税金　10 000

　贷：银行存款　10 000

（二）2019年现金流量表有关项目的填列方法

根据上述涉及现金流入或流出经济业务，分析现金流量各项目的归属，编制多栏式现金流量登记簿，如表9-13、表9-14、表9-15所示。

表9-13　现金流量登记簿（日常活动）　单位：元

摘要	流入项目				流出项目			
	财政基本支出拨款收到的现金	财政非资本性项目拨款收到的现金	事业活动收到的除财政拨款以外的现金	收到的其他与日常活动有关的现金	购买商品、接受劳务支付的现金	支付给职工以及为职工支付的现金	支付的各项税费	支付的其他与日常活动有关的现金
废旧报纸收入				150.00				
收欠款			11 700.00					
收到额度	85 000.00							
购买甲材料					40 000.00			
发放工资						40 620.50		
缴纳税费							10 000.00	
合计	85 000.00		11 700.00	150.00	40 000.00	40 620.50	10 000.00	

表 9-14　　现金流量登记簿（投资活动）　　单位：元

摘要	流入项目				流出项目			
	收回投资收到的现金	取得投资收益收到的现金	处置固定资产、无形资产、公共基础设施等收回的现金净额	收到的其他与投资活动有关的现金	购建固定资产、无形资产、公共基础设施等支付的现金	对外投资支付的现金	上缴处置固定资产、无形资产、公共基础设施等净收入支付的现金	支付的其他与投资活动有关的现金
购买国债						300 000.00		
国债利息收入		750.00						
国债到期	300 000.00	750.00						
收到股利		30 000.00						
购买打印机					5 050.00			
合计	300 000.00	31 500.00			5 050.00	300 000.00		

表 9-15　　现金流量登记簿（筹资活动）　　单位：元

摘要	流入项目			流出项目		
	财政资本性项目拨款收到的现金	取得借款收到的现金	收到的其他与筹资活动有关的现金	偿还借款支付的现金	偿还利息支付的现金	支付的其他与筹资活动有关的现金
银行借款		100 000.00				
合计		100 000.00				

（三）编制现金流量表

根据上述多栏式现金流量登记簿编制现金流量表，如表 9-16 所示。

表 9-16　　现金流量表

会政财 04 表

编制单位：某事业单位　　2019 年　　单位：元

项目	本年金额	上年金额
一、日常活动产生的现金流量：		
财政基本支出拨款收到的现金	85 000.00	
财政非资本性项目拨款收到的现金		

续前表

项目	本年金额	上年金额
事业活动收到的除财政拨款以外的现金	11 700.00	
收到的其他与日常活动有关的现金	150.00	
日常活动的现金流入小计	96 850.00	
购买商品、接受劳务支付的现金	40 000.00	
支付给职工以及为职工支付的现金	40 620.50	
支付的各项税费	10 000.00	
支付的其他与日常活动有关的现金		
日常活动的现金流出小计	90 620.50	
日常活动产生的现金流量净额	6 229.50	
二、投资活动产生的现金流量：		
收回投资收到的现金	300 000.00	
取得投资收益收到的现金	31 500.00	
处置固定资产、无形资产、公共基础设施等收回的现金净额		
收到的其他与投资活动有关的现金		
投资活动的现金流入小计	331 500.00	
购建固定资产、无形资产、公共基础设施等支付的现金	5 050.00	
对外投资支付的现金	300 000.00	
上缴处置固定资产、无形资产、公共基础设施等净收入支付的现金		
支付的其他与投资活动有关的现金		
投资活动的现金流出小计	305 050.00	
投资活动产生的现金流量净额	26 450.00	
三、筹资活动产生的现金流量：		
财政资本性项目拨款收到的现金		
取得借款收到的现金	100 000.00	
收到的其他与筹资活动有关的现金		
筹资活动的现金流入小计	100 000.00	
偿还借款支付的现金		
偿还利息支付的现金		
支付的其他与筹资活动有关的现金		
筹资活动的现金流出小计		
筹资活动产生的现金流量净额	100 000.00	
四、汇率变动对现金的影响额		
五、现金净增加额	132 679.50	

知识归纳

现金流量表是反映单位在某一会计年度内现金流入和流出信息的报表。现金流量表应当按照日常活动、投资活动、筹资活动的现金流量分别反映。现金流量表“本年金额”栏反映各项目的本年实际发生数，“上年金额”栏反映各项目的上年实际发生数。单位应当采用直接法编制现金流量表。

问题探究

1. 什么是现金流量表?
2. 简述现金流量表的基本格式。
3. 现金流量表各栏目填列的主要依据是什么?

任务五　附　注

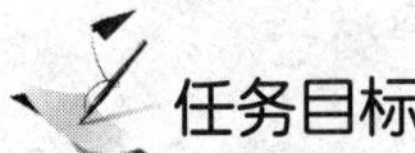

任务目标

◇ 了解附注的定义。
◇ 熟悉附注的内容。
◇ 学会会计报表重要项目说明主要项目披露表格的填写。

一、附注的定义

附注是对在会计报表中列示的项目所作的进一步说明，以及对未能在会计报表中列示项目的说明。附注是财务报表的重要组成部分。

凡对报表使用者的决策有重要影响的会计信息，不论《政府单位会计制度》是否有明确规定，单位均应当充分披露。

二、附注的内容

附注主要包括下列内容：

(1) 单位的基本情况。

单位应当简要披露其基本情况，包括单位主要职能、主要业务活动、所在地、预算管理关系等。

(2) 会计报表编制基础。

(3) 遵循政府会计准则、制度的声明。

(4) 重要会计政策和会计估计。

单位应当采用与其业务特点相适应的具体会计政策，并充分披露报告期内采用的重要会计政策和会计估计。主要包括以下内容：

1) 会计期间。

2) 记账本位币，外币折算汇率。

3）坏账准备的计提方法。

4）存货类别、发出存货的计价方法、存货的盘存制度，以及低值易耗品和包装物的摊销方法。

5）长期股权投资的核算方法。

6）固定资产分类、折旧方法、折旧年限和年折旧率；融资租入固定资产的计价和折旧方法。

7）无形资产的计价方法；使用寿命有限的无形资产，其使用寿命估计情况；使用寿命不确定的无形资产，其使用寿命不确定的判断依据；单位内部研究开发项目划分研究阶段和开发阶段的具体标准。

8）公共基础设施的分类、折旧（摊销）方法、折旧（摊销）年限，以及其确定依据。

9）政府储备物资分类，以及确定其发出成本所采用的方法。

10）保障性住房的分类、折旧方法、折旧年限。

11）其他重要的会计政策和会计估计。

12）本期发生重要会计政策和会计估计变更的，变更的内容和原因、受其重要影响的报表项目名称和金额、相关审批程序，以及会计估计变更开始适用的时点。

（5）会计报表重要项目说明。

单位应当按照资产负债表和收入费用表项目列示顺序，采用文字和数据描述相结合的方式披露重要项目的明细信息。报表重要项目的明细金额合计，应当与报表项目金额相衔接。报表重要项目说明应包括但不限于下列内容：

1）货币资金的披露格式如下：

项目	期末余额	年初余额
库存现金		
银行存款		
其他货币资金		
合计		

2）应收账款按照债务人类别披露的格式如下：

债务人类别	期末余额	年初余额
政府会计主体：		
部门内部单位		
单位 1		
……		
部门外部单位		
单位 1		
……		
其他：		
单位 1		

续前表

债务人类别	期末余额	年初余额
……		
合计		

注 1：“部门内部单位”是指纳入单位所属部门财务报告合并范围的单位（下同）。
注 2：有应收票据、预付账款、其他应收款的，可比照应收账款进行披露。

3）存货的披露格式如下：

存货种类	期末余额	年初余额
1.		
……		
合计		

4）其他流动资产的披露格式如下：

项目	期末余额	年初余额
1.		
……		
合计		

注：有长期待摊费用、其他非流动资产的，可比照其他流动资产进行披露。

5）长期投资。

a. 长期债券投资的披露格式如下：

债券发行主体	年初余额	本期增加额	本期减少额	期末余额
1.				
……				
合计				

注：有短期投资的，可比照长期债券投资进行披露。

b. 长期股权投资的披露格式如下：

被投资单位	核算方法	年初余额	本期增加额	本期减少额	期末余额
1.					
……					
合计					

c. 当期发生的重大投资净损益项目、金额及原因。

6）固定资产.

a. 固定资产的披露格式如下：

项目	年初余额	本期增加额	本期减少额	期末余额
一、原值合计				
其中：房屋及构筑物				
通用设备				
专用设备				
文物和陈列品				
图书、档案				
家具、用具、装具及动植物				
二、累计折旧合计				
其中：房屋及构筑物				
通用设备				
专用设备				
家具、用具、装具				
三、账面价值合计				
其中：房屋及构筑物				
通用设备				
专用设备				
文物和陈列品				
图书、档案				
家具、用具、装具及动植物				

b. 已提足折旧的固定资产名称、数量等情况。

c. 出租、出借固定资产以及固定资产对外投资等情况。

7）建工程的披露格式如下：

项目	年初余额	本期增加额	本期减少额	期末余额
1.				
……				
合计				

8）无形资产

a. 各类无形资产的披露格式如下：

项目	年初余额	本期增加额	本期减少额	期末余额
一、原值合计				
1.				
……				
二、累计摊销合计				

续前表

项目	年初余额	本期增加额	本期减少额	期末余额
1.				
……				
三、账面价值合计				
1.				
……				

b. 计入当期损益的研发支出金额、确认为无形资产的研发支出金额。

c. 无形资产出售、对外投资等处置情况。

9）公共基础设施。

a. 公共基础设施的披露格式如下：

项目	年初余额	本期增加额	本期减少额	期末余额
原值合计				
市政基础设施				
1.				
……				
交通基础设施				
1.				
……				
水利基础设施				
1.				
……				
其他				
……				
累计折旧合计				
市政基础设施				
1.				
……				
交通基础设施				
1.				
……				
水利基础设施				
1.				
……				
其他				

续前表

项目	年初余额	本期增加额	本期减少额	期末余额
……				
账面价值合计				
市政基础设施				
1.				
……				
交通基础设施				
1.				
……				
水利基础设施				
1.				
……				
其他				
……				

b. 确认为公共基础设施的单独计价入账的土地使用权的账面余额、累计摊销额及变动情况。

c. 已提取折旧继续使用的公共基础设施的名称、数量等。

10）政府储备物资的披露格式如下：

物资类别	年初余额	本期增加额	本期减少额	期末余额
1.				
……				
合计				

注：如单位有因动用而发出需要收回或者预期可能收回但期末尚未收回的政府储备物资，应当单独披露其期末账面余额。

11）受托代理资产的披露格式如下：

资产类别	年初余额	本期增加额	本期减少额	期末余额
货币资金				
受托转赠物资				
受托存储保管物资				
罚没物资				
其他				
合计				

12）应付账款按照债权人类别披露的格式如下：

债权人类别	期末余额	年初余额
政府会计主体：		
部门内部单位		
单位 1		
……		
部门外部单位		
单位 1		
……		
其他：		
单位 1		
……		
合计		

注：有应付票据、预收账款、其他应付款、长期应付款的，可比照应付账款进行披露。

13）其他流动负债的披露格式如下：

项目	期末余额	年初余额
1.		
……		
合计		

注：有预计负债、其他非流动负债的，可比照其他流动负债进行披露。

14）长期借款

a. 长期借款按照债权人披露的格式如下：

债权人	期末余额	年初余额
1.		
……		
合计		

注：有短期借款的，可比照长期借款进行披露。

b. 单位有基建借款的，应当分基建项目披露长期借款年初数、本年变动数、年末数及到期期限。

15）事业收入按照收入来源的披露格式如下：

收入来源	本期发生额	上期发生额
来自财政专户管理资金		
本部门内部单位		

续前表

收入来源	本期发生额	上期发生额
单位 1		
……		
本部门以外同级政府单位		
单位 1		
……		
其他		
单位 1		
……		
合计		

16）非同级财政拨款收入按收入来源的披露格式如下：

收入来源	本期发生额	上期发生额
本部门以外同级政府单位		
单位 1		
……		
本部门以外非同级政府单位		
单位 1		
……		
合计		

17）其他收入按照收入来源的披露格式如下：

收入来源	本期发生额	上期发生额
本部门内部单位		
单位 1		
……		
本部门以外同级政府单位		
单位 1		
……		
本部门以外非同级政府单位		
单位 1		
……		
其他		
单位 1		
……		
合计		

18）业务活动费用。

a. 按经济分类的披露格式如下：

项目	本期发生额	上期发生额
工资福利费用		
商品和服务费用		
对个人和家庭的补助费用		
对企业补助费用		
固定资产折旧费		
无形资产摊销费		
公共基础设施折旧（摊销）费		
保障性住房折旧费		
计提专用基金		
……		
合计		

注：有单位管理费用、经营费用的，可比照（业务活动费用）此表进行披露。

b. 按支付对象的披露格式如下：

支付对象	本期发生额	上期发生额
本部门内部单位		
单位 1		
……		
本部门以外同级政府单位		
单位 1		
……		
其他		
单位 1		
……		
合计		

注：有单位管理费用、经营费用的，可比照（业务活动费用）此表进行披露。

19）其他费用按照类别披露的格式如下：

费用类别	本期发生额	上期发生额
利息费用		
坏账损失		
罚没支出		
……		
合计		

20）本期费用按照经济分类的披露格式如下：

项目	本年数	上年数
工资福利费用		
商品和服务费用		
对个人和家庭的补助费用		
对企业补助费用		
固定资产折旧费		
无形资产摊销费		
公共基础设施折旧（摊销）费		
保障性住房折旧费		
计提专用基金		
所得税费用		
资产处置费用		
上缴上级费用		
对附属单位补助费用		
其他费用		
本期费用合计		

注：单位在按照本制度规定编制收入费用表的基础上，可以根据需要按照此表披露的内容编制收入费用表。

（6）本年盈余与预算结余的差异情况说明。

为了反映单位财务会计和预算会计因核算基础和核算范围不同所产生的本年盈余数与本年预算结余数之间的差异，单位应当按照重要性原则，对本年度发生的各类影响收入（预算收入）和费用（预算支出）的业务进行适度归并和分析，披露将年度预算收入支出表中“本年预算收支差额”调节为年度收入费用表中“本期盈余”的信息。有关披露格式如下：

某事业单位2019年本年盈余与预算结余的差异情况说明表

单位名称：某事业单位

项目	金额（元）
一、本年预算结余（本年预算收支差额）	89 500.00
二、差异调节	
（一）主要事项的差异	
加：1. 当期确认为收入但没有确认为预算收入	4 500.00
（1）应收款项、预收账款确认的收入	
（2）接受非货币性资产捐赠确认的收入	4 500.00
2. 当期确认为预算支出但没有确认为费用	7 600.00
（1）支付应付款项、预付账款的支出	

续前表

项目	金额（元）
（2）为取得存货、政府储备物资等计入物资成本的支出	
（3）为购建固定资产等的资本性支出	2 000.00
（4）偿还借款本息支出	5 600.00
减：1. 当期确认为预算收入但没有确认为收入	21 000.00
（1）收到应收款项、预收账款确认的预算收入	21 000.00
（2）取得借款确认的预算收入	
2. 当期确认为费用但没有确认为预算支出	30 200.00
（1）发出存货、政府储备物资等确认的费用	14 500.00
（2）计提的折旧费用和摊销费用	10 000.00
（3）确认的资产处置费用（处置资产价值）	5 700.00
（4）应付款项、预付账款确认的费用	
（二）其他事项的差异	
三、本年盈余（本年收入与费用的差额）	50 400.00

说明：上表数据与收入费用表（表 9-9）和预算收入支出表（表 10-2）相对应。

（7）其他重要事项说明

1）资产负债表日存在的重要或有事项说明。没有重要或有事项的，也应说明。

2）以名义金额计量的资产名称、数量等情况，以及以名义金额计量理由的说明。

3）通过债务资金形成的固定资产、公共基础设施、保障性住房等资产的账面价值、使用情况、收益情况及与此相关的债务偿还情况等的说明。

4）重要资产置换、无偿调入（出）、捐入（出）、报废、重大毁损等情况的说明。

5）事业单位将单位内部独立核算单位的会计信息纳入本单位财务报表情况的说明。

6）政府会计具体准则中要求附注披露的其他内容。

7）有助于理解和分析单位财务报表需要说明的其他事项。

知识归纳

附注是对在会计报表中列示的项目所作的进一步说明，以及对未能在会计报表中列示项目的说明。附注主要包括下列内容：单位的基本情况；会计报表编制基础；遵循政府会计准则、制度的声明；重要会计政策和会计估计；会计报表重要项目说明；本年盈余与预算结余的差异情况说明；其他重要事项说明。

问题探究

简述引起本年盈余与预算结余形成差异的主要项目。

项目十
预算会计报表

任务一 预算收入支出表

任务目标

◇ 了解预算收入支出表的定义和格式。

◇ 熟悉预算收入支出表各项目反映的内容。

◇ 学会预算收入支出表各项目的填列方法。

一、预算收入支出表的定义

预算收入支出表是反映单位在某一会计年度内各项预算收入、预算支出和预算收支差额的情况的报表。

二、预算收入支出表的格式

预算收入支出表按照本年预算收入、本年预算支出、本年预算收支差额三个一级项目从上到下分步列示，各二级项目主要按照预算收入类和预算支出类总账科目列示，各项目设置“本年数”和“上年数”两个栏目。其格式见下文“预算收入支出表编制举例”中的预算收入支出表。

三、预算收入支出表的内容

预算收入支出表“本年数”栏反映各项目的本年实际发生数，“上年数”栏反映各项目上年度的实际发生数。“本年数”栏各项目反映的内容如下：

（一） 本年预算收入

（1）“本年预算收入”项目，反映单位本年预算收入总额。

（2）“财政拨款预算收入”项目，反映单位本年从同级政府财政部门取得的各类财政拨款。其中：

“政府性基金收入”项目，反映单位本年取得的财政拨款收入中属于政府性基金预算拨款的金额。

(3)“事业预算收入”项目，反映事业单位本年开展专业业务活动及其辅助活动取得的预算收入。

(4)“上级补助预算收入”项目，反映事业单位本年从主管部门和上级单位取得的非财政补助预算收入。

(5)“附属单位上缴预算收入”项目，反映事业单位本年收到的独立核算的附属单位按照有关规定上缴的预算收入。

(6)“经营预算收入”项目，反映事业单位本年在专业业务活动及其辅助活动之外开展非独立核算经营活动取得的预算收入。

(7)“债务预算收入”项目，反映事业单位本年按照规定从金融机构等借入的、纳入部门预算管理的债务预算收入。

(8)“非同级财政拨款预算收入”项目，反映单位本年从非同级政府财政部门取得的财政拨款。

(9)“投资预算收益”项目，反映事业单位本年取得的按规定纳入单位预算管理的投资收益。

(10)“其他预算收入”项目，反映单位本年取得的除上述收入以外的纳入单位预算管理的各项预算收入。其中：

“利息预算收入”项目，反映单位本年取得的利息预算收入。

“捐赠预算收入”项目，反映单位本年取得的捐赠预算收入。

“租金预算收入”项目，反映单位本年取得的租金预算收入。

(二) 本年预算支出

(1)“本年预算支出”项目，反映单位本年预算支出总额。

(2)“行政支出”项目，反映行政单位本年履行职责实际发生的支出。

(3)“事业支出”项目，反映事业单位本年开展专业业务活动及其辅助活动发生的支出。

(4)“经营支出”项目，反映事业单位本年在专业业务活动及其辅助活动之外开展非独立核算经营活动发生的支出。

(5)“上缴上级支出”项目，反映事业单位本年按照财政部门和主管部门的规定上缴上级单位的支出。

(6)“对附属单位补助支出”项目，反映事业单位本年用财政拨款收入之外的收入对附属单位补助发生的支出。

(7)“投资支出”项目，反映事业单位本年以货币资金对外投资发生的支出。

(8)“债务还本支出”项目，反映事业单位本年偿还自身承担的纳入预算管理的从金融机构举借的债务本金的支出。

(9)“其他支出”项目，反映单位本年除以上支出以外的各项支出。其中：

“利息支出”项目，反映单位本年发生的利息支出。

“捐赠支出”项目，反映单位本年发生的捐赠支出。

(三) 本年预算收支差额

“本年预算收支差额”项目，反映单位本年各项预算收支相抵后的差额。

四、预算收入支出表的填列方法

预算收入支出表“本年数”栏各项目的填列方法如下：

（1）本年预算收入各项目根据相应的财政拨款预算收入、事业预算收入、上级补助预算收入、附属单位上缴预算收入、经营预算收入、债务预算收入、非同级财政拨款预算收入、投资预算收益、其他预算收入等总账科目及相关明细科目的本年发生额填列。其中：

“政府性基金收入”项目，根据“财政拨款预算收入”相关明细科目的本年发生额填列。

“利息预算收入”项目，根据“其他预算收入”科目的明细记录分析填列。单位单设“利息预算收入”科目的，根据“利息预算收入”科目的本年发生额填列。

“捐赠预算收入”项目，根据“其他预算收入”科目明细账记录分析填列。单位单设“捐赠预算收入”科目的，应当根据“捐赠预算收入”科目的本年发生额填列。

“租金预算收入”项目，根据“其他预算收入”科目明细账记录分析填列。单位单设“租金预算收入”科目的，应当根据“租金预算收入”科目的本年发生额填列。

（2）本年预算支出各项目根据相应的行政支出、事业支出、经营支出、上缴上级支出、对附属单位补助支出、投资支出、债务还本支出和其他支出等总账科目及相关明细科目的本年发生额填列。其中：

“利息支出”项目，根据“其他支出”科目明细账记录分析填列。单位单设“利息支出”科目的，应当根据“利息支出”科目的本年发生额填列。

“捐赠支出”项目，根据“其他支出”科目明细账记录分析填列。单位单设“捐赠支出”科目的，应当根据“捐赠支出”科目的本年发生额填列。

（3）“本年预算收支差额”项目，根据本表中“本期预算收入”项目金额减去“本期预算支出”项目金额后的金额填列；如相减后金额为负数，以“－”号填列。

预算收入支出表“上年数”栏根据上年度预算收入支出表中“本年数”栏内所列数字填列。如果本年度预算收入支出表规定的项目的名称和内容同上年度不一致，应当对上年度预算收入支出表项目的名称和数字按照本年度的规定进行调整，将调整后金额填入本年度预算收入支出表的“上年数”栏。

五、预算收入支出表编制举例

（1）某事业单位2019年预算收入类、预算支出类有关账户全年累计发生额如表10－1所示。

表10－1　　预算收入、支出类账户本年累计发生额　　单位：元

科目名称	1—12月累计借方发生额	1—12月累计贷方发生额
财政拨款预算收入（6001）		658 000.00
事业预算收入（6101）		107 000.00
非同级财政拨款预算收入（6601）		74 000.00
行政支出（7101）	540 000.00	
事业支出（7201）	201 000.00	
债务还本支出（7701）	8 500.00	
合计	749 500.00	839 000.00

注：“财政拨款预算收入”中“政府性基金收入”1—12月累计发生额为533 000.00元。

(2) 根据预算收入类、预算支出类各账户全年累计发生额编制某事业单位 2019 年年报的预算收入支出表，如表 10-2 所示。

表 10-2　　预算收入支出表

会政预 01 表

单位名称：某事业单位　　2019 年　　单位：元

项目	本年数	上年数（略）
一、本年预算收入	839 000.00	
（一）财政拨款预算收入	658 000.00	
其中：政府性基金收入	533 000.00	
（二）事业预算收入	107 000.00	
（三）上级补助预算收入		
（四）附属单位上缴预算收入		
（五）经营预算收入		
（六）债务预算收入		
（七）非同级财政拨款预算收入	74 000.00	
（八）投资预算收益		
（九）其他预算收入		
其中：利息预算收入		
捐赠预算收入		
租金预算收入		
二、本年预算支出	749 500.00	
（一）行政支出	540 000.00	
（二）事业支出	201 000.00	
（三）经营支出		
（四）上缴上支出		
（五）对附属单位补助支出		
（六）投资支出		
（七）债务还本支出	8 500.00	
（八）其他支出		
其中：利息支出		
捐赠支出		
三、本年预算收支差额	89 500.00	

知识归纳

预算收入支出表是反映单位在某一会计年度内各项预算收入、预算支出和预算收支差额的情况的报表。预算收入支出表中各项目设置“本年数”和“上年数”两栏。

“本年数”栏反映各项目的本年实际发生数，“上年数”栏反映各项目上年度的实际发生数。“本年数”栏主要根据各预算收支账户的本年发生额填列，“上年数”栏根据上年度预算收入支出表中“本年数”栏内所列数字填列。

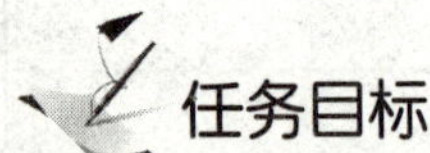

问题探究

简述预算收入支出表的基本结构及各项目填列的基本依据。

任务二 预算结转结余变动表

任务目标

◇ 了解预算结转结余变动表的定义和格式。
◇ 熟悉预算结转结余变动表各项目反映的内容。
◇ 学会预算结转结余变动表各项目的填列方法。

一、预算结转结余变动表的定义

预算结转结余变动表是反映单位在某一会计年度内预算结转结余变动情况的报表。

二、预算结转结余变动表的格式

预算结转结余变动表按照年初预算结转结余、年初余额调整、本年变动金额、年末预算结转结余四个一级项目从上到下分步列示，二级项目主要按照财政结转结余和其他结转结余列示，各项目设置“本年数”和“上年数”两个栏目。其格式见下文“预算结转结余变动表编制举例”中的预算结转变动表。

三、预算结转结余变动表的内容

预算结转结余变动表“本年数”栏反映各项目的本年实际发生数，“上年数”栏反映各项目的上年实际发生数。“本年数”栏各项目反映的内容如下：

(1)“年初预算结转结余”项目，反映单位本年预算结转结余的年初余额。

1)“财政拨款结转结余”项目，反映单位本年财政拨款结转结余资金的年初余额。

2)“其他资金结转结余”项目，反映单位本年其他资金结转结余的年初余额。

(2)“年初余额调整”项目，反映单位本年预算结转结余年初余额调整的金额。

1)“财政拨款结转结余”项目，反映单位本年财政拨款结转结余资金的年初余额调整金额。

2)“其他资金结转结余”项目，反映单位本年其他资金结转结余的年初余额调整金额。

(3)“本年变动金额”项目，反映单位本年预算结转结余变动的金额。

1)“财政拨款结转结余”项目，反映单位本年财政拨款结转结余资金的变动。

a.“本年收支差额”项目，反映单位本年财政拨款资金收支相抵后的差额。

b.“归集调入”项目，反映单位本年按照规定从其他单位归集调入的财政拨款结转资金。

c.“归集上缴或调出”项目，反映单位本年按照规定上缴的财政拨款结转结余资金及按照规定向其他单位调出的财政拨款结转资金。

2）“其他资金结转结余”项目，反映单位本年其他资金结转结余的变动。

a. “本年收支差额”项目，反映单位本年除财政拨款外的其他资金收支相抵后的差额。

b. “缴回资金”项目，反映单位本年按照规定缴回的非财政拨款结转资金。

c. “使用专用结余”项目，反映本年事业单位根据规定使用从非财政拨款结余或经营结余中提取的专用基金的金额。

d. “支付所得税”项目，反映有企业所得税缴纳义务的事业单位本年实际缴纳的企业所得税金额。

(4)“年末预算结转结余”项目，反映单位本年预算结转结余的年末余额。

1）“财政拨款结转结余”项目，反映单位本年财政拨款结转结余的年末余额。

2）“其他资金结转结余”项目，反映单位本年其他资金结转结余的年末余额。

四、预算结转结余变动表的填列方法

预算结转结余变动表“本年数”栏各项目的填列方法如下：

(1)“年初预算结转结余”项目，根据本项目下“财政拨款结转结余”“其他资金结转结余”项目金额的合计数填列。

1）“财政拨款结转结余”项目，根据“财政拨款结转”“财政拨款结余”科目本年年初余额合计数填列。

2）“其他资金结转结余”项目，根据“非财政拨款结转”“非财政拨款结余”“专用结余”“经营结余”科目本年年初余额的合计数填列。

(2)“年初余额调整”项目，根据本项目下“财政拨款结转结余”“其他资金结转结余”项目金额的合计数填列。

1）“财政拨款结转结余”项目，根据“财政拨款结转”“财政拨款结余”科目下“年初余额调整”明细科目的本年发生额的合计数填列；如调整减少年初财政拨款结转结余，以“—”号填列。

2）“其他资金结转结余”项目，根据“非财政拨款结转”“非财政拨款结余”科目下“年初余额调整”明细科目的本年发生额的合计数填列；如调整减少年初其他资金结转结余，以“—”号填列。

(3)“本年变动金额”项目，根据本项目下“财政拨款结转结余”“其他资金结转结余”项目金额的合计数填列。

1）“财政拨款结转结余”项目，根据本项目下“本年收支差额”“归集调入”“归集上缴或调出”项目金额的合计数填列。

a. “本年收支差额”项目，根据“财政拨款结转”科目下“本年收支结转”明细科目本年转入的预算收入与预算支出的差额填列；差额为负数的，以“—”号填列。

b. “归集调入”项目，根据“财政拨款结转”科目下“归集调入”明细科目的本年发生额填列。

c. “归集上缴或调出”项目，根据“财政拨款结转”“财政拨款结余”科目下“归集上缴”明细科目，以及“财政拨款结转”科目下“归集调出”明细科目本年发生额的合计数填列，以“-”号填列。

2）“其他资金结转结余”项目，根据本项目下“本年收支差额”“缴回资金”“使用专用结余”“支付所得税”项目金额的合计数填列。

a. “本年收支差额”项目，根据“非财政拨款结转”科目下“本年收支结转”明细科目、“其他结余”科目、“经营结余”科目本年转入的预算收入与预算支出的差额的合计数填列；如为负数，以“-”号填列。

b. “缴回资金”项目，根据“非财政拨款结转”科目下“缴回资金”明细科目本年发生额的合计数填列，以“-”号填列。

c. “使用专用结余”项目，根据“专用结余”科目明细账中本年使用专用结余业务的发生额填列，以“-”号填列。

d. “支付所得税”项目，根据“非财政拨款结余”明细账中本年实际缴纳企业所得税业务的发生额填列，以“-”号填列。

(4) “年末预算结转结余”项目，根据本项目下“财政拨款结转结余”“其他资金结转结余”项目金额的合计数填列。

1）“财政拨款结转结余”项目，根据本项目下“财政拨款结转”“财政拨款结余”项目金额的合计数填列。

本项目下“财政拨款结转”“财政拨款结余”项目，应当分别根据“财政拨款结转”“财政拨款结余”科目的本年年末余额填列。

2）“其他资金结转结余”项目，根据本项目下“非财政拨款结转”“非财政拨款结余”“专用结余”“经营结余”项目金额的合计数填列。

本项目下“非财政拨款结转”“非财政拨款结余”“专用结余”“经营结余”项目，应当分别根据“非财政拨款结转”“非财政拨款结余”“专用结余”“经营结余”科目的本年年末余额填列。

“上年数”栏根据上年度预算结转结余变动表中“本年数”栏内所列数字填列。如果本年度预算结转结余变动表规定的项目的名称和内容同上年度不一致，应当对上年度预算结转结余变动表项目的名称和数字按照本年度的规定进行调整，将调整后金额填入本年度预算结转结余变动表的“上年数”栏。

预算结转结余变动表中“年末预算结转结余”项目金额等于“年初预算结转结余”“年初余额调整”“本年变动金额”三个项目的合计数。

五、预算结转结余变动表编制举例

(1) 某事业单位 2019 年预算类有关账户全年累计发生额及余额如表 10-3 所示。

表 10-3　　2019 年预算类账户发生额及余额表　　单位：元

科目名称及编码	年初余额		本年累计发生额		年末余额	
	借方	贷方	借方	贷方	借方	贷方
财政拨款预算收入（6001）			658 000	658 000		
事业预算收入（6101）			107 000	107 000		
——专项资金收入（610101）			67 000	67 000		

续前表

科目名称及编码	年初余额		本年累计发生额		年末余额	
	借方	贷方	借方	贷方	借方	贷方
——非专项资金收入（610102）			40 000	40 000		
非同级财政拨款预算收入（6601）			74 000	74 000		
——专项资金收入（660101）			54 000	54 000		
——非专项资金收入（660102）			20 000	20 000		
行政支出（7101）			540 000	540 000		
——财政拨款支出（710101）			240 000	240 000		
——非财政专项资金支出（710102）			170 000	170 000		
——其他资金支出（非财非专）（710103）			130 000	130 000		
事业支出（7201）			201 000	201 000		
——财政拨款支出（720101）			104 000	104 000		
——非财政专项资金支出（720102）			76 000	76 000		
——其他资金支出（非财非专）（720103）			21 000	21 000		
债务还本支出（7701）			8 500	8 500		
财政拨款结转（8101）		120 000	1 059 000	1 146 000		207 000
——年初余额调整（810101）			87 000	87 000		
——本年收支结转（810106）			658 000	658 000		
——累计结转（810107）		120 000	314 000	401 000		207 000
财政拨款结余（8102）		160 000	75 000	250 000		335 000
——年初余额调整（810201）			75 000	75 000		
——累计结余（810205）		160 000		175 000		335 000
非财政拨款结转（8201）		100 000	410 000	334 000		24 000
——年初余额调整（820101）			39 000	39 000		
——本年收支结转（820104）			246 000	246 000		
——累计结转（820105）		100 000	125 000	49 000		24 000
非财政拨款结余（8202）		26 000	163 500	332 000		194 500
——年初余额调整（820201）			64 000	64 000		
——结转转入（820202）						
——累计结余（820203）		26 000	99 500	268 000		194 500
专用结余（8301）						
经营结余（8401）						
其他结余（8501）			159 500	159 500		
非财政拨款结余分配（8701）			99 500	99 500		

（2）2019 年度预算结转结余变动表“本年数”有关项目的填列方法如下。

1）根据相关总账账户及其明细账户与说明计算填列的项目。

a. 年初预算结转结余项目：

财政拨款结转结余＝“财政拨款结转”账户年初余额
＋“财政拨款结余”账户年初余额
＝120 000.00＋160 000.00
＝280 000.00(元)

其他资金结转结余＝“非财政拨款结转”账户年初余额
＋“非财政拨款结余”账户年初余额
＋“专用结余”账户年初余额
＋“经营结余”账户年初余额
＝100 000.00＋26 000.00＋0.00＋0.00
＝126 000.00(元)

b. 年初余额调整项目：

财政拨款结转结余＝“财政拨款结转”下“年初余额调整”明细账户年发生额
＋“财政拨款结余”下“年初余额调整”明细账户年发生额
＝87 000.00＋75 000.00
＝162 000.00(元)

其他资金结转结余＝“非财政拨款结转”下“年初余额调整”明细账户年发生额
＋“非财政拨款结余”下“年初余额调整”明细账户年发生额
＝39 000.00＋64 000.00
＝103 000.00(元)

c. 本年变动余额项目：

财政拨款结转结余下的本年收支差额＝“财政拨款结转”科目下“本年收支结转”明细
科目本年转入的预算收入
－本年转入的预算支出
＝658 000.00－(240 000.00＋104 000.00)
＝314 000.00(元)

其他资金结转结余下的本年收支差额(“非财政拨款结转”科目下“本年收支结转”明细
科目本年转入的预算收入
－本年转入的预算支出)
＋(“其他结余”科目下“本年收支结转”明细科
目本年转入的预算收入
－本年转入的预算支出)
＋(“经营结余”科目下“本年收支结转”明细科
目本年转入的预算收入
－本年转入的预算支出)
＝(107 000.00＋74 000.00)
－(170 000.00＋130 000.00＋76 000.00

$$
\begin{aligned}
&+21\,000.00+8\,500.00)+0.00+0.00\\
&=-224\,500.00(元)
\end{aligned}
$$

d. 年末预算结转结余项目＝年初预算结转结余
＋年初余额调整
＋本年变动金额
＝406 000.00＋265 000.00＋89 500.00
＝760 500.00(元)

2）其他项目根据账户发生额及余额表中的数据直接填列。

(3）根据上述计算结果结合预算类账户本年发生额余额表填制某事业单位 2019 年的预算结转结余变动表，如表 10－4 所示。

表 10－4　　**预算结转结余变动表**

会政预 02 表

编制单位：某事业单位　　2019 年　　单位：元

项目	本年数	上年数
一、年初预算结转结余	406 000.00	
（一）财政拨款结转结余	280 000.00	
（二）其他资金结转结余	126 000.00	
二、年初余额调整（减少以“－”号填列）	265 000.00	
（一）财政拨款结转结余	162 000.00	
（二）其他资金结转结余	103 000.00	
三、本年变动金额（减少以“－”号填列）	89 500.00	
（一）财政拨款结转结余	314 000.00	
1. 本年收支差额	314 000.00	
2. 归集调入		
3. 归集上缴或调出		
（二）其他资金结转结余	－224 500.00	
1. 本年收支差额	－224 500.00	
2. 缴回资金		
3. 使用专用结余		
4. 支付所得税		
四、年末预算结转结余	760 500.00	
（一）财政拨款结转结余	542 000.00	
1. 财政拨款结转	207 000.00	
2. 财政拨款结余	335 000.00	
（二）其他资金结转结余	218 500.00	
1. 非财政拨款结转	24 000.00	
2. 非财政拨款结余	194 500.00	
3. 专用结余		
4. 经营结余（如有余额，以“－”号填列）		

知识归纳

预算结转结余变动表是反映单位在某一会计年度内预算结转结余变动情况的报表。预算结转结余变动表各项目设置“本年数”和“上年数”两个栏目。

“本年数”栏反映各项目的本年实际发生数，“上年数”栏反映各项目的上年实际发生数。“本年数”栏主要根据各结转结余账户的本年发生额填列，“上年数”栏根据上年度预算结转结余变动表中“本年数”栏内所列数字填列。

问题探究

简述预算结转结余变动表的基本结构及各项目填列的基本依据。

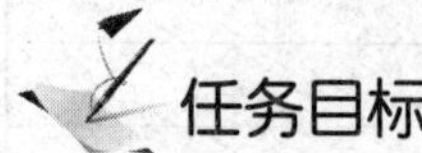

任务三 财政拨款预算收入支出表

任务目标

◇ 了解财政拨款预算收入支出表的定义及格式。
◇ 熟悉财政拨款预算收入支出表各项目反映的内容。
◇ 学会财政拨款预算收入支出表各项目填列的方法。

一、财政拨款预算收入支出表的定义

财政拨款预算收入支出表是反映单位本年财政拨款预算资金收入、支出及相关变动的具体情况的报表。

二、财政拨款预算收入支出表的格式

财政拨款预算收入支出表按照一般公共预算财政拨款、政府性基金预算财政拨款等财政拨款的种类[①]设置一级项目从上到下分步列示，二级项目按基本支出和项目支出列示，其中“基本支出”项目下分人员经费和日常公用经费两个子项目，“项目支出”项目下根据每个项目设置。各项目按照年初结转结余、当年调整、当年调入调出、当年内部调剂、当年收支及年末结转结余设置栏目。其格式见下文“财政拨款预算收入支出表编制举例”中的财政拨款预算收入支出表

三、财政拨款预算收入支出表的内容

财政拨款预算收入支出表各栏及其对应项目的内容如下：

（1）“年初财政拨款结转结余”栏中各项目，反映单位年初各项财政拨款结转结余的金额。

---

① 单位取得除一般公共财政预算拨款和政府性基金预算拨款以外的其他财政拨款的，应当按照财政拨款种类增加相应的资金项目及其明细项目。

(2)“调整年初财政拨款结转结余”栏中各项目，反映单位对年初财政拨款结转结余的调整金额。

(3)“本年归集调入”栏中各项目，反映单位本年按规定从其他单位调入的财政拨款结转资金金额。

(4)“本年归集上缴或调出”栏中各项目，反映单位本年按规定实际上缴的财政拨款结转结余资金，及按照规定向其他单位调出的财政拨款结转资金金额。

(5)“单位内部调剂”栏中各项目，反映单位本年财政拨款结转结余资金在单位内部不同项目等之间的调剂金额。

(6)“本年财政拨款收入”栏中各项目，反映单位本年从同级财政部门取得的各类财政预算拨款金额。

(7)“本年财政拨款支出”栏中各项目，反映单位本年发生的财政拨款支出金额。

(8)“年末财政拨款结转结余”栏中各项目，反映单位年末财政拨款结转结余的金额。

四、财政拨款预算收入支出表的填列方法

财政拨款预算收入支出表各栏及其对应项目的填列方法如下：

(1)“年初财政拨款结转结余”栏中各项目，根据“财政拨款结转”“财政拨款结余”及其明细科目的年初余额填列。本栏中各项目的数额应当与上年度财政拨款预算收入支出表中“年末财政拨款结转结余”栏中各项目的数额相等。

(2)“调整年初财政拨款结转结余”栏中各项目，根据“财政拨款结转”“财政拨款结余”科目下“年初余额调整”明细科目及其所属明细科目的本年发生额填列；如调整减少年初财政拨款结转结余，以“－”号填列。

(3)“本年归集调入”栏中各项目，根据“财政拨款结转”科目下“归集调入”明细科目及其所属明细科目的本年发生额填列。

(4)“本年归集上缴或调出”栏中各项目，根据“财政拨款结转”“财政拨款结余”科目下“归集上缴”科目和“财政拨款结转”科目下“归集调出”明细科目，及其所属明细科目的本年发生额填列，以“－”号填列。

(5)“单位内部调剂”栏中各项目，根据“财政拨款结转”和“财政拨款结余”科目下的“单位内部调剂”明细科目及其所属明细科目的本年发生额填列；对单位内部调剂减少的财政拨款结余金额，以“－”号填列。

(6)“本年财政拨款收入”栏中各项目，根据“财政拨款预算收入”科目及其所属明细科目的本年发生额填列。

(7)“本年财政拨款支出”栏中各项目，根据“行政支出”“事业支出”等科目及其所属明细科目本年发生额中的财政拨款支出数的合计数填列。

(8)“年末财政拨款结转结余”栏中各项目，根据“财政拨款结转”“财政拨款结余”科目及其所属明细科目的年末余额填列。

五、财政拨款预算收入支出表编制举例

(1)根据某事业单位2019年度“财政拨款预算收入”“财政拨款结转”“财政拨款结

余”“行政支出”“事业支出”等预算类明细账户年初余额、累计发生额和年末余额编制“财政拨款预算资金收入、支出明细表”，如表 10－5 所示。

表 10－5　　财政拨款预算资金收入、支出明细表　　单位：元

科目	明细项目	一般公共预算财政拨款				政府性基金预算财政拨款				合计
		基本支出		项目支出		基本支出		项目支出		
		人员经费	日常公用经费	项目 1	项目 2	人员经费	日常公用经费	项目 1	项目 2	
财政拨款结转——年初余额调整	年初余额									
	累计发生额					80 000	7 000			87 000
	年末余额									
财政拨款结转——累计结转	年初余额	60 000	20 000			20 000	20 000			120 000
	累计发生额	130 000	120 000							250 000
	年末余额	100 000	80 000	2 000		80 000	42 000	5 000		309 000
财政拨款结余——年初余额调整	年初余额									
	累计发生额					65 000	10 000			75 000
	年末余额									
财政拨款结余——累计结余	年初余额	40 000	35 000			20 000	65 000			160 000
	累计发生额	30 000	60 000			30 000	55 000			175 000
	年末余额	160 000	95 000	1 000		115 000	70 000	6 000		447 000
财政拨款预算收入	年初余额									
	累计发生额	300 000	200 000	33 000		60 000	40 000	25 000		658 000
	年末余额									
行政支出——财政拨款支出	年初余额									
	累计发生额	100 000	80 000			30 000	30 000			240 000
	年末余额									
事业支出——财政拨款支出	年初余额									
	累计发生额	40 000		30 000		20 000		14 000		104 000
	年末余额									

（2）根据上表中汇总的相关数据，填制某事业单位 2019 年的财政拨款预算收入支出表，如表 10－6 所示。

表 10－6 财政拨款预算收入支出表

会政预 03 表

编制单位：某事业单位 2019 年 单位：元

项目	年初财政拨款结转结余		调整年初财政拨款结转结余	本年归集调入	本年归集上缴或调出	单位内部调剂		本年财政拨款收入	本年财政拨款支出	年末财政拨款结转结余	
	结转	结余				结转	结余			结转	结余
一、一般公共预算财政拨款	80 000	75 000						533 000	250 000	182 000	256 000
（一）基本支出	80 000	75 000						500 000	220 000	180 000	255 000
1. 人员经费	60 000	40 000						300 000	140 000	100 000	160 000
2. 日常公用经费	20 000	35 000						200 000	80 000	80 000	95 000
（二）项目支出								33 000	30 000	2 000	1 000
1. 项目 1								33 000	30 000	2 000	1 000
2. 项目 2											
二、政府性基金预算财政拨款	40 000	85 000	162 000					125 000	94 000	127 000	191 000
（一）基本支出	40 000	85 000	162 000					100 000	80 000	122 000	185 000
1. 人员经费	20 000	20 000	145 000					60 000	50 000	80 000	115 000
2. 日常公用经费	20 000	65 000	17 000					40 000	30 000	42 000	70 000
（二）项目支出								25 000	14 000	5 000	6 000
1. 项目 1								25 000	14 000	5 000	6 000
2. 项目 2											
总计	120 000	160 000	162 000					658 000	344 000	309 000	447 000

知识归纳

财政拨款预算收入支出表是反映单位本年财政拨款预算资金收入、支出及相关变动的具体情况的报表。财政拨款预算收入支出表的项目有一般公共预算财政拨款、政府性基金预算财政拨款等，栏目有年初结转结余、当年调整、当年调入调出、当年内部调剂、当年收支及年末结转结余。各栏目填列的主要依据是财政拨款预算收入、行政支出、事业支出及财政结转结余明细科目的发生额。

问题探究

简述财政拨款预算收入支出表的基本结构及各项目填列的基本依据。

图书在版编目（CIP）数据

政府单位会计实务/李启明，李迎主编．—4 版．—北京：中国人民大学出版社，2018.8
21 世纪高职高专会计类专业课程改革规划教材
ISBN 978-7-300-26042-6

Ⅰ．①政… Ⅱ．①李… ②李… Ⅲ．①单位预算会计-高等职业教育-教材 Ⅳ．①F810.6

中国版本图书馆 CIP 数据核字（2018）第 169821 号

“十二五”职业教育国家规划教材
经全国职业教育教材审定委员会审定
21 世纪高职高专会计类专业课程改革规划教材
政府单位会计实务（第四版）
主编 李启明 李 迎
参编 童 莹 李君梅 刘金鹿 王曼娟
Zhengfu Danwei Kuaiji Shiwu

出版发行	中国人民大学出版社		
社 址	北京中关村大街 31 号	邮政编码	100080
电 话	010－62511242（总编室）		010－62511770（质管部）
	010－82501766（邮购部）		010－62514148（门市部）
	010－62515195（发行公司）		010－62515275（盗版举报）
网 址	http://www.crup.com.cn		
经 销	新华书店		
印 刷	山东百润本色印刷有限公司	版 次	2009 年 6 月第 1 版
规 格	185 mm×260 mm 16 开本		2018 年 8 月第 4 版
印 张	19.25	印 次	2020 年 2 月第 3 次印刷
字 数	440 000	定 价	39.00 元